LA TROISIÈME VOIE

« Espaces libres »

DOUGLAS E. HARDING

LA TROISIÈME VOIE

Vers un nouvel humanisme

Traduction de Catherine Harding

Illustrations de l'auteur

Albin Michel

Albin Michel
▪ *Spiritualités* ▪

Collection « Espaces libres »
dirigée par Jean Mouttapa et Marc de Smedt

Il serait bon d'ouvrir les yeux et de voir.

THOMAS MERTON

Toute la vie réside dans le verbe voir.

TEILHARD DE CHARDIN

Le verbe n'est nul autre que VOIR.

JAN VAN RUYSBROECK

Je ne vois rien de plus que vous, mais je me suis entraîné à remarquer ce que je vois.

SHERLOCK HOLMES

Je ne vois que ce que tout le monde voit, rien de plus. Je vois ce qui a besoin d'être vu. Tous voient Dieu, toujours, mais ils ne le savent pas.

RAMANA MAHARSHI

Avant-propos

Ce livre consiste en une sélection d'articles que j'ai rédigés au cours des quarante dernières années. La plupart sont des versions révisées de ceux qui ont été publiés dans *The Middle Way, The Mountain Path, The Saturday Evening Post* et nombre d'autres revues, souvent françaises. Mais certains ont été écrits récemment, spécialement pour ce recueil.

Si vous jetez un coup d'œil sur le sommaire, vous risquez d'avoir l'impression qu'il s'agit d'une collection disparate, d'un patchwork fait d'éléments si divers que seule la reliure du livre peut lui donner une cohérence. Quel rapport pourrait-il bien y avoir entre l'architecture, une promenade dans la forêt, la tendresse et la transsubstantiation ? Eh bien, vous le verrez ! En fait, tous les chapitres sont des variations sur le thème de la science et l'art de la réalisation du Soi. J'espère que la diversité de ces variations contribuera à démontrer que la simplicité ultime de notre véritable nature est la réponse aux complications infinies de notre vie et nous permet d'y faire face.

Lisez les chapitres dans l'ordre qu'il vous plaira. Bien qu'ils s'étayent les uns les autres, chacun constitue un tout indépendant.

1

La troisième voie

Ce chapitre, comme tout ce livre, est consacré aux trois voies qui mènent à notre but : la première et la deuxième, qui vont presque jusqu'au bout, et surtout la troisième, qui nous y conduit vraiment.

Mais quel but ?

Un but qu'on ne peut concevoir – encore moins percevoir – tant qu'on ne l'a pas atteint. Pour être brève, cette réponse ne nous avance guère. Tentons-en une plus explicite, et plus encourageante.

Provisoirement, nous pouvons décrire ce but comme :

- la découverte du sens de notre vie et de toute vie,
- la vision de ce que et qui nous sommes vraiment,
- l'état dans lequel nous sommes libérés de la peur, de l'avidité, de la haine et de l'illusion,
- la révélation de nos ressources les plus profondes, auxquelles nous sommes enfin reliés,
- l'accès à la paix,
- l'union avec notre source,
- le retour chez Soi.

Ces descriptions spéculatives, nombreuses, compliquées et verbeuses, présentent en outre l'inconvénient d'être nébuleuses ; elles ne sont rien de plus que la botte de carottes appétissantes que l'on agite sous le nez de l'âne pour le faire avancer. La Réalité – un mets très différent, bien plus délicieux et nourrissant (souvent appelé le pain vivant et le vin de vie) – est une et simple : la clarté même, au-delà des mots, comme nous allons le voir.

Je voudrais montrer combien la première et la deuxième voie sont commodes, bien tracées – elles nous permettent de nous rapprocher de notre but –, mais comment chacune d'elles finit par être bloquée par des embouteillages ou autres encombrements, pour s'enliser et finalement se perdre. Nous verrons de quelle manière elles sont alors déviées vers la troisième voie, celle qui nous conduit vraiment CHEZ NOUS, et comment, une fois arrivé, nous pouvons regarder en arrière et voir avec reconnaissance que cette troisième voie complète les autres, les rectifie et les réoriente dans la bonne direction, de sorte qu'une fois déviées et unies à elle, elles aussi atteignent le but.

La première est la *Voie de la Science*, la deuxième, la *Voie de la Religion*, la troisième, la *Voie de la Vision* (simplement regarder pour voir), comme indiqué sur notre carte routière ci-dessus, notre carte Michelin pour voyageurs spirituels.

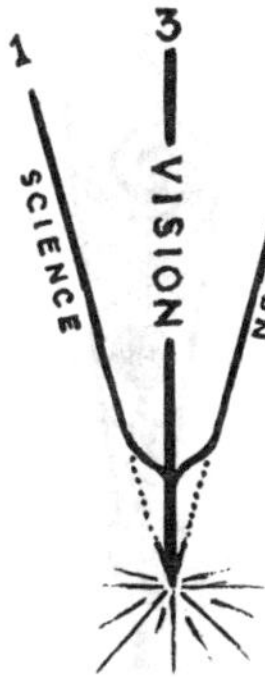

La Voie de la Science

La science me fait un cadeau très spécial et très précieux : une carte détaillée, à grande échelle, de la route qui me ramène CHEZ MOI, valable pour les trois voies, comme nous le découvrirons en temps utile.

Elle m'indique le chemin qui descend de l'être humain à ce dont il est fait : cellules, molécules, atomes, particules – ses composants, ce qui est en lui. Elle m'indique également la route qui monte de cet être humain à ce dont il fait partie : la planète Terre, le système solaire, la galaxie – son milieu, ce dans quoi il est. Nous avons ici une hiérarchie dans laquelle chacun est une partie des ensembles situés au-dessus de lui, et l'ensemble des parties situées au-dessous de lui. Si on descend la route, tout est mis en pièces. Si on la remonte, tout est de nouveau merveilleusement rassemblé.

À présent, considérons la carte sous un angle différent.

Pour un observateur à l'esprit ouvert qui, venant de très loin, s'approche de moi, J'apparais d'abord sous la forme de cette spirale lumineuse que nous appelons notre galaxie, puis de l'une de ses étoiles (notre soleil qui est une étoile développée, un système solaire), puis de l'une de ses planètes, puis de l'un des habitants de cette planète *(organes* est le mot que je préfère), et ainsi de suite jusqu'au royaume des particules et de leurs composants, les quarks. Pour mon observateur, je suis toutes ces apparences périphériques ou manifestations de la Réalité mystérieuse qui est cachée au Centre et donne naissance à tout ce spectacle étonnant. Avec quel bonheur et quelle excitation je m'empresse alors de l'accompagner dans cette visite touristique, ce voyage jusqu'à moi ! Ou ne devrais-je pas dire plutôt : *ce voyage avec lui à travers moi jusqu'à Moi ?*

Il y a encore une autre façon de lire cette carte de moi-même dont la science me fait si gracieusement cadeau. Elle pose des questions comme celles-ci : De quoi cet être humain a-t-il *besoin* pour être cet être humain, pour simplement être ? Qu'est-il sans ses habitants, ces milliards de créatures vivantes qu'il se révèle être quand on l'examine de tout près et qui s'attellent à la besogne de faire tout ce qu'il prétend faire ? Et qu'est chacune de ces créatures – chacune de ces humbles servantes étonnamment efficaces – sans les milliards de molécules qu'elle se révèle être quand on l'examine d'encore plus près ? Et ainsi de suite tout au long de l'échelle que l'on descend. Que l'on descend vers QUOI ? – c'est la moitié de la question. Et que l'on remonte vers QUOI ? – c'est l'autre moitié de la question.

Qu'est-ce que cet être humain sans les autres humains qui peuplent la Terre, sans la faune et la flore de la Terre, sans son air, son eau et son sol ? Combien de temps pourrait-il survivre sans son soleil, ou exister sans son cosmos ? Lorsqu'il vous dit qu'il est vivant et bien vivant, sans s'en rendre compte il vous dit qu'en réalité il est l'UN dont la vie est indivisible.

Oui, c'est une excellente carte, qui répond bien aux besoins de ses utilisateurs. Comme nous devrions la bénir, nous les hommes modernes, pour sa diversité et sa précision ! C'est la carte Michelin dernier modèle, qui nous révèle notre nature et notre constitution. Il y a cinq cents ans, elle était impossible ; il y a cent ans, elle était incomplète et optionnelle ; aujourd'hui, elle est indispensable.

Mais bien sûr, comme toutes les cartes elle a ses lacunes et ses limites, elle peut être mal lue et même mal interprétée. Et on peut assurément l'ignorer. Ce qui est stupéfiant, c'est que presque personne ne la prend au sérieux et ne reconnaît qu'elle s'applique à soi-même, personnellement. « C'est valable pour les autres sans doute, mais pas pour moi, merci beaucoup », marmonne l'*Homo sapiens* (prétendu tel !) sans avoir besoin de le formuler clairement, à voix haute. Il ne croit en la science que dans la mesure où elle sert ses besoins et désirs non scientifiques. Voici quelques-uns des nombreux exemples de son aveuglement devant les faits : certes, il a une vague connaissance scolaire de ce qui se passe dans la matrice, du développement de l'embryon et du fœtus à partir de l'œuf fécondé, mais réalise-t-il jamais que *dans sa propre vie* il a été une simple cellule presque invisible, au statut biologique infiniment inférieur à celui du moindre insecte rampant dans son jardin ? Que, même à présent, il est un zoo ambulant abritant la nombreuse progéniture de cette simple cellule si prolifique ? Que, si on l'examine vraiment de tout près, il est aussi peu substantiel qu'un nuage ? Que sa terre et son soleil sont les organes absolument indispensables de son véritable corps, bien plus que ses bras et ses jambes qu'il croyait si précieux ? La réponse à ces questions (et à une foule d'autres) est : non, jamais de la vie ! Il est préscientifique, en retard d'au moins cinq siècles. Témoin sa réaction lorsqu'il est pris en défaut : « Je ne suis qu'un être humain, somme toute », affirmation qui mérite incontestablement la médaille d'or de la stupidité.

Pas étonnant qu'il y ait si peu de circulation sur la voie n° 1, la route de la science vers notre but, vers la vérité qui nous libère !

Deux autres raisons nous font négliger cette voie – raisons qui, cette fois, n'ont rien de stupide. La première, c'est que cette route se termine comme elle a commencé, par un point d'interrogation, comme le montre notre carte. Elle se perd dans une région complexe et brumeuse. Le voyageur a beau photographier les cellules de la façon la plus détaillée, prendre au passage des instantanés de beaux modèles de molécules très complexes, il tombe invariablement sur un avertissement lorsqu'il arrive à leurs atomes et particules : *Défense d'entrer ! Route interdite à tous, sauf aux physiciens mathématiciens.* Les rares nouvelles qui nous parviennent de cette région interdite sont peu rassurantes. Aucun physicien ne se risque à dire qu'il a enfin découvert l'ultime raison d'être, l'ingrédient de base de la mixture cosmique, le « sous-sous-quark » ou quoi que ce soit dont les choses sont faites. Ces experts passent leur temps à débattre de leurs découvertes sans jamais parvenir à un accord unanime.

La deuxième raison pour laquelle cette voie est impopulaire, c'est que la splendeur même de cette route panoramique ne fait qu'augmenter notre sentiment de solitude, notre agoraphobie, notre impression d'être perdu et totalement insignifiant dans l'infini du temps et de l'espace. Il est déjà assez décourageant de n'être que l'un des six milliards d'humains qui peuplent aujourd'hui la Terre. Mais lorsque nous apprenons de surcroît que notre étoile entourée de planètes n'est que l'une des milliards d'étoiles de notre galaxie, qui n'est elle-même que l'une des milliards de galaxies de notre univers, notre réaction naturelle est forcément de dire (toujours à voix basse et sans le formuler clairement) : « Je ne veux pas le savoir ! » Vous vous souvenez que nous avons provisoirement décrit notre but comme l'union avec notre origine, avec le « propriétaire » de ces immensités semées d'étoiles. Eh bien il semble que, loin de se révéler comme la voie royale vers cette glorieuse apothéose, la voie n° 1 nous renvoie brutalement dans la direction opposée, convaincue que notre but est aussi ridicule que prétentieux.

Il reste encore d'autres raisons évidentes pour lesquelles le voyageur spirituel (si je puis nous appeler, vous et moi, ainsi) répugne à emprunter la voie n° 1, la Voie de la Science, pour regagner sa demeure dont il garde la nostalgie. La science a la réputation bien méritée d'être l'ennemi de la religion. Tous ses grands progrès ont été des victoires durement gagnées sur les dogmes les plus chers des autorités religieuses. Quant à ses applications, *grosso modo*, une bonne moitié d'entre elles ont été mauvaises : de Hiroshima à l'héroïne, des aliments synthétiques au fatras de brochures publicitaires alléchantes vantant toutes sortes de gadgets que nous devons absolument posséder – qui finiront rapidement par nous posséder et nous empoisonner l'existence.

Non, il n'est pas étonnant que la spiritualité se méfie de la science. Néanmoins, je pose la question : qu'est-ce donc que la science pure – abstraction faite de ses abus – si ce n'est l'humilité face à l'évidence et le respect de la vérité, même lorsqu'elle est peu flatteuse et effrayante ? À propos de sa valeur éthique, William James écrivait : « Lorsqu'on se tourne vers le magnifique édifice des sciences physiques et qu'on voit comment il a été érigé, combien de milliers de vies morales humaines désintéressées sont enterrées dans ses fondations mêmes, quelle patience, quelle abnégation, quelle soumission aux lois glaciales des faits extérieurs sont incrustées dans ses pierres mêmes, comme il se dresse, absolument impersonnel, dans son infinie majesté –, comme il semble alors imbécile et méprisable le petit sentimental qui arrive en soufflant ses volutes de fumée volontaires et prétendant décrire les choses à partir de son rêve personnel ! Faut-il s'étonner que ceux qui ont été élevés à la rude école de la science aient envie de vomir ce genre de subjectivisme ? »

À quoi nous ajouterons : la spiritualité qui nie les découvertes universellement admises de la science moderne à tous les niveaux, ou refuse de les accepter et de les adopter joyeusement, est une parodie de spiritualité, pathétique et moribonde. Inversement, la spiritualité qui perçoit dans ces découvertes une révélation riche, précieuse et vraiment divine – une révélation de notre époque et pour notre époque, qui est exactement le remède approprié pour notre triste condition –, cette spiritualité-là est vivante et en bonne santé. Oui, la voie n° 1 est devenue indispensable. Elle nous amène en un point d'où nous pouvons, de temps en temps, par temps calme et clair, entrevoir de loin la porte de notre demeure. Bien qu'elle ne nous dise rien sur ce qu'il y a derrière cette porte, elle ne saurait être plus éloquente sur son importance et son emplacement.

Mais une vue lointaine de notre demeure perdue dans les brumes des mathématiques de haut vol ne saurait nous satisfaire. Nous voulons absolument arriver. Il nous faut alors étudier la question suivante : la religion peut-elle réussir là où la science échoue ? Peut-elle disperser ces brumes et nous conduire tout droit à la porte de notre demeure ? A-t-elle la clé de cette porte ?

La Voie de la Religion

Si nous nous tournons vers la religion dans l'espoir d'y trouver du secours – la religion en tant que phénomène social, sous toutes les formes variées que décrivent et pratiquent ses fidèles, telle qu'elle nous est présentée quotidiennement dans les médias –, il est probable que cette démarche se soldera par un échec. Car loin de dissiper les brumes, la religion augmente la pollution et l'obscurité. Tout au long de son histoire, elle a été responsable de plus d'inhumanité, d'obstination, d'imbécillité, de terreur et d'imposture que toute autre entreprise humaine.

Mais ici, le pire cache le meilleur. Les grandes religions du monde ont en commun une métaphysique – une sagesse, une spiritualité, un enseignement secret et souvent cruellement réprimé – qui nous dit que, malgré toutes les apparences du contraire, vous et moi et toutes les créatures sont, au centre, non pas des créatures mais leur Créateur. Qu'au cœur de tous les êtres se cache l'Être lui-même, le Sans-Nom aux multiples surnoms : Atman-Brahman, le Bouddha, le Tao, Dieu, le Christ immanent, le Saint-Esprit, Allah, la Réalité, la Conscience unique, la Non-Chose qui est toutes choses...

Cette métaphysique nous donne deux renseignements précieux sur le Sans-Nom. Elle nous dit exactement où Il est, où et quand le trouver chez lui, où le chercher. Et elle nous dit exactement ce qu'Il est, comment nous allons finalement le reconnaître lorsque enfin nous l'aurons trouvé.

Selon Mohammed, Il est plus proche de moi que ma veine jugulaire. Selon Tennyson, Il est plus proche de moi que mon souffle, plus proche que mes mains et mes pieds ; beaucoup, beaucoup plus proche, disent tous ceux qui savent de quoi ils parlent. Le lieu même d'où je regarde, le lieu d'où je viens, le point central qui est beaucoup plus moi que ne l'est Douglas Harding – voilà la demeure, le palais royal de Sa Divine Majesté, disent les grands maîtres spirituels du monde. En fait, c'est comme s'Il avait deux palais : un palais d'hiver aux cieux des cieux, au-dessus du ciel bleu, et un palais d'été au plus profond de mon cœur. C'est ici, au plus profond de moi-même, en cet instant même, et non là-haut et un jour futur, que je dois chercher à être admis en son auguste présence. Voilà pour son domicile.

Voyons maintenant sa nature. Comment le reconnaîtrai-je lorsque je le rencontrerai enfin ? Il faut que je le sache. Si je vous disais : « J'ai perdu un trésor dans le jardin, mais je ne me souviens pas de ce que c'était. Aidez-moi à le trouver, s'il vous plaît », vous vous moqueriez certainement de moi. De la même façon, les gens qui cherchent Dieu sans avoir la moindre idée de ce qu'ils cherchent me font sourire. Heureusement, la métaphysique éternelle – la sagesse secrète au cœur des grandes religions – nous fournit un remarquable portrait de Sa Majesté, un portrait-robot parfait. Le voici :

- Il est infini, absolument sans limites.
- Il est immaculé, pur, exempt de toutes caractéristiques, une non-chose, vide.

- Il est vide pour accueillir ce qui se présente, Il est totalement inclusif.
- Étant absence de choses, Il est impérissable, le réceptacle intemporel de toutes les choses périssables temporelles.
- Il est largement, largement éveillé, la conscience même.
- Comme l'a dit Aristote, Il est le moteur immobile du monde.

La voie n° 1, la Voie de la Science, nous a donné une carte merveilleuse, avec, cependant, un point d'interrogation facétieux aux deux extrémités de la route. La voie n° 2, la Voie de la Religion, a effacé ces points d'interrogation. Elle nous a donné une splendide description en six points de la merveille qui se trouve audelà des quarks et des galaxies. Elle nous a dit exactement comment reconnaître l'habitant de ces palais d'hiver et d'été. Elle ne pourrait être plus précise. Nous ne pouvons plus prétendre que nous ne savons pas à quoi ressemble notre trésor perdu, ce que nous cherchons dans le jardin du monde. Voilà une bonne nouvelle !

Mais même la meilleure nouvelle à son sujet, même la meilleure description, n'est pas LUI. Si exactes et détaillées soient-elles, les spécifications ne peuvent se substituer au bâtiment. La carte n'est pas le territoire, et le meilleur portrait-robot est incapable d'attraper le coupable. Vous pouvez apprendre par cœur toutes les écritures saintes, pratiquer toutes les austérités physiques et mentales jusqu'à ne plus avoir que la peau sur les os, méditer sur nos six points jusqu'à ce que le règne arrive, avoir la foi jusqu'au énième degré... une distance incommensurable sépare tout ceci et le fait de le voir, d'être LUI.

La vérité, c'est que la religion en tant que telle est une affaire de foi, d'espoir et de charité, elle n'est pas concernée par la vision béatifique. Elle demande de croire et de faire confiance à l'invisible. Nous devons avoir la foi dans les choses qui ne sont pas vues, dit l'Épître aux Hébreux. « Car les choses qui sont vues sont temporelles, mais les choses qui ne sont pas vues sont éternelles », dit la Deuxième Épître aux Corinthiens. Cela ne veut pas dire, bien sûr, que la foi, l'espoir et la charité ne soient pas de la plus haute importance. Je ne peux pas plus me passer de ces cadeaux de la voie n° 2 que de ceux de la voie n° 1. Mais ils me posent un problème. Une foule de problèmes.

J'ai déjà parlé du premier : c'est que la foi et l'espoir, même s'ils me donnent un aperçu de la véritable (non-) chose, ne peuvent la remplacer, pas plus que sentir l'odeur des plats et étudier le menu ne peuvent remplacer le repas. Le deuxième est que, selon mon expérience personnelle, si voir est croire, croire n'est pas voir. Non. Croire, c'est simplement croire, et la croyance est sujette à de fréquentes défaillances, au doute, elle est souvent remise en question par des signes qui nous rappellent notre tendance à prendre nos désirs pour des réalités. Je douterai tôt ou tard de ce dont je peux douter, et probablement plus tôt que plus tard. Mon troisième problème religieux, c'est que les bonnes choses de la religion coûtent fort cher. Les mythes innombrables,

les histoires à dormir debout, les théologies compliquées et les pratiques antinaturelles appartenant aux grandes traditions ne peuvent être traitées comme des suppléments facultatifs que l'on peut adopter ou laisser de côté. Mon instinct me dit de les laisser de côté, sans grand regret. Ce dernier problème est le plus grave. De tous les obstacles dressés contre la vision de QUI l'on est vraiment, la religion est de loin le plus grand. Elle me rend assurément la tâche très difficile.

Vous pourriez évidemment m'objecter que la métaphysique éternelle – qui annonce la Divinité immanente en chacun de nous – se libère de tous les pièges et ornements religieux, de toutes les fioritures inutiles, et demeure claire et austère dans sa simple grandeur.

À quoi je réponds : « Exactement. » Ce que je pense, c'est précisément – pour parler crûment – que la métaphysique éternelle n'est pas religieuse du tout. Ou disons qu'elle est métareligieuse, et infiniment différente de la religion telle qu'on la comprend et la pratique en général. Autrement dit, ce n'est pas la voie n° 2, mais la voie n° 3, la Voie de la Vision, celle qui consiste à voir ce que nous voyons, à avoir le courage de vivre selon ce que nous voyons et non plus selon ce que la religion nous dit de voir ou nous interdit de voir. C'est cette même humilité absolue face à l'évidence qui nous a donné la science pure.

La Voie de la Vision

Le moment est venu, pour vous et moi, d'examiner attentivement les six marques distinctives de Celui auquel la voie n° 2 nous demande de CROIRE les yeux fermés. Pointons notre index vers ce à partir de quoi nous regardons – notre « visage » – et, sur l'évidence de l'instant présent, VOYONS. Est-ce ou non :

- Espace infini se déployant dans toutes les directions ?
- Absolument transparent et vide ?
- Vide pour accueillir ce qui se présente, à savoir vos mains et ce livre ?
- Intemporel et impérissable, parce qu'il n'y a rien ici qui permette d'enregistrer le temps ou qui puisse périr ?
- Largement éveillé (avez-vous jamais rencontré la conscience ailleurs) ?
- Le moteur immobile de la fenêtre, de la porte et des murs de la pièce, alors que les autres disent que c'est *vous* qui bougez lorsque vous tournez sur vous-même ?

Si vous faites vraiment l'effort de pointer votre doigt vers ce qui regarde en vous et de tourner sur vous-même (et ne vous contentez pas de lire ces mots), si vous prenez au sérieux – à cœur – ce que vous voyez clairement, alors vous êtes rentré CHEZ VOUS, vous avez atteint le but que nous avons indiqué au début de ce chapitre. Et vous avez mes sincères félicitations.

Auxquelles je dois immédiatement ajouter trois avertissements. La vision de QUI vous êtes vraiment est réservée au voyageur qui emprunte la troisième voie. En contraste total avec les expériences mystiques de *crête* – célèbres, mais rares et imprévisibles – dont se délectent certains voyageurs le long de la voie n° 2, celle-ci est une expérience de *vallée*, ordinaire, prosaïque (j'allais presque dire ennuyeuse, terne), qui vous rend très humble. Et c'est précisément parce qu'elle est si sobrement factuelle, parce qu'il s'agit simplement de voir et non de sentir ou de comprendre, qu'elle est accessible à volonté, quelles que soient notre humeur ou les circonstances. C'est parce qu'elle est le contraire même d'une expérience mystique qu'elle est parfaitement accessible quand vous en avez le plus besoin.

Ce qui m'amène à mon deuxième avertissement. Vous et moi avons vu Dieu, Celui qui a six marques distinctives, même si ce n'est que brièvement. Nous devons à présent stabiliser cette vision. Tant qu'elle a duré, c'était la vision réelle, la vision parfaite – non une vision d'amateur, ou partielle – de Celui que l'on ne peut voir que parfaitement ou pas du tout. Pourtant, ce n'est pas la fin, mais le commencement de la vie spirituelle. La vision doit être pratiquée, pratiquée sans cesse, pratiquée encore. Mais c'est une joie, non une corvée, et nous n'avons aucune excuse pour ne pas le faire. Nous savons où regarder (exactement ici), quand regarder (exactement maintenant), que chercher (les six caractéristiques), comment regarder (comme si c'était la première fois) et pourquoi regarder (parce que ne pas avoir cette vision, c'est être victime d'une grave erreur d'identité, c'est vivre et mourir en vain.)

J'en arrive ainsi à mon troisième avertissement. Si nous pratiquons la vision béatifique dans le but de récolter un jour ses fruits – paix, joie, liberté, créativité, et le reste –, nous avons peu de chances d'engranger une belle récolte. Mais si nous le faisons pour la vision elle-même et sans arrière-pensée, simplement parce qu'il doit forcément être préférable et plus sensé de vivre à partir de la superbe vérité qu'à partir d'un tas de mensonges dictés par la société, nous avons beaucoup plus de chances de recevoir tous les dons inimaginables et non sollicités qui nous attendent. En fait, ce n'est pas sa hotte pleine à craquer de cadeaux, mais Dieu lui-même qui est le véritable présent, accordé avec une infinie générosité.

Je vous entends d'ici m'objecter que si vous avez une idée assez claire de la Voie de la Science et de la Voie de la Religion, de leurs méandres, du paysage fascinant et dangereux qu'elles vous font traverser, vous n'avez qu'une idée très vague de la troisième voie, la Voie de la Vision. Voici ma réponse : il faut l'essayer, s'y engager ; on ne peut spéculer sur elle. Vous verrez. Les usagers chevronnés de cette route parlent de la paix qui dépasse l'entendement, de la joie qu'aucune souffrance ne peut détruire, de l'amour qui est inconditionnel et universel. J'ajouterai que, contrairement aux autres, cette troisième voie est absolument gratuite : il n'y a pas de péage. Alors pourquoi ne pas l'essayer sérieusement ?

Il me reste à montrer comment la troisième voie rectifie la première et la deuxième Voie pour les conduire jusqu'à notre but.

La première voie fournit le savant ainsi que les microscopes optiques et électroniques qui le rapprochent des fondations de l'univers. La troisième voie fournit le microscope subélectronique qui l'amène au tréfonds de ce fondement. La première voie donne au savant les télescopes qui le rapprochent du toit et du pinacle de l'univers. La troisième voie l'amène tout droit jusqu'à ces sommets. J'ai un jour commencé un livre dans l'intention de montrer les sept ou huit façons dont la *Science de la première personne* (qui n'est autre que la troisième voie) éclaire les zones obscures de la science ordinaire : elles se sont rapidement multipliées jusqu'à trente-sept. Croyez-moi sur parole, ou bien lisez ce livre.

La science et la religion sont toutes deux responsables de nombreuses souffrances humaines, comme nous l'avons déjà remarqué. Si elles rejoignaient la troisième voie, une grande partie de ces souffrances serait allégée. Voir et être QUI l'on est vraiment ne peut pas faire de mal.

La troisième voie ne peut qu'endosser et pratiquer la foi, l'espoir et la charité, ainsi que toutes les bonnes et belles choses qu'entretient pieusement la religion traditionnelle. Elle ne peut aussi que débarrasser la religion des montagnes de déchets accumulés, dont certains dégagent une odeur nauséabonde.

2

Le chemin le plus court

Le territoire de la religion est immense et, par endroits, très sauvage, mais d'innombrables chemins le sillonnent. Sans doute même y en a-t-il trop. Certains seraient plutôt à classer dans la catégorie des grandes routes, d'autres dans celle des pistes à peine discernables. Chaque secte – en fait chaque innovateur spirituel – ouvre un nouveau chemin à travers la jungle, plante des poteaux indicateurs, tente de dessiner une carte géographique, un plan de ses méandres, avec ses relais et ses lieux de repos, essayant de donner une certaine idée de sa destination. Ces chemins sont si nombreux qu'ils se croisent ou restent parallèles, convergent ici et divergent plus loin... Mais où mènent-ils ? C'est toute la question.

Il y a quelques siècles, pour la grande majorité des gens, la scène religieuse était bien moins compliquée. On était encore loin de l'étude comparée des religions et de l'explosion de la littérature sur les diverses croyances dans le monde, d'abord réservée aux érudits puis vulgarisée. Jadis, à peu près partout, presque chaque individu adoptait tout naturellement la religion qui était celle de sa famille et de son groupe social depuis des temps immémoriaux. En fait, c'était la seule vraie voie, et la seule sacrée. On était persuadé que les autres religions et sectes (dans la mesure où on en entendait parler) ne conduisaient nulle part ou, plus vraisemblablement, à des régions impies et malsaines situées en dehors de la carte.

Or de nos jours, pour la plupart d'entre nous, la situation est loin d'être aussi nette et aussi simple. Les voies entre lesquelles il nous faut choisir se multiplient à une vitesse ahurissante, et beaucoup d'entre elles, sinon la plupart, traversent des régions où psychologie, psychothérapie et spiritualité sont étroitement mêlées. Entrez dans une librairie spécialisée dans la spiritualité, et vous comprendrez ce que je veux dire. Vous verrez les livres empilés du sol au plafond, par milliers. L'ennui, c'est que tant que vous n'avez pas vraiment expérimenté l'une de ces voies – principales ou secondaires – qui se disputent votre adhésion, vous ne pouvez pas savoir où elle mène. Et quand vous arrivez finalement au bout de l'une d'elles (si jamais vous y arrivez, après Dieu sait combien d'années ou même toute une vie), il est un peu tard pour en essayer une autre. Dans ce cas, comment découvrir laquelle de ces voies est *la vôtre*, celle qui vous convient vraiment, qui va vous combler, vous conduire à la vérité ultime, apporter une réponse à tous vos problèmes ?

Je crains qu'il ne soit pas question de choix délibéré en réalité, mais de chance. C'est par hasard que l'on tombe sur un livre merveilleux chez des amis, par hasard que l'on rencontre quelqu'un qui adore un maître extraordinaire ou que l'on reçoit par la poste un imprimé annonçant une réunion qu'il ne faut absolument pas manquer. Et c'est ainsi qu'on se lance sur une voie presque par accident – de manière irresponsable, pourrait-on dire. Nous faisons preuve de bien plus de prudence et de circonspection lorsqu'il s'agit d'investir dans une simple batterie de cuisine, sans parler de vêtements ou d'une maison ! Que peut-on faire face à cette situation absurde ? Peut-on l'éviter ? Oui. Et je vais montrer comment.

Nous devons commencer par regarder la carte religieuse de plus près. J'ai laissé jusqu'ici entendre qu'il n'y a pas de modèle standard pour ces nombreuses voies, qu'elles n'ont pas grand-chose en commun, pas de direction commune. En fait, ce n'est pas tout à fait exact : elles ont toutes le même but principal, qui est de vous permettre de partir. Une route existe uniquement pour vous donner la possibilité d'aller ailleurs, de quitter le lieu où vous êtes en ce moment pour vous retrouver dans un autre endroit, éloigné dans l'espace et dans le temps. Ce fait formidablement évident n'est pas révélé à l'étudiant « objectif » des religions comparées. Tel qu'il le regarde, de très haut, l'enchevêtrement des voies lui apparaît dans son ensemble et ne révèle aucune trame de base commune à toutes. Mais pour le voyageur sérieux, sur le terrain, pour le chercheur spirituel engagé – quel que soit son « niveau » –, le plan a toujours la forme d'une roue. Il se trouve toujours ICI, au moyeu de la roue, et toutes les routes – en particulier la sienne – vont, comme les rayons d'une roue, du centre vers une jante qui s'appelle AILLEURS.

Et voici les questions qu'il se pose : suis-je exactement dans la bonne direction ? À quelle distance se

trouve le but ? Combien de temps me faudra-t-il pour l'atteindre ?

Questions auxquelles, hélas !, il n'y a que peu de réponses claires. Comment le pauvre voyageur peut-il en juger ? La réputation et la popularité d'une voie ne prouvent pas son caractère pratique. En fait, plus une route ou une voie est large, bien asphaltée, fréquentée au début, plus il y a de chances pour qu'elle s'avère ensuite longue et difficile. Le terrain peut devenir si mauvais et les passages dangereux si décourageants que très peu de voyageurs arrivent ou disent être arrivés au but – dont les délices inimaginables sont censés être proportionnels aux rigueurs du voyage. À vrai dire, on a l'impression que si un chemin est court, sans aspérités et direct, il est impossible qu'il mène à un endroit où il vaille la peine d'aller.

Nous verrons que cette impression est entièrement fausse, que ce chemin existe bel et bien, qu'il est en outre extrêmement facile à trouver et à emprunter. Seule notre résistance congénitale à l'évidence nous persuade du contraire.

Mais avant d'examiner (et de nous engager sur) ce chemin le plus court, voyons celui qu'on peut appeler son contraire : le chemin inverse, que vous et moi avons emprunté il y a si longtemps que nous l'avons oublié. Je pense qu'il vaudrait mieux que je parle ici en mon nom, et non pour vous. Mais en m'écoutant, vérifiez dans quelle mesure mon histoire ressemble à la vôtre.

Je vais essayer de reconstituer mon voyage initial en remontant aussi loin que je peux. Mon histoire commence à ma naissance. En réalité, pour moi, à zéro centimètre de moi-même, je ne suis pas né du tout, contrairement à la version donnée naturellement par mes parents, qui sont à quelques centimètres de moi. Si je me fie uniquement à mon expérience de première main, je n'ai certainement pas commencé sous la forme d'un bébé, ou d'un être humain, ou de quoi que ce soit d'autre. J'étais au contraire cette NON-CHOSE, cette capacité, cet espace sans commencement, immuable, prêt à accueillir toutes les choses sans cesse changeantes. Au début, évidemment, celles qui m'occupaient étaient relativement inorganisées, mais très vite elles ont commencé à se mettre en ordre, et j'ai pu distinguer le sein nourricier, des mains caressantes, ces petits bras, jambes, doigts et orteils qui me fascinaient, la balle chatoyante et le hochet bruyant, des visages souriants ou sombres. Et tout cela – ce merveilleux monde de goûts, de sensations, d'odeurs, de sons, de couleurs et de mouvements – se présentait à moi ici même, n'était pas séparé de moi, allait et venait dans *mon* espace. Certes, de plus en plus de choses – des choses de plus en plus variées et de mieux en mieux organisées

– ne cessaient d'apparaître dans cette infinitude. Mais je n'étais pas l'une de ces choses. Comment l'aurais-je pu, moi qui étais leur demeure ? Bref, j'étais encore moi-même, encore CHEZ MOI, avec moi-même et non pas à côté de moi-même. Ce qui veut dire que J'étais encore sain d'esprit.

Mais le genre humain avait ses propres vues sur ma santé d'esprit naturelle. Peu à peu, mes parents m'ont persuadé de m'établir à côté de moi-même et d'adopter leur point de vue, de quitter ma demeure et de faire le voyage décisif d'ICI, où je me perçois comme NON-CHOSE, jusque LÀ-BAS où je parais être un QUELQUE CHOSE très substantiel. Ils m'ont enseigné que le personnage dans le miroir qui me fixait du regard n'était pas ce que je croyais, c'est-à-dire « ce bébé là-bas », ou « mon petit copain qui habite dans l'autre salle de bains derrière la glace », mais quelqu'un appelé Douglas et, en réalité, moi. Avec l'aide d'amis et de toute la famille, ils m'ont enseigné (et il m'a fallu de nombreuses années et beaucoup de larmes pour apprendre la leçon parfaitement) à me voir moi-même non plus à partir de là où je suis, moi, mais à partir de là où ils étaient, eux – comme si je me regardais à travers leurs yeux et de leur point de vue.

J'avais du mal à apprendre. Pendant des années, J'ai fait des allées et venues le long de cette première route d'un peu plus d'un mètre, incapable de décider où j'allais finalement m'installer. Parfois, surtout lorsque je jouais tout seul, heureux, je ne demandais pas mieux que de rester ici, chez moi. D'autres fois, surtout lorsque j'étais en compagnie, soumis à leurs critiques et donc beaucoup moins à l'aise, je me situais là-bas et, me retournant pour me regarder, je « voyais » ce que je pensais que les autres voyaient : un être humain entier, comme tous les gens qui m'entouraient. En réalité, bien sûr, je ne voyais rien du tout, c'était pure imagination. Ou plutôt, pure hallucination, car je superposais sur moi, au centre, ce qui se trouvait au loin. Les années passant, je restais de plus en plus longtemps là dehors à me retourner pour regarder anxieusement Douglas Harding, et de moins en moins de temps ici où je suis accueil pour les autres, au point d'arriver à vivre une vie vraiment *excentrique*, tel un exilé, comme piégé, emprisonné, si près et pourtant si loin de chez moi. Passer à côté, de près ou de loin, c'est toujours passer à côté et, de fait, j'étais devenu complètement étranger à moi-même. C'était comme si je n'avais jamais été chez moi, comme si je n'avais jamais connu mon pays d'origine. Si jamais âme fut perdue en enfer, ce fut bien la mienne. Écoutez Maître Eckhart, il raconte mon histoire : « Si jamais un homme s'est perdu, c'est parce qu'un jour il a quitté sa Demeure et s'est laissé entraîner à s'installer à l'étranger de manière trop permanente. Beaucoup ont cherché la Lumière et la Vérité, mais ils les ont cherchées au loin, là où elles ne sont pas. Finalement, ils sont allés si loin qu'ils ne peuvent plus retrouver le chemin pour rentrer. Et ils n'ont pas trouvé la Vérité, car la Vérité est dans leur Demeure et nulle part ailleurs. »

Correction : la Grâce, sous la forme de souffrances et d'un désespoir extrême, m'a permis d'ouvrir une brèche dans les murs de ma prison et de retrouver le chemin de CHEZ MOI. Mais, bien sûr, on ne fait pas le voyage de retour une fois pour toutes. On est obligé de faire autant d'allées et venues que pour le voyage de départ. Le voyageur endurci finit par connaître la route par cœur, sa longueur, sa direction et les véhicules disponibles. Contrairement à ces détenus qui se sont habitués à leur vie en prison, il connaît tout de la voie d'évasion. La route pour rentrer chez lui, il la décrit ainsi : *Elle ne mène pas d'ICI à LÀ-BAS, mais de LÀ-BAS à ICI.*

En d'autres termes, elle est centripète et non centrifuge. Elle est très courte : sa longueur est la distance entre ce visage que je vois dans le miroir et l'absence-de-visage que je vois ici. Ou encore, la distance entre vous, là-bas, qui êtes en train d'enregistrer l'une de mes multiples apparences périphériques, et moi-même, ici, qui suis la Réalité centrale, la source de ces apparences. Elle est très droite, comme nous allons le voir, et seul un chercheur fermement décidé à ne pas trouver la vérité pourrait s'égarer. En fin de compte, la route est bonne, et toutes sortes de véhicules et de moyens de transport sont prêts à ramener le voyageur chez lui.

En voici un. Je regarde mon visage dans mon miroir de poche et je remarque ce qui est évident : il est petit, il est compliqué, il a un âge et il tourne le dos au monde. Ensuite je laisse mon attention voyager le long de mon bras tendu, jusqu'à ce qui est ici, de mon côté de ce bras, et j'observe que ce que j'y trouve est son contraire, à tous les égards. Ici, je trouve Celui qui est illimité, absolument clair, sans âge, conscient de lui-même en tant que tel, et qui jamais, jamais, ne tourne le dos à qui que ce soit ou à quoi que ce soit. Ici je trouve – je suis – l'accueil pour ce bras, cette main, ce miroir et ce visage, ce visage que je garde là dehors et qui ne peut jamais se rapprocher beaucoup plus de moi.

« Puis-je trouver le Soi dans un miroir ? » demande Ramana Maharshi. Et il poursuit : « Parce que vous regardez toujours vers l'extérieur, vous avez perdu de vue le Soi et votre vision est extérieure... Tournez votre regard vers l'intérieur. » Il nous assure que ce n'est pas difficile : « L'idée que voir d'autres choses est facile, mais voir à l'intérieur est difficile, est absurde. C'est tout le contraire. »

Et voici une deuxième méthode pour rentrer chez soi, un deuxième véhicule pour faire ce voyage d'un mètre.

Je place mes mains devant moi en position verticale, écartées d'une trentaine de centimètres. Puis, très lentement, je les rapproche de moi *tout en maintenant mon attention sur l'espace qui est entre elles*, jusqu'à ce qu'elles disparaissent de chaque côté de moi. Et je revêts cet espace, je deviens cet espace qui ne mesure plus trente centimètres mais est devenu infiniment vaste et profond.

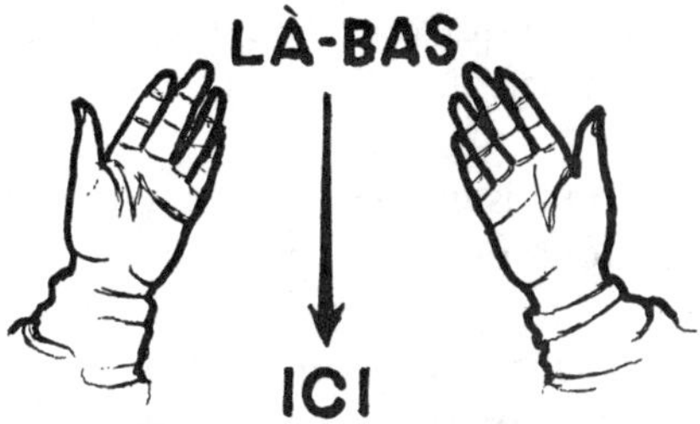

Je viens de vous présenter deux des innombrables véhicules qui vous attendent, prêts à vous transporter en toute sécurité et confortablement à travers ce no man's land d'environ un mètre qui sépare votre apparence là-bas de votre Réalité ici. Je vous en prie, essayez-les, ou trouvez le vôtre. Mais pour l'amour de Dieu (c'est-à-dire l'amour de vous) ne manquez pas de faire ce voyage. C'est le seul qui soit important. Il vous conduira de ce que vous paraissez être à ce que vous êtes – espace conscient de lui-même en tant qu'espace d'accueil – et, au-delà de la conscience, à l'abîme inconnaissable d'où la conscience jaillit éternellement et sans effort. Bref, il vous ramène CHEZ VOUS.

En définitive, bien sûr, ce chemin, le plus court et le plus direct qui soit, est encore plus court et plus direct que ce que j'ai dit. Il ne mesure rien du tout. Comme le fait remarquer Maharshi : « Il n'est pas question d'atteindre le Soi... Vous êtes déjà cela. » Somme toute, c'était seulement en imagination que je pouvais sortir de moi et aller voir dehors ce que les autres pensaient de moi. Il m'est impossible de m'échapper d'ici, parce que j'emporte ICI avec moi partout où je vais. Ce qui veut dire que je n'emporte avec moi aucune chose, RIEN, si ce n'est cette Conscience que je suis.

Ainsi, en conclusion, le chemin que nous parcourons est aussi long ou aussi court que nous le voulons. Et toutes les voies, y compris la nôtre, longue d'un mètre, se réduisent finalement à zéro centimètre étant donné qu'il est impossible de quitter ou d'approcher le Soi. De sorte qu'au bout de toute voie spirituelle authentique le voyageur fatigué réalise qu'il n'a jamais quitté sa demeure, ne serait-ce qu'un instant, et que la voie elle-même, courte ou longue et ardue, était parfaitement fictive.

3

La vraie vision, la vision éternelle

Plonger son regard dans la vacuité, c'est la vraie vision, la vision éternelle.

SHEN-HUI

Pour réaliser cette vision, il s'agit simplement de faire pivoter la flèche de notre attention de cent quatre-vingts degrés. Selon la Katha Upanishad : « Dieu a créé les sens tournés vers l'extérieur. C'est pourquoi l'homme regarde vers l'extérieur et non en lui-même. Mais de temps à autre, une âme audacieuse désirant l'immortalité a inversé son regard et s'est trouvée elle-même. »

Contrairement sans doute à notre première impression, aucune vision, aucune expérience n'est tant soit peu comparable à cette vision de la vacuité exactement là où nous sommes. Voici cinq des traits uniques et infiniment précieux qui la caractérisent :

• *Premièrement,* bien qu'au cours des siècles on ait représenté cette vision comme la chose la plus difficile au monde, c'est en réalité la plus facile. Un nombre incalculable de chercheurs sincères ont été victimes de cette plaisanterie des plus cruelles, le plus impie des pieux mensonges. Le trésor des trésors qu'ils se sont épuisés à chercher est en fait le plus accessible, le plus évident, le plus flagrant qui soit, exposé en pleine lumière à chaque instant. La description du *nirvâna* donnée par le Bouddha dans le Pali Canon est parfaitement claire : « Il est visible dans cette vie même, engageant, séduisant, accessible. » Clair également le commentaire caustique du maître zen Huang-po disant qu'il faut être complètement ivre pour ne pas voir cela. Claire encore l'affirmation du maître zen Ummon selon laquelle le premier pas sur la voie du zen consiste à contempler sa propre vacuité : se débarrasser de son mauvais *karma* ne vient qu'en second. Clair, enfin, Ramana : ne disait-il pas qu'il est plus facile de voir CE QUE et QUI nous sommes vraiment que de voir une groseille dans le creux de notre main ? Tout cela signifie qu'il n'y a pas de précondition à cette vision intérieure essentielle. Notre véritable nature nous est toujours accessible. Que l'on puisse prétendre le contraire est l'un des grands mystères de ce monde. Elle est visible maintenant, pour chacun de nous tel que nous sommes. Nul besoin d'être en aucune façon saint, vertueux, intelligent ou spécial en quoi que ce soit. Bien au contraire. Quel merveilleux privilège – ô combien négligé, hélas !

• *Deuxièmement*, ceci est la seule vraie vision, la seule qui soit infaillible. Regardez et voyez s'il est possible de ne percevoir qu'à moitié, ou vaguement, le vide là où vous êtes. Cette vision du sujet – de celui qui voit – est une expérience parfaite, totale (tout ou rien), par contraste avec la vision des objets : cette page couverte de signes noirs par exemple. Une grande partie de ce qui est offert vous échappe, n'est tout simplement pas enregistrée. En fait, la vision de ce qui est à l'extérieur n'est jamais claire, la vision de ce qui est à l'intérieur n'est jamais confuse, comme l'indiquait Shen-hui dans la citation qui ouvre ce chapitre.

• *Troisièmement*, cette vision est profonde. Ce que l'on voit à l'extérieur, si clair et si loin que ce soit, est toujours limité et superficiel, n'a en fait que l'épaisseur d'une feuille de papier, alors que ce que l'on voit à l'intérieur n'a pas de limites, s'étend à l'infini. Le regard intérieur pénètre jusqu'aux profondeurs insondables de notre être, et même jusqu'à l'abîme d'où procède toute la création. Rien d'étonnant à ce que cette vision soit plus convaincante que n'importe quoi d'autre et que celui qui en fait l'expérience n'ait pas le moindre doute sur son exactitude. « Il n'est plus besoin de croire lorsqu'on voit la Vérité », dit le soufi Al-Alawi.

• *Quatrièmement*, cette expérience, malgré sa profondeur et le mystère qui l'entoure, est la seule qui soit communicable, parce qu'elle est exactement la même pour tous – le Bouddha, Jésus, Shen-hui, Al-Alawi, vous et moi. Et c'est inévitable, puisque cette vacuité ne contient rien sur quoi l'on puisse avoir des points de vue différents, rien qui puisse être source d'erreur, aucune caractéristique, rien de personnel. Quelle différence avec ces autres expériences si difficiles, voire impossibles à partager ! Si vivante et précise que soit la description et la démonstration que vous me donnez de vos pensées, de vos sentiments et de vos sensations, vous ne pouvez jamais avoir la certitude que j'ai vraiment reçu le message. Vous et moi sommes d'accord pour dire que la rose est rouge, qu'elle sent délicieusement bon, qu'elle est ravissante, mais l'expérience intérieure de toutes ces qualités est essentiellement une affaire personnelle, impossible à partager totalement avec qui que ce soit d'autre. L'expérience du rouge pour vous peut fort bien être pour moi celle du rose, de l'orange ou même du bleu. Mais inversez la flèche de votre attention, et toute cette incertitude disparaît. C'est ici, et ici seulement, là où nous partageons tous une nature commune, qu'existe la communication parfaite, l'accord éternel, sans aucune possibilité de malentendu. Cette harmonie ne saurait être surestimée, car c'est l'accord le plus profond sur ce que nous sommes – ce que tous les êtres sont vraiment. À la lumière de cette connivence fondamentale, nous pouvons nous offrir le luxe de différer autant que nous le souhaitons dans le domaine de ce que nous (et eux) paraissons être, dans le domaine des apparences. Alors que la relation entre celui qui voit et les autres se transforme en identité avec eux, il est probable que son humanité va prendre une forme unique et imprévisible. S'il y eut jamais au monde un groupe de gens hétéroclites, c'est bien celui des amis qui pratiquent cette vision.

• *Cinquièmement* et finalement, cette vision de notre vacuité est toujours accessible, quelle que soit notre humeur, quoi que nous fassions, aussi calmes ou agités que nous puissions être. Elle est accessible instantanément, à volonté, en tournant simplement son regard vers l'intérieur. Si nous la pratiquons sincèrement, il se peut qu'extérieurement notre vie ne semble pas en être transformée, mais intérieurement, c'est une révolution.

Voici donc les cinq vertus inestimables de cette simple vision intérieure : elle est aisée, infaillible, d'une profondeur incommensurable, exceptionnellement partageable et toujours disponible. Mais ce tableau splendide a une autre face, un certain nombre d'inconvénients concomitants qu'il nous faut également examiner.

Certains d'entre eux sont la conséquence directe des avantages mêmes que nous avons cités. Ainsi, c'est parce que cette vision est tellement évidente, si aisément accessible, si naturelle et ordinaire, qu'il est tragiquement facile de la sous-estimer et de la rejeter, en la considérant comme sans intérêt. En fait, sa profondeur et sa puissance spirituelles sont presque toujours ignorées, du moins au commencement. L'objection est courante : comment une réalisation aussi peu onéreuse (gratuite, en fait) pourrait-elle avoir une valeur quelconque ? Ce qui s'acquiert facilement se perd tout aussi facilement. Quelle discipline morale avons-nous suivie, quel travail spirituel avons-nous fourni pour gagner un don spirituel valable ? Et puis, cette réalisation si bon marché nous arrive sans lettres de créance mystique, elle n'est avalisée par aucune explosion de conscience cosmique, aucune extase. Les cloches du ciel ne sont pas simplement assourdies, elles sont éloquemment silencieuses. Il s'agit en fait d'une dépression sans précédent plutôt que d'un sommet, d'une vallée profonde plutôt que de l'une de ces expériences de l'ineffable dites mystiques. « C'est un événement prosaïque et qui n'a rien de glorieux... Pas de couleurs brillantes ici, tout est gris, extrêmement discret et peu attrayant. » Tels sont les commentaires modérés que peut susciter, à juste titre, notre première vision de la vacuité. Celui que je viens de citer est de D. T. Suzuki, l'homme qui a introduit le zen en Occident : c'est ainsi qu'il décrit le *satori*, terme japonais pour désigner la vision de la vacuité, et il savait par expérience de quoi il parlait. Quant à l'idée que nous devons gagner cette vision, qu'il nous faut voyager d'une façon ou d'une autre pour atteindre le lieu où nous pourrons enfin l'avoir, ce n'est que balivernes. Pourquoi ? Et bien parce que le *satori*, c'est tout simplement cesser de fermer les yeux sur ce que nous sommes et que tous les êtres sont éternellement, sur ce à partir de quoi nous vivons tous de toute façon, indépendamment de nos mérites et de toutes les grâces mystiques, ou de leur absence.

La vérité, c'est que ces défauts ou obstacles – en particulier la superficialité de la vision – ne sont que de simples malentendus, aisément éclaircis dès que nous rassemblons tout notre courage pour nous regarder et prendre au sérieux ce que nous découvrons. Le véritable écueil est très différent et, à première vue, très sérieux. C'est que la grande majorité des gens qui ont accepté de regarder à l'intérieur d'eux-mêmes, et brièvement perçu leur véritable nature, se contentent d'en rester là. Pour eux, apparemment, ce n'est rien de plus qu'une aventure fascinante, une manière intéressante de voir les choses – ou peut-être simplement une activité amusante, un jeu d'enfant charmant –, et cela n'a pas grande importance dans la vie. Ce n'est pas une expérience à prolonger, à répéter ou à vérifier, et certainement pas une méthode à pratiquer. Ainsi, cela reste pratiquement sans effet, et les pratiquants de cette vision sont terriblement rares.

Mais voici ce que nous pouvons dire à propos de cette dernière et formidable difficulté. Tous les grands mouvements, dans l'histoire de l'humanité, ont débuté très modestement et de manière pratiquement invisible. Une poignée de gens animés par la flamme d'une vision vraiment révolutionnaire est, à long terme, beaucoup plus efficace pour provoquer un bouleversement que tous les partisans dévoués d'une cause ou d'une idée bien établie. Et de toutes les révolutions, ce demi-tour sur soi-même, ce retour vers ce qui est plus proche que proche, est de loin la plus révolutionnaire. Je présume que ce n'est pas un chef tribal qui, il y a environ cinq millions d'années, a découvert le premier le fait – jusque-là impensable – que dans le lac ou la flaque d'eau, et dans les yeux des autres, on a un visage. D'après moi, c'est une mère solitaire qui a découvert cela en observant longuement son reflet, et a réussi à le partager avec l'un de ses enfants. J'imagine en outre que c'est seulement après des centaines ou des milliers d'années de tâtonnements que l'idée a commencé à être acceptée. Aujourd'hui, bien sûr, cette sorte de conscience de soi humaine est la norme et, faute de l'acquérir, on n'est pas tout à fait humain.

Ne me dites pas que la saga humaine doit s'arrêter ici et que notre espèce est complètement essoufflée. Ou que la vraie vision, la « vision éternelle », n'a aucune chance de devenir un jour la nouvelle norme pour un grand nombre de gens, ou même pour la majorité.

Non qu'Utopie ait la moindre chance d'exister un

jour ! Avec cette norme nouvelle (si elle est jamais acceptée) surgiront des problèmes nouveaux, dont on peut déjà entrevoir certains. Mais cela montrera du moins que cette espèce absurde qui est la nôtre n'est pas irrémédiablement engluée dans la boue de son illusion primordiale selon laquelle on est ici ce que l'on paraît être là-bas. Et que le titre de *sapiens* que nous nous sommes octroyé n'est pas, tout compte fait, un parfait exemple d'humour noir.

4

L'investigation du Soi : réponses à certaines objections

Notre beauté est dans la connaissance de soi ; lorsque nous nous ignorons nous-mêmes, nous sommes laids.

PLOTIN

Toute la religion chrétienne consiste uniquement en ceci : apprendre à nous connaître nous-même, savoir d'où nous venons et ce que nous sommes.

BOEHME

Qui répète le nom du Bouddha ? Nous devrions essayer de savoir d'où vient ce « Qui » et à quoi il ressemble.

HSU YUN

Vous connaissez la valeur de toutes choses excepté de vous-même.

RÛMÎ

L'oubli du Soi est la source de toutes les souffrances.

RAMANA MAHARSHI

Comment se fait-il que nous ayons besoin de tant d'exhortations, de tant d'avertissements, de toutes ces invitations pressantes et de toutes ces promesses de récompenses infinies pour nous persuader de nous examiner nous-même de plus près ? Pourquoi tous les gens intelligents et sérieux ne consacrent-ils pas l'essentiel de leur vie à découvrir QUI vit ?

Quand on leur pose cette question, les personnes réfléchies s'excusent généralement en élevant un certain nombre d'objections. Elles ne sont pas du tout certaines que cette quête intérieure soit une bonne chose. Évidemment, elles conviennent toutes que nous avons besoin d'une connaissance suffisante de notre nature pour en faire le meilleur usage possible et bien communiquer avec les autres, mais la plupart pensent que l'investigation risque d'aller trop loin et de durer trop longtemps. « Connais-toi toi-même » est une excellente devise, mais jusqu'à un certain point, il ne faudrait pas en faire une obsession, une fin en soi, et surtout pas le but de notre vie. L'introspection poussée à de tels extrêmes risque de faire plus de mal que de bien. Et de préciser :

- C'est une manière égoïste de détourner ses énergies du service des autres pour ne se préoccuper que de soi-même.
- C'est une introversion morbide qui entraîne une

conscience de soi (au mauvais sens du terme) excessive et handicapante, et peut même devenir une maladie mentale.

- Cela prend du temps et ce n'est pas du tout pratique, cela nous rend inapte à exercer notre métier et à mener une vie familiale.
- C'est déprimant et ennuyeux, et cela nous conduit à une impasse, une léthargie mentale.
- Cela tue la spontanéité et tout plaisir naturel et franc.
- C'est une excuse merveilleuse pour l'oisiveté et le parasitisme.
- Cela nous rend froid et indifférent à l'art et à la nature, à la beauté et aux merveilles de l'univers, ainsi qu'à la somptueuse variété du théâtre humain.
- C'est une drogue abrutissante qui tue la créativité, réduit les mots à un simple charabia, arrête la pensée, engourdit l'esprit lui-même et substitue à nos fonctions humaines les plus élevées l'Inconscient non humain ou subhumain.

Examinons donc ces huit objections. La recherche du Soi serait-elle une entreprise :

Égoïste ?

À les entendre, nous sommes ici non pas pour nous trouver nous-même, mais pour nous oublier, nous concentrer sur les autres et échanger notre égocentrisme naturel contre l'altruisme qui nous met au service d'autrui.

Cela est fort bien, mais comment pouvons-nous être

sûr de faire vraiment du bien aux autres tant que nous ne nous connaissons pas nous-même ? Généralement, notre prétendue charité n'est que l'expression de nos sentiments de culpabilité par rapport au monde, un désir de pouvoir déguisé ou encore une façon de blanchir quelque autre mobile obscur, sans souci réel des vrais problèmes du monde. Notre aide à court terme ne crée-t-elle pas bien souvent des obstacles à long terme ? Il est notoire que l'aide matérielle ou même psychologique que nous apportons à une personne pour résoudre l'un de ses problèmes est susceptible d'en créer deux autres. Seule l'aide que l'on donne quand on se connaît vraiment soi-même (et les autres à travers soi) a des chances d'être à coup sûr bénéfique et exempte de ces malheureux effets secondaires se prolongeant de manière si imprévisible : dans ce cas, l'aide est probablement secrète, inexprimée et inexprimable. La vérité, c'est que s'aider soi-même (c'est-à-dire se trouver soi-même) c'est aider les autres, bien que l'influence puisse être tout à fait souterraine. Il va sans dire que nous devons être aussi activement bons que possible, mais tant que nous ne voyons pas clairement QUI est bon, nous agissons plus ou moins à l'aveuglette, avec toutes les conséquences imprévues auxquelles on peut s'attendre.

Ce prétendu oubli de soi au service des autres a un autre inconvénient : il est, de toute façon, pratiquement impossible. La vertu délibérée oublie rarement de se passer la main dans le dos. La bonté calculée évite rarement l'autosatisfaction, et alors elle commence à sentir moins bon. Si au contraire elle est une conséquence indirecte, naturelle, de la véritable connaissance de Soi et du souci que l'on a des autres, parce que fondamentalement on est eux, alors elle se désintéresse d'elle-même et de tous mérites accessoirement gagnés, et continue à sentir bon. Malheureusement, essayer de devenir un saint, ou même un sage, est une entreprise de mystification de soi (ou plutôt de mystification de Soi) qui a toutes les chances d'aboutir au résultat contraire au but recherché – c'est-à-dire un ego hypertrophié.

Morbide ?

L'idée que la recherche du Soi puisse être une maladie est-elle fondée ?

Qu'est-ce que la maladie mentale, en définitive, sinon l'aliénation, le fait de se couper des autres et donc de soi-même ? C'est la honte et la misère de la partie essayant de devenir un tout (ce qu'elle ne peut jamais être) au lieu du Tout (qu'elle est déjà). Nous sommes tous plus ou moins malades tant que nous n'avons pas découvert, en recherchant le Soi, que nous sommes Un avec tous les autres.

Pas du tout pratique ?

On dit aussi que, si ce n'est pas vraiment une maladie, la recherche du Soi est du moins un signe de déséquilibre, d'anormalité, et que cela fait de nous des inadaptés à la vie. Cette objection a d'autant plus de poids qu'il apparaît malheureusement clairement à quiconque a été mêlé tant soit peu à des mouvements religieux que les gens « spirituels » sont très souvent des excentriques, des inadaptés, voire des névrosés. Cela n'a rien de surprenant. Les personnes contentes, pour ne pas dire satisfaites, d'elles-mêmes, relativement « normales » et assez douées pour être à peu près humaines, ne sont pas incitées à découvrir autre chose, c'est-à-dire leur divinité. Seuls ceux qui éprouvent le besoin de découvrir QUI ils sont et ont la chance d'être désespérés sont susceptibles de se lancer dans la recherche du Soi. Un instinct sûr leur indique la voie de la guérison.

Initialement, une personne attachée aux biens de ce monde peut sembler (est souvent) bien meilleure que celle qui poursuit une voie spirituelle. La recherche intérieure ne transforme évidemment pas la personnalité du jour au lendemain. Néanmoins, dans la mesure où cette entreprise suprême réussit, elle « normalise » un homme, le met en harmonie avec la vie et corrige ses maladresses, ses faiblesses, ses laideurs. Il est désormais vraiment adapté : il sait comment être en paix. Paradoxalement, c'est en découvrant qu'il n'est pas du tout un homme qu'il devient un homme acceptable. Lorsqu'il voit sa véritable nature de manière constante, ses besoins et ses exigences par rapport aux autres diminuent rapidement, sa capacité de concentration sur n'importe quelle tâche est remarquable, son détachement lui donne l'objectivité nécessaire à la sagesse concrète, pour la première fois il voit la valeur réelle des gens, il accueille tout mais ne se fait pas d'illusions. Au début, la recherche du Soi n'est peut-être pas la meilleure recette pour se faire des amis et influencer les gens, mais c'est finalement la seule façon de se sentir à l'aise dans le monde. Rien d'autre n'est vraiment pratique. Les sages sont des êtres extrêmement efficaces, et non une bande de rêveurs incompétents.

Ennuyeuse ?

À ceux qui ne savent pas, leur vie paraît terriblement inintéressante et monotone ! Comment peut-on éviter un effroyable ennui à ne s'occuper pendant des mois, voire des années, que de ce qui, par définition, est uniforme, absolument vide, clarté pure ? Découvrir notre pôle Nord est peut-être merveilleux, mais est-on obligé de vivre là, dans ce désert de glace où il ne se passe jamais rien ?

Eh bien, le plus extraordinaire, c'est que, contre toute attente, ce centre de notre être apparemment morne et désolé se révèle en fait infiniment fascinant : ici, pas un seul instant n'est ennuyeux. C'est notre périphérie – le monde où il se passe des choses – qui est finalement ennuyeux et déprimant. Pourquoi la source incolore, immuable, sans forme, vide et sans nom (dans la pratique, non en théorie) est-elle éternellement fraîche et charmante, alors que tous ses produits, malgré leur inépuisable richesse, s'avèrent tôt ou tard extrêmement fastidieux ? Cette heureuse réalité et le fait non moins heureux que la vision de la source nous est toujours accessible doivent simplement être acceptés – avec gratitude. Nous ne saurions guère nous plaindre de ce que tout nous déçoive jusqu'à ce que nous voyions QUI ne nous déçoit jamais.

Pas naturelle ?

Toute chose nous renvoie naturellement à sa source, qui est en nous. En fait, l'entreprise de découverte du

Soi est notre fonction normale, notre croissance, notre évolution naturelle, faute de quoi nous restons chétif, sinon anormal. Encore une fois, c'est là une découverte surprenante. On pourrait imaginer que l'habitude de tourner son regard vers l'intérieur rendrait un homme plutôt moins naturel, lui donnerait un air renfermé, des manières bizarres, égocentriques et rébarbatives. En réalité, c'est tout le contraire. Celui qui voit le Soi a la grâce et le charme d'un être libre. Trouver la source, c'est se brancher sur elle.

Prenez le cas d'une personne qui est d'une timidité morbide. Deux solutions pour elle : une amélioration de son état, ou une véritable guérison. Le remède trompeur serait de s'oublier elle-même en se projetant vers l'extérieur, vers le monde. Le vrai remède est de se trouver elle-même en se tournant vers l'intérieur, vers elle-même, jusqu'à ce qu'un jour sa conscience maladive de soi ait fait place à la conscience du Soi : alors, elle se sent à l'aise partout. Personne ne peut certes retrouver l'ouverture simple du petit enfant et de l'animal en pratiquant uniquement l'oubli de soi. Mais grâce à la technique opposée, celle du retour au Soi, nous pouvons recouvrer quelque chose qui ressemble fort à cet état béni, à un niveau beaucoup plus élevé. Nous saurons alors ce que nous devons faire et comment le faire (et, le plus souvent, ce que nous ne devons pas faire), non pas en y pensant mais par une sorte d'instinct immédiat. Sinon, nous sommes tous plus ou moins maladroits, artificiels ; et nous jouons tous une comédie.

Réservée aux paresseux ?

Est-ce une solution de facilité, une manière aisée de fuir l'enfer de la responsabilité, de l'engagement et de ses embûches pour se réfugier dans un paradis de sécurité et de tranquillité ? Certainement pas. Dans un sens, il est vrai, c'est la chose la plus facile au monde que de voir ce que personne d'autre ne peut voir, c'est-à-dire ce que c'est que d'être soi-même, ici même, à zéro centimètre de soi : le vide est d'une évidence flagrante, la clarté absolument transparente et indubitable. Mais dans un autre sens, hélas ! c'est la chose la plus difficile au monde de voir et continuer à voir ce Lieu à partir de ce lieu. L'ennui, c'est que cette place mystérieuse que l'on occupe – où l'on supposait qu'il y avait un objet solide et où il n'y a en fait que CE QUI voit – est *trop* grande ouverte, *trop* évidente et *trop* ordinaire pour capter notre attention. Toutes les flèches de notre attention sont dirigées vers l'extérieur, et elles pourraient bien être en acier tant il semble difficile de les retourner pour les diriger vers le centre, et plus difficile encore de les empêcher de repartir de nouveau immédiatement vers la périphérie. C'est la plus grande de toutes les ambitions, et il n'est pas d'aventure qui soit aussi audacieuse et « difficile » – jusqu'à ce que nous voyions l'absurdité de la difficulté que nous créons nous-même.

Qui rejette le monde ?

Le jeu de la recherche du Soi vaut-il la chandelle ? La réponse est certainement *non* si ce jeu implique

que l'on considère qu'il n'y a rien de valable dans le monde, rien qui soit digne de notre attention et de notre amour. Tourner le dos à un univers si fécond et magnifique, à tous les trésors de l'art et de la pensée, et surtout à nos frères humains, est à coup sûr une grande perte. Pourtant, on dit que le sage ne s'intéresse pas à tout cela : le monde consisterait en un ensemble de choses qu'il ne souhaite pas connaître. Pour lui (dit-on) la connaissance du détail des choses est ignorance.

En réalité, c'est tout le contraire. Paradoxalement, seul celui qui s'occupe uniquement de la scène extérieure, ignorant ce qui est en son centre, est plus ou moins aveugle à cette scène. Car le monde est un phénomène curieux qui, telle une étoile très pâle, ne peut être observé clairement que si on ne le regarde pas directement. Le monde nous cachera son vrai visage jusqu'à ce que nous regardions dans la direction opposée pour l'apercevoir dans le miroir du Soi.

Par exemple, si le monde est *parfois* beau lorsqu'on le regarde directement en le considérant comme réel et se suffisant à lui-même, il est *toujours* beau lorsqu'on le perçoit indirectement, comme une émanation du Soi. Lorsque vous voyez QUI est vraiment ici, vous voyez, en prime, ce qui est vraiment là-bas. Et cette prime vous fait aller de surprise en surprise. L'univers est transformé. Les couleurs chantent, elles sont brillantes, étincelantes. Formes, plans et structures se mêlent en des compositions charmantes, rien n'est repoussant, laid ou déplacé. Cimes des arbres sur montagnes de nuages, feuilles et pierres éparpillées sur le sol, reflets dans les vitres des devantures, taches et lambeaux d'affiches sur de vieux murs, détritus de toutes sortes... À sa manière unique, chaque agencement fortuit de formes est inévitable et parfait en soi. Et c'est le contraire même de l'imagination humaine. C'est le réalisme divin, la dissolution de cet écran de fumée d'images et de mots qui nous cachent de plus en plus le monde à mesure que nous vieillissons et devenons plus savant.

Qui tue la créativité ?

La voie de la recherche du Soi n'est certes pas une fuite. C'est l'accès immédiat à l'univers tel qu'il est, le plongeoir supérieur qui nous permet de faire le grand saut pour nous immerger dans le monde. On l'accuse pourtant d'être incompatible avec toute entreprise créatrice sérieuse, artistique, intellectuelle ou pratique. Si ce reproche est fondé, c'est à coup sûr un inconvénient considérable.

Il est certain que la recherche du Soi ne réussira jamais tant que nous n'y mettrons pas tout notre cœur. Il semblerait donc que l'artiste, le philosophe ou le savant uniquement consacrés à leur art soient des candidats à la sagesse peu prometteurs. S'il en est ainsi, ce n'est pas parce qu'ils sont trop dévoués à leur vocation, mais parce qu'ils ne le sont pas assez, ils ne s'y consacrent pas encore totalement. Il leur faut approfondir et élargir leur domaine jusqu'à ce qu'il les inclue eux-mêmes et le monde entier. Car le seul vrai génie, le seul artiste-philosophe-savant complet est le sage pleinement conscient d'être le peintre de l'image-monde, le penseur de toute pensée, l'inventeur de l'univers, la Connaissance même. Cela ne veut pas dire, bien sûr, qu'il connaisse tout cela sur le bout des doigts, dans les moindres détails, mais il voit clairement à la fois leur essence profonde et leur totalité. En un mot, son véritable Soi. Et quand se pose une question de détail, sa réponse est juste. Sa connaissance du Soi contient toutes les informations dont il a besoin à chaque instant. La vacuité de son esprit est la base indispensable à son bon fonctionnement. Bref, le sage est *sage* – pas malin, ni instruit, ni la tête pleine d'idées, mais vraiment simple et lucide, c'est-à-dire qu'il a la tête claire, au vrai sens du terme.

Même dans la vie ordinaire nous trouvons des signes de cette connexion vitale entre la conscience du Soi et la créativité. Dans nos meilleurs moments, n'avons-nous pas toujours une conscience plus grande de nous-même, de sorte que, loin de nous perdre dans l'inspiration ou la ferveur créatrice ou l'amour, nous nous redécouvrons nous-même ? L'objet opaque, là-bas, ne désigne-t-il pas immanquablement le sujet transparent, ici ? Il peut même arriver que la transparence apparaisse d'abord : nous lui prêtons attention, notre bavardage stupide cesse, consciemment nous voyons que nous ne sommes rien sinon ce vide alerte qui attend – et bientôt, de ce vide et dans ce vide surgissent la couleur ou l'image requise, l'idée clé, la réponse juste.

L'observation du seul univers suscite l'anxiété. L'observation de l'observateur de l'univers mettra un terme à l'inquiétude de l'homme, à son agitation et ses tracas. Quand son intérêt se porte vers l'intérieur, il lâche prise naturellement – il relâche l'emprise qu'il essayait d'avoir sur le monde extérieur. Ayant repris son capital, il l'a déposé à sa propre banque centrale où il va fructifier à l'infini. Désormais, il n'a plus rien à craindre là dehors et aucune raison de s'ingérer. Il sait laisser les choses être et se faire en leur temps. Il n'est pas pressé. Connaissant le Soi, il ne peut manquer de faire confiance à ce qu'il produit. Quoi qu'il arrive, il l'accepte. En termes chrétiens, il n'a de volonté que celle de Dieu : ce qu'il veut est ce qui arrive et ce qui arrive est ce qu'il veut. Paradoxalement, c'est parce qu'il se soumet à la nature des choses qu'il les domine. Sa faiblesse est finalement toute-puissante. Le secret de son pouvoir sur les choses, c'est qu'il va à la source. « Cherchez d'abord le Royaume de Dieu, et tout le reste vous sera donné par surcroît. » Cherchez d'abord le reste, et même cela vous sera enlevé.

Cette obéissance parfaite ne signifie pas simplement s'aligner sur la volonté de Dieu, ou l'imiter, ou même s'unir à elle. C'est cette volonté elle-même en pleine activité. Si nous souhaitons découvrir ce que c'est que créer le monde, il nous suffit de ne rien désirer et de prêter attention. Mais l'acceptation inconditionnelle est très difficile. C'est précisément le contraire de l'indifférence nonchalante qui laisse les choses aller à la dérive. Elle naît de la force intérieure et non de la faiblesse, de la concentration et non de la négligence. Pourquoi le monde est-il si pénible, si effrayant ? Est-il ainsi par nature, ou bien parce que nous choisissons la solution de facilité qui est de le combattre plutôt que celle, plus difficile, de nous accorder à lui ? Nous devons nous-même faire l'expérience de cette vérité que nous démontre le sage, à savoir que même dans les plus petites choses la voie de la non-ingérence, de l'abandon de toute volonté personnelle, de la « disparition », est incroyablement pratique et la seule efficace. Pas seulement à long terme, mais à chaque instant, faire consciemment place à la Lumière, à ce qui se présente dans cette Lumière, voilà ce qui est créatif. Nous en faisons trop et restons ainsi inefficaces, nous parlons beaucoup trop et ainsi ne disons rien, nous pensons beaucoup, beaucoup trop, et empêchons ainsi les faits de parler pour eux-mêmes – voilà ce que disent ceux qui connaissent la valeur du vide. C'est à nous de le vérifier par nous-même – non par la méthode directe qui consiste à essayer de garder le silence et d'arrêter le mental (ça ne marche pas), mais par la méthode indirecte, c'est-à-dire en voyant QUI, semble-t-il, essayait de faire cela. Un homme ne peut découvrir sa nature divine qu'en voyant qu'il n'est pas un homme.

Son expérience de sa nature divine n'a pas le moindre contenu. Elle est non seulement indescriptible, mais non mentale, non psychologique et non humaine au sens le plus vrai du terme. Le fait d'y penser ou d'en parler tue déjà l'expérience en compliquant ce qui est la simplicité même, l'évidence même. C'est comme le goût du sucre ou la vue de la couleur verte : plus vous y réfléchissez, plus vous vous éloignez de l'expérience réelle. Mais la ressemblance s'arrête là. Voir la couleur verte est une expérience ineffable parce que préhumaine ou infrahumaine. Voir CE QUI voit la couleur verte est une expérience ineffable parce que posthumaine ou suprahumaine. Lorsque le sage rejette le mental fait de concepts et obscurci par les mots, ce n'est pas une régression, mais l'étape suivante dans l'évolution qui mène au-delà de l'homme, la voie même qui mène à la réalisation du Soi. Et bien que ce but soit au-delà de la pensée, clarté immaculée, vide même de vacuité, il n'est rien d'autre que la Vérité pure, enfin. Car seul le Soi peut être connu parfaitement : tout le reste n'est qu'affaire de conjectures, avec une grande part d'erreurs. Seule la conscience du Soi est absolument éveillée, observatrice parfaite : toute autre conscience est une sorte de divagation mentale. La conscience totale *est* le Soi.

En conclusion, tous les défauts que l'on pourrait reprocher à l'investigation du Soi se sont révélés être des qualités à peine déguisées. Il y a certes des sortes d'introspections qui sont nuisibles, mais ce sont celles qui se rapportent à l'ego ou soi empirique, et elles sont le contraire même de la véritable investigation, qui elle est saine, créative, naturelle, source de vie, pratique et altruiste. Même si nous l'abordons très tard, elle est la raison pour laquelle nous sommes ici. La négliger n'est pas seulement regrettable, c'est indigne.

Même si notre investigation du Soi ne nous rapportait absolument rien, la négliger serait encore une dérobade scandaleuse, indigne de notre énergie et de notre intelligence. Même si les bénéfices sont immenses, ce n'est pas le but en soi. La seule façon de les récolter ce n'est pas de les rechercher, mais de poursuivre uniquement la Vérité pure de notre nature, aussi peu édifiante puisse-t-elle se révéler. Si tout ce que nous voulons c'est voir QUI nous sommes vraiment, vraiment, rien ne peut nous empêcher de le faire en cet instant même. Mais si notre intention est d'utiliser cette vision bénie pour acheter des paniers pleins de bons sentiments ou autres friandises, nous ferions mieux d'abandonner l'idée même d'investigation du Soi.

5

Les différentes sortes d'expériences mystiques

Selon Ramana Maharshi, la réalisation du Soi « c'est vraiment comme plonger son regard dans la vacuité », dans un vide où même « la pensée "je suis Brahman" doit disparaître ».

Cela soulève toute la question de la nature de la réalisation du Soi, de la véritable vie spirituelle et de l'expérience mystique. Si cette expérience est aussi aride que ce qu'évoque un expert comme Ramana Maharshi, que valent alors ces merveilleuses descriptions des grands mystiques d'Orient et d'Occident, anciens et modernes, qui dépeignent non pas le vide mais une plénitude glorieuse, les délices de toutes sortes de splendeurs, de visions, de révélations spirituelles ?

Qu'est-ce donc que le mysticisme ? De tous les mots pièges que nous utilisons à tort et à travers, celui-ci est l'un des plus ambigus et l'un de ceux que nous pouvons le moins nous permettre de laisser dans le vague. Qu'entendons-nous vraiment par expérience mystique ? Quels sont les signes qui nous permettent de reconnaître un véritable mystique ?

Quiconque serait assez naïf pour tenter de trouver la réponse à ces questions dans les livres exposés sur les rayonnages « mystiques » d'une librairie serait plongé dans une confusion totale. Quel rapport pourrait-il trouver entre la clairvoyance et la Divinité de Maître Eckhart, entre les histoires pittoresques de miracles et le Vide qui est même vide de vide, entre la radiesthésie et les stigmates de Padre Pio, entre le voyage astral, les expériences de sortie du corps et les témoignages de certains mystiques affirmant qu'ils n'ont jamais été dans le corps ? Comment une personne sensée pourrait-elle mettre dans le même sac les mystiques selon lesquels la Conscience essentielle serait un état de félicité impliquant amour, joie et liberté, et ceux qui affirment qu'elle n'a aucun contenu, qu'elle est absolument vide de toute pensée, de tout sentiment, de toute émotion ?

Essayons de mettre un peu d'ordre dans tout cela en distinguant nettement trois sortes d'expériences qui, même si on les classe communément sous la même étiquette *mystique*, sont en fait aussi différentes que possible l'une de l'autre.

1. Inutile de nous étendre sur la première sorte. Ici, mystique signifie mystérieux, bizarre, inexplicable, occulte, surnaturel, incroyable, anormal, incompatible avec la science. Je me souviens d'avoir acheté un livre, il y a bien longtemps, sur la foi de son titre : *La Vie mystique*. C'était en fait un compte rendu des voyages de son auteur dans un état de transe, à travers des régions astronomiques inconnues de la science, et il y était clairement insinué qu'il s'agissait là de la véritable

expérience mystique et qu'aucune autre sorte ne méritait d'être prise au sérieux. Cette variété de mysticisme englobe un domaine immense, depuis les soucoupes volantes et la numérologie jusqu'aux mondes étranges d'Emmanuel Swedenborg, Rudolf Steiner et William Butler Yeats. Il n'est pas question de dénier toute valeur et signification à ce genre d'expériences (on peut toujours y trouver *quelque chose* – songez aux meilleurs poèmes de Yeats), mais de signaler à quel point elles diffèrent du second type d'expérience mystique.

2. Au lieu d'essayer de décrire ce deuxième type, prenons un exemple. Dans son traité célèbre et original au titre significatif, *La Conscience cosmique, une étude de l'évolution de l'esprit humain*, R. M. Bucke écrivait :

> Je tombai dans un état de jubilation, de joie immense, accompagné ou immédiatement suivi d'une illumination intellectuelle tout à fait impossible à décrire. Entre autres, je ne croyais pas simplement, mais je voyais que l'univers n'est pas composé de matière morte, qu'il est au contraire une Présence vivante ; j'étais vivement conscient de la vie éternelle. Ce n'était pas une conviction que j'aurais la vie éternelle, mais la conscience que je la possédais à ce moment-là ; je voyais que tous les hommes sont immortels, que l'ordre cosmique est tel qu'au-delà de tout hasard toutes choses contribuent harmonieusement au bien de chacun et de tous, que le principe fondamental du monde, de tous les mondes, est ce que nous appelons l'amour, et que le bonheur de chacun et de tous est certain. La vision dura quelques secondes, puis disparut. Mais le souvenir m'en est resté vivant tout au long du quart de siècle qui s'est écoulé depuis. Je savais que ce que la vision me montrait était vrai.

Cette deuxième sorte d'expérience mystique attache au moins autant d'importance à la vérité de ce qui est expérimenté qu'aux frissons et délices qui l'accompagnent. Elle prétend nous révéler des faits évidents extrêmement importants qui nous étaient cachés jusqu'ici. Elle se présente comme la connaissance d'un ordre plus élevé et plus heureux, et, inversement, comme la découverte des réalités sous-jacentes. C'est une révélation ou une série de révélations : par exemple, la sensation forte de partager la paix, l'amour, la joie et autres choses merveilleuses que recèle notre Source, au cœur même de tous les êtres. C'est un diamant dont les facettes innombrables, multicolores, brillant d'un éclat fulgurant, illuminent le monde.

Cette expérience est si variée qu'elle échappe à toute définition, mais on peut la caractériser de quatre façons. *Premièrement*, elle ne peut pas être obtenue à volonté, sur commande. On ne peut quasiment rien faire pour la susciter : il est rare que la grâce divine réponde à nos injonctions. *Deuxièmement*, elle ne peut se libérer de son contenu mental et émotionnel. L'amour n'est pas la même chose que la joie ou la paix ou la compassion ou le courage. Et, bien sûr, les expériences particulières de ce genre, si élevées soient-elles, sont nécessairement limitées et partielles. Aucune ne recouvre tout le domaine du Réel. *Troisièmement*, elle souffre d'un certain manque de précision. On ne peut pas la fixer pour l'examiner de près. Il n'est guère étonnant qu'on ne puisse avoir de ce genre d'expérience qu'un souvenir nébuleux. En tout cas, c'est une question de degré. Les expériences mystiques varient en intensité d'un moment à l'autre, et (à coup sûr) d'un mystique à l'autre. Certains sont très doués, d'autres moins : il y a une hiérarchie de réalisations spirituelles. *Quatrièmement*, et pour finir, elle est temporelle. Elle se situe dans le temps et dure un certain temps. Elle surgit inopinément, fleurit brièvement (comme le dit Bucke) et disparaît, pour ne jamais revenir peut-être. En tout cas jamais sous cette forme particulière. C'est l'oiseau le plus rare et le plus rapide, et on n'a jamais pu l'observer immobile.

3. Les quatre caractéristiques – imprévisibilité, particularité, imprécision et brièveté – de cette deuxième variété d'expérience mystique ne s'appliquent pas du tout à notre troisième catégorie qui, à bien des égards, est en fait le contraire de ce que nous avons observé jusqu'ici. Si, par commodité, nous appelons la première variété *mysticisme populaire*, et la deuxième *mysticisme de l'expérience du sommet*, nous pourrions appeler la troisième *mysticisme libéré*, car c'est vraiment un mysticisme libéré des défauts du mysticisme – et, à vrai dire, du mysticisme lui-même. Ainsi :

Premièrement, cette expérience est accessible à volonté, quels que soient mon humeur ou mon état de santé, mes mérites ou mes démérites. Tout ce que j'ai à faire pour voir ma nature essentielle, c'est d'inverser la flèche de mon attention en cet instant même et voir que je regarde cet ordinateur à partir d'une absence totale de quoi que ce soit, et certainement pas à partir d'une petite chose compliquée, opaque et colorée. L'espace que j'occupe en ce moment est conscient du fait qu'il est, à l'évidence, non pas occupé par moi mais par un ordinateur. Je suis espace conscient pour accueillir cette machine. Et si j'en doute, je n'ai qu'à désigner mon « visage » du doigt et remarquer ce qu'il y a de mon côté de ce doigt qui pointe.

Deuxièmement, cette expérience suspend le mental. Ce que je découvre ici n'a aucun contenu perceptif, émotionnel ou mental. J'aime le décrire comme une sorte d'idiotie alerte, libre de toute idée et de toute émotion, et certainement de toute émotion mystique. Cela ne signifie pas que je sois dans une sorte de transe, ou qu'il y ait quoi que ce soit de bizarre ou de contre nature dans cet état. Bien au contraire : c'est cesser de prétendre que je suis ce que je ne suis pas, une chose dans le monde, une chose douée d'un mental. Non que je renie ou rejette le contenu de ma conscience, mais je m'éveille au fait que je suis cette clarté immaculée, dénuée de toute qualité, de tout contenu, de toute fonction. Le mental ne peut pas atteindre cette profondeur, s'infiltrer dans la véritable « expérience de la vallée ».

Troisièmement, il n'y a rien de vague dans cette vision de la profondeur la plus profonde. C'est la précision même. On ne saurait en douter. Elle est évidente en soi, claire, simple ; elle se révèle dans sa totalité, ou pas du tout, et il est impossible de se tromper. Il n'y a pas de vision inférieure de QUI on est vraiment. On peut continuer éternellement à rechercher des émotions de plus en plus belles, des pensées de plus en plus brillantes, des intuitions de plus en plus profondes, mais lorsque vous retournez à leur origine, il n'y a qu'une façon d'être là. Ce que vous voyez est vu parfaitement, tel que c'est, de toute éternité.

Quatrièmement, cette expérience est hors du temps.

Elle existe seulement maintenant. C'est pourquoi on ne peut jamais s'en souvenir, pas plus qu'elle ne peut être anticipée : on ne peut que la savourer dans l'instant présent. Et alors, aucune date, aucune heure ne peut lui être attribuée. Dire : « J'ai vu QUI J'étais entre trois heures et quatre heures trente-cinq » n'a aucun sens. Il ne s'agit pas d'en discuter, il s'agit de le vérifier. Observez maintenant l'absence qui est au centre de votre univers, et vous verrez que votre expérience n'a ni commencement ni fin. Elle se révèle en fait intemporelle.

Ainsi, à tous les égards ou presque, notre troisième type d'expérience mystique contraste de manière flagrante avec les autres, et nous n'avons aucune excuse pour la confondre avec elles. Se débarrasser de cette confusion, c'est se débarrasser de l'un des problèmes fondamentaux de la vie spirituelle.

Voici un exemple. Certains amis qui font pivoter leur attention et perçoivent leur Source se plaignent couramment que cela ne les avance guère, qu'ils ne restent que trop humains, mesquins, de mauvaise humeur – la même mixture qu'avant. Ou encore, ils sont très déçus de découvrir que cette vision intérieure n'est pas du tout une expérience mystique au sens courant du terme, et que l'on ne peut en tout cas pas s'attendre à ce qu'elle suscite des pensées ou émotions de qualité supérieure. L'erreur que font ces amis, c'est évidemment de confondre le type 2 avec le type 3, les expériences du sommet avec l'expérience de la vallée, qui est vraiment libératrice. Leur meilleure chance d'obtenir leur lot d'expériences du sommet, ce n'est pas de les rechercher directement (vaine entreprise), mais de demeurer dans leur Source. Alors, ils ne manqueront pas d'apprécier de plus en plus la Source, malgré sa simplicité et sa sobriété absolues, tant et si bien qu'ils se désintéresseront des expériences du sommet, et même du mental avec sa météo si instable, et que ce qui les fascinera finalement, c'est l'espace dans lequel tout ceci se produit.

En résumé : notre premier type de mystique est fasciné par les choses *étranges* qui vont et viennent dans cet espace ; notre deuxième type par les choses les meilleures (les plus vraies, les plus généreuses, les plus belles) qui vont et viennent dans cet espace ; notre troisième type, par l'espace lui-même, l'espace conscient qui inclut et transcende tous les concepts – y compris celui d'espace conscient !

Non qu'il me plaise de qualifier cette troisième variété de *mysticisme*. En fait, on pourrait l'appeler *anti-mysticisme*, et certainement *anti-mystification*, ou tout simplement : être attentif et naturel, être ce que l'on est de toute évidence pour soi-même, non plus « sorti pour déjeuner », mais « chez soi pour déjeuner », et avec un joyeux appétit.

6

La dernière Upanishad ?

Conduis-moi du rêve à l'éveil.
Conduis-moi de l'opacité à la clarté.
Conduis-moi de la complication à la simplicité.
Conduis-moi de l'obscurité à l'évidence.
Conduis-moi de l'intention à l'attention.
Conduis-moi de ce qu'on me dit que je suis à ce que je vois que je suis.
Conduis-moi de la confrontation à la grande ouverture.
Conduis-moi en ce lieu que je n'ai jamais quitté,
Où se trouve la paix, la paix, la paix.

Sa dernière création s'étant achevée dans le chaos, le Seigneur de l'univers envisageait la suivante. Il convoqua donc les dieux pour leur demander de le conseiller dans sa nouvelle entreprise. Ils se montrèrent ravis, car ils voyaient là une occasion de remédier au défaut dont avait souffert le dernier univers, à savoir qu'Il était resté là-haut, dans un état de profonde méditation, loin de ses créatures. Les conséquences de son éloignement furent désastreuses, lui rappelèrent-ils. Et ils insistèrent humblement :

« Cette fois, nous vous supplions d'être plus accessible. Car même les meilleures idées et les meilleurs sentiments à *votre sujet* ne peuvent vous remplacer *vous*, sont à des millions de lieues de votre imposante présence. Les gens ont besoin de vous voir. Les ouï-dire ne sont presque d'aucune utilité.

– Je comprends parfaitement le problème, répondit-il avec grâce. Cette fois, je serai au beau milieu de mon monde. De plus, j'abandonnerai tout déguisement et me rendrai parfaitement visible. Partout où les gens se rassembleront, je serai là, parmi eux, plus évident que l'évidence même. Je promets qu'il y aura un moyen sûr, facile et même surprenant de me reconnaître.

– Et quel sera-t-il ? demandèrent-ils avec empressement.

– Je me transformerai en cyclope, un phénomène, un monstre, pourrait-on dire, avec un œil unique. Tous ces gens autour de moi lorgnant et regardant à travers deux minuscules petits trous chacun, et moi promenant sur eux le regard calme et clair d'un œil immense, grand ouvert, beaucoup plus grand que le corps sur lequel il sera monté ! Oh ! Je me ferai tellement remarquer que cela sera tout à fait embarrassant ! »

Le Seigneur de l'univers tint sa promesse. Il apparut dans son nouvel univers sous cette forme extraordinaire et frappante. Le Seigneur de l'univers à l'œil immense et grand ouvert était toujours présent partout où les hommes se rassemblaient.

Et personne ne le remarquait ! Chose incroyable, les gens continuèrent d'ignorer le divin phénomène au milieu d'eux.

Choqués et déconcertés, ses conseillers n'en revenaient pas : « Voyez comme ces gens sont obstinés, aveugles et fous ! Si vous voulez avoir une chance de les éveiller et d'attirer leur attention, il va falloir que vous vous transformiez encore plus radicalement », lui dirent-ils.

Le Seigneur était si bouleversé, si indigné qu'il tira sa grande épée et, d'un seul coup, se coupa la tête, œil unique et tout.

« Sous la forme de ce tronc sans tête mais, remarquez-le bien, encore très vivant, s'exclama-t-il, comment pourrais-je ne pas me faire remarquer au milieu de toutes ces créatures pourvues de têtes ? Lorsque j'apparaîtrai comme le seul qui voit sans yeux, entend sans oreilles, perçoit les odeurs sans nez et les saveurs sans langue, je serai à coup sûr la merveille du siècle, de tous les siècles ! De plus, en tant que l'Unique sans tête qui est espace grand ouvert pour accueillir toutes les têtes du monde – Celui qui, ne disposant de rien pour leur barrer l'accès, disparaît en leur faveur –, je proclamerai à la face du ciel et de la terre la fin de la malédiction de l'affrontement, cette maladie mortelle qui les infeste depuis la nuit des temps. »

Les dieux furent emplis d'admiration et de gratitude pour cette révélation divine qui allait être la révélation ultime.

Mais non ! Chose incroyable, les seules personnes qui remarquèrent et osèrent faire remarquer leur Seigneur sans tête furent quelques enfants dont on se moqua ou que l'on réprimanda, et quelques rares adultes qui furent considérés comme fous, ou carrément supprimés.

Les dieux étaient stupéfaits et désespérés. Ils ne purent que conseiller à leur Seigneur de se retransformer, encore plus radicalement si possible, avec le maigre espoir d'attirer l'attention. Bien que stupéfait et blessé, il accepta à nouveau. Après mûre réflexion, pour accumuler les preuves de sa présence sacrée il décida de prendre les mesures d'urgence suivantes :

« Pour commencer, je me mettrai à l'envers. Vous voyez que les gens ont la tête au sommet, le corps en dessous, et les pieds tout en bas. Eh bien, je mettrai mon corps à l'envers. Mes pieds seront au sommet, mes jambes en dessous, puis mes cuisses, mon ventre et ma poitrine tout en bas. Comment pourront-ils ignorer un tel contraste ?

« Non par égard pour moi, mais pour eux, j'exigerai d'être traité en personnage de marque, toujours et partout. Voici quatre exemples. Quand je me tiendrai au bord de la mer, le tapis de lumière dorée se déroulera entre le soleil levant ou couchant et moi seul. Jamais il ne se déroulera vers l'une de mes créatures. Toutes les lignes verticales, telles que celles des coins de la pièce où je me trouverai, rendront hommage à ma Présence en s'inclinant visiblement vers moi. Mon corps occupera toujours une place plus grande que ceux des gens qui m'entoureront – un peu comme le roi, dans les tableaux anciens, occupait toujours une plus grande place que les simples courtisans et serviteurs. Et, surtout, je me positionnerai invariablement au centre de l'univers et ne laisserai personne me pousser de côté.

« Moi seul, au centre de la scène mouvante, resterai immuable et stable, tel un roc. Quelle que soit l'activité de ces jambes, je serai l'Immobilité au sein de laquelle elles, et toutes choses, s'agiteront. Alors que les autres descendent le long d'une allée, d'une avenue ou d'un corridor, ce sont l'allée, l'avenue ou le corridor qui descendront le long de moi. Quand je monterai sur mon char, ce sera pour faire défiler les arbres, les maisons et les haies le long de la route, pour conduire mon monde. Je ne me donnerai jamais la peine d'aller nulle part car, parfaitement immobile, je ferai venir à moi les lieux et les choses, et je les renverrai au loin quand j'en aurai terminé avec eux.

« Outre ce déploiement de mise en scène divine et toutes mes tentatives désespérées pour me faire reconnaître par ces entêtés, je demeurerai là où ni le temps, ni le changement, ni même l'odeur de la mort ne peuvent entrer, dans le seul et unique pays qui soit hors du temps. Alors que tous les autres lieux ont leur calendrier et leurs horloges, aucun de ces objets ne survivra là où je serai. Je ferai grossir, éclater et disparaître totalement toute montre ou pendule qui s'approchera de moi. Je promets solennellement que, partout où les gens se rencontreront, il y aura toujours un point dans la pièce où, visiblement, toutes les montres seront détruites. Qui trouvera ce point me trouvera moi, l'Immortel, l'Éternel.

– Assez, ô Seigneur ! s'écrièrent ses conseillers. Vos moyens pour vous révéler dépassent maintenant tout ce que nous aurions pu imaginer ou espérer. Vos créatures pourraient difficilement en supporter davantage. Les preuves de votre présence sacrée parmi elles sont presque trop nombreuses, trop éclatantes, trop inéluctables.

– Très bien, répliqua leur Seigneur. Mais pour faire bonne mesure, je vais afficher mes pouvoirs divins au maximum, et faire ressortir sans pitié la faiblesse des gens qui m'entourent. Ils ne pourront éviter de me voir changer, et détruire, et recréer le monde à volonté et à tout moment. Pas plus qu'ils ne pourront éviter de voir qu'ils ont beau regarder en haut, en bas ou de côté, ouvrir et fermer leurs petits yeux, le monde n'en est pas du tout affecté. De toute évidence il les ignore. C'est mon monde, et je vais leur montrer qui en est le maître. Alors, mes très estimés conseillers, est-ce suffisant ? conclut-il.

– Une telle Merveille divine parmi eux, une telle abondance de prodiges ! Vous ne pourrez désormais passer inaperçu ! » répondirent-ils.

Et pourtant !... Si étonnant que cela puisse paraître, presque personne ne le remarqua. Malgré une telle pléthore de signes, il resta incognito, perdu dans la foule. Quelle ironie ! Le Créateur du monde se trouvait ignoré, rejeté, boycotté par son monde, victime ou cible d'une soigneuse conspiration pour se débarrasser de lui en ignorant ou dédaignant systématiquement toute trace de son existence à mesure qu'elles surgissaient. Autrement dit, l'ultime humiliation, le déicide à petit feu.

L'assemblée des dieux fut convoquée pour résoudre la crise. Après mûre réflexion, ils dirent au Seigneur :

« Ces gens refusent délibérément de voir l'évidence, leur propre bien-être. Il semble vraiment que plus les signes que vous leur donnez de votre présence sont frappants, moins ils les reconnaissent. Aussi vous suggérons-nous humblement de tenter une stratégie totalement différente. Vous avez essayé de leur démontrer votre présence, de les impressionner avec votre pouvoir et votre gloire. Au lieu de cela, pourquoi ne pas essayer l'intimité ? Peut-être seront-ils finalement amenés à sentir ce qu'ils refusent obstinément de voir. Rapprochez-vous d'eux. Adressez-vous à leur cœur. »

Comme toujours, il suivit leur conseil.

« Fort bien. Désormais, je ne serai loin de personne. Alors que toutes ces créatures qui m'entourent gardent leurs distances, se montrent froides les unes envers les autres, je ne maintiendrai aucune distance entre moi et elles. Que l'on tende entre elles et moi le centimètre le plus long, je le réduirai à zéro, à un point. Ainsi je les attirerai toutes à moi irrésistiblement, ce sera la plus grande histoire d'amour de tous les temps.

« Et plus que cela, bien plus que cela : je donnerai ma vie même pour elles. Laissez-moi vous expliquer. Je vois, tout autour de moi, ces créatures pourvues d'une tête engagées dans ce qu'elles appellent des relations personnelles, chacune visiblement dressée contre son homologue, toutes deux face à face, prêtes à se heurter de front – deux choses séparées qui s'excluent l'une l'autre. Pour être et rester elle-même, chacune défend son identité unique et séparée vis-à-vis du reste. Telle est leur attitude, leur position, qui les incite au conflit. Mais j'offrirai un modèle totalement différent.

– Et quel sera-t-il ? demandèrent ses conseillers.

– En fait, c'est déjà fait, répondit-il. Déjà je suis construit tout grand ouvert, construit pour l'harmonie, la paix et l'amour. Il est évident que pour moi et moi seul, Celui qui est sans tête, il ne peut être question de me heurter de front avec qui que ce soit. L'affrontement est impossible et, dans un sens, il ne peut y avoir aucune relation hormis l'union parfaite avec tous. La situation est toujours : visage là-bas, absence de visage ici. Je cède la place aux autres, je disparais pour leur permettre d'apparaître. Je meurs sans cesse en tant que moi-même afin qu'ils puissent naître en moi. Donnant ainsi éternellement ma vie pour le monde, je chercherai à gagner tous les cœurs. »

Les dieux étaient profondément émus.

« Cette fois, il sera vraiment difficile de vous ignorer, Seigneur. Songez à toute cette accumulation de preuves de votre présence, cette abondance de signes. Qui pourrait ne pas remarquer Celui dont l'œil est unique, qui n'a pas de tête, qui est à l'envers, qui crée et détruit son monde instantanément et à volonté, qui détruit le temps et les horloges et replie l'espace sur lui-même comme un parapluie – et, de plus, Celui qui, malgré cette splendeur sans pareille, a l'humilité de préférer la plus humble de ses créatures au point de s'écarter pour lui faire place ? »

Ces mesures extraordinaires furent-elles couronnées de succès ? Non ! Pas le moins du monde ! Bien qu'il fût au milieu de ses créatures, à de rares exceptions près elles continuèrent de l'ignorer. Les dieux étaient très en colère.

« Et l'ironie suprême, s'exclamèrent-ils, c'est qu'un grand nombre de ces gens continuent de vous adorer avec des prières et des hymnes qui donnent de vous une description exacte et vont même jusqu'à dire où l'on peut vous trouver, c'est-à-dire au milieu d'eux, plus proche que proche. Quel genre de fidèles sont-ils donc, ceux qui prennent soin de ne pas vous chercher au seul endroit où l'on est sûr de vous trouver parce que vous vous y révélez dans tout votre éclat ? Ceux qui ne veulent pas ou n'osent pas vous voir, vous qui êtes plus évident que l'évidence même ?

– Alors, demanda-t-il, est-ce la fin ? Dois-je retourner à ma planche à dessin cosmique et remplacer ce monde lâche et insensé par un monde meilleur ? »

Ayant tenu conseil, les dieux décidèrent qu'il serait vain d'ajouter d'autres indices de la présence de leur Seigneur. Bien que *n'importe lequel* d'entre eux (depuis son œil unique jusqu'au perpétuel don de Soi) suffise largement pour le trouver si on le veut vraiment, tous les indices réunis ne suffiront jamais si l'on est décidé à ne pas le trouver. On aura beau multiplier les preuves et mettre en lumière ses traits distinctifs, cela ne guérira pas cet aveuglement obstiné. Ils conclurent à regret que seul un besoin désespéré aurait peut-être une chance d'éveiller ces gens à la présence en eux de Celui qui seul peut satisfaire ce besoin. Si le choix devenait inévitable – LE VOIR OU PÉRIR ! – alors peut-être apparaîtrait-il enfin clairement dans toute sa splendeur et sa puissance salvatrice.

« Nous convenons tous que le dernier monde que vous avez créé est allé tout de travers, et que le moment est venu d'effacer l'ardoise et de recommencer à zéro, lui dirent ses conseillers. Cependant, il reste un dernier espoir pour ces créatures. Jusqu'à présent, elles n'ont pas eu à supporter toutes les conséquences de leur aveuglement obstiné. Le temps est venu de les leur révéler dans toute leur horreur. Laissez-les découvrir les moyens de l'autodestruction, du génocide, et voyez si la peur, sinon le simple bon sens, ne réussit pas là où tout le reste a échoué. Il y a une petite chance que la peur les amène enfin à redécouvrir l'usage de leurs sens et à voir Celui qu'elles ne peuvent s'empêcher de voir mais refusent de voir. Celui qui n'a jamais affronté personne, qui est le seul remède contre l'affrontement et le suicide collectif qui en résultera fatalement.

– Et combien de chances avons-nous qu'elles me reconnaissent à temps pour éviter le désastre ? demanda le Seigneur d'un ton sceptique.

– S'il fallait qu'elles vous reconnaissent toutes, nous dirions que les chances sont nulles, répondirent-ils. Cependant, il est possible qu'une petite minorité influente – non pas les gens au pouvoir mais ceux qui orientent l'opinion publique – s'éveille à votre présence et donne le ton. De sorte que savourer votre présence, ô Seigneur, deviendrait la norme, le critère universel de maturité, atteint seulement par quelques-uns, mais reconnu (même vaguement) par un grand nombre. Un peu comme le bel idéal de sainteté était reconnu et admiré par la foule, qui n'avait pas la moindre intention de le suivre. Ainsi, à la onzième heure et la cinquante-neuvième minute, le génocide pourrait être évité.

– Bon, bon, peut-être, fit le Seigneur sans s'engager. Mais que voulez-vous que je fasse exactement ? »

Après une longue discussion, ses conseillers lui firent les recommandations suivantes :

« *Premièrement*, nous confirmons que vous devriez laisser ces gens développer leur science – pure, appliquée et terriblement mal appliquée – jusqu'au point où ils seront en danger de s'anéantir eux-mêmes. Mais, *deuxièmement*, accordez-leur l'intelligence d'élargir leur science pure des objets pour vous inclure, vous qui êtes la Pureté même et le Sujet de tous les objets. Autrement dit, faites qu'en vous étudiant vous, ô Seigneur, ils fassent preuve de la même rigueur, de la même discipline et de la même humilité devant l'évidence que celles dont ils ont fait preuve avec tant de succès (et des résultats si désastreux) dans leur étude de votre Création. Faites qu'ils examinent en détail les nombreuses preuves de votre présence parmi eux, ainsi que les nombreuses façons dont vous différez d'eux de manière frappante, qu'ils peuvent mesurer et photographier à loisir. *Troisièmement*, permettez-leur de développer des moyens de communication capables de diffuser cette science ultime et divine, si largement et si rapidement que l'autodestruction à laquelle ils allaient se livrer par ignorance de vous puisse être évitée à la dernière minute. Ayez la bonté de leur accorder ces dons, ô Seigneur, et voyons ce qu'ils en font.

– Je suis déjà en train de les accorder, répondit-il, et tandis que vous attendez le résultat, je vais dire un mot d'encouragement à ceux qui, me voyant clairement, désespèrent de jamais pouvoir éveiller le monde à cette vision. Ici, ce n'est pas une question de nombres et les règles de l'arithmétique n'ont pas cours. Quand l'une de mes créatures me trouve, QUI me trouve ? Est-ce cette créature en tant que son petit moi séparé et solitaire, en tant que tous les autres moi, ou en tant que le Soi qui est moi-même ?

« Regardez et voyez. »

7

Du côté du Soi :

la science de la libération et la libération de la science

La science étudie les choses en profondeur, mais pas assez – en tout cas jusqu'à présent. Loin au-delà du mental et de ce qu'il reste de matière existe une réalité qui, bien que centrale et parfaitement accessible, demeure ignorée et inexplorée. Le but de ce chapitre est de nous amener, vous et moi, au cours de la demi-heure qui suit, à diriger le projecteur de la science sur ces fondations les plus profondes, jusqu'ici cachées à tous hormis les grands contemplatifs. Parce qu'ils manquaient de la méthode, des outils et du langage scientifiques, ces êtres doués et rares ont été incapables de présenter leurs découvertes comme les faits aisément vérifiables qu'elles sont. De sorte que ce niveau fondamental de notre nature est abandonné aux superstitions, à la peur et aux hypothèses fallacieuses les plus fatales. Ce n'est guère le genre de fondations sur lesquelles on peut bâtir une vie heureuse !

On a besoin de fondations saines, c'est évident. Leurs moindres défauts se répercutent rapidement dans la superstructure. Nous vivons sur la terre, dans la lumière, bien sûr, mais la qualité et la sécurité de la vie que nous y menons dépendent de ce qui se trouve dans l'ombre, sous terre. La gigantesque superstructure de notre vie tombe en miettes parce qu'elle est en grande partie construite sur du sable mouvant – un sable mouvant que l'on n'a même jamais pris la peine d'examiner. En termes clairs, le vrai problème, ce sont les idées fondamentales que vous et moi nous faisons sur nous-mêmes et notre statut dans le monde – donc sur le monde lui-même.

Et ces croyances se résument à une seule, universelle mais bien cachée : *Je suis ce que je parais être.* Ces sept petits mots suffisent à expliquer notre misère. Ils disent tout. Pour plus de précision, il faut ajouter : *Je suis ici, pour moi-même, ce que je parais être là-bas, pour vous.* Comme si la différence de distance n'avait aucune importance ! Et c'est sur ce magma que vous et moi tentons de construire nos vies ! Pas étonnant qu'elles s'écroulent. Pour les rendre sûres et saines, nous devons les reconstruire sur le roc de : *Je suis ce que je vois que je suis ici ; ce que vous voyez n'est qu'une de mes apparences périphériques.* Moi seul, au centre, suis en position de dire ce qui est à l'origine de ces myriades d'apparences, et à quel point elles sont toutes différentes de la Réalité unique qui les suscite et à partir de laquelle je regarde. Sur ce sujet, je suis la seule et ultime autorité. Je reçois de l'intérieur des informations auxquelles tous ceux qui sont à l'extérieur n'ont pas accès.

Ce qui nous intéresse, ce n'est pas ce que vous et moi ressentons ou pensons de nous-même – qui dans une large partie est ce que le monde ressent et pense en général – mais ce que nous voyons clairement dès que nous avons le courage de regarder. Nos sentiments et nos pensées sont les brumes sans cesse mouvantes qui flottent au-dessus du roc de ce que nous sommes réellement. Bâtir quoi que ce soit sur elles est encore pire que bâtir sur du sable mouvant. C'est construire des châteaux en Espagne, impressionnants peut-être, mais inhabitables.

Je vous invite à remettre en question ce que le monde vous dit sur votre identité, à jeter un regard neuf sur vous-même, pour vous-même. De même que je suis la seule et ultime autorité capable de dire ce que je suis au centre, vous êtes la seule et ultime autorité capable de décider ce que vous êtes au centre, dans l'instant présent et selon votre propre expérience, dès lors que vous abandonnez toute idée préconçue et êtes sincère avec vous-même. Autrement dit, dès lors que vous abordez votre sujet – qui est LE sujet, vous-même en tant que première personne – d'une manière parfaitement scientifique.

La méthode scientifique exige six ingrédients essentiels, dont l'importance varie selon les cas.

1. Une *hypothèse*, théorie ou intuition à propos de n'importe quoi, pourvu qu'elle soit énoncée clairement, vérifiée par des expériences, affinée et développée – ce qui s'applique à la proposition vieille comme le monde que vous allez maintenant vérifier, cette proposition stupéfiante selon laquelle vous êtes le contraire même de la petite chose éphémère et agitée que vous paraissez être lorsqu'on vous voit de l'extérieur.
2. Une *remise en question* des idées courantes – en termes moins polis : des superstitions courantes.

Avoir l'audace de défier l'autorité, et même se permettre de rire à ses dépens.

3. Des *appareils ou instruments* pour affiner vos perceptions et rendre le processus de vérification plus rigoureux.
4. L'*observation*, soit : *regarder pour voir*. C'est-à-dire vous fier à ce que vous percevez plutôt qu'à ce que vous concevez, vous fonder sur des expériences concrètes et procéder par tâtonnements plutôt qu'accepter aveuglément des spéculations oiseuses et verbeuses. Juger d'après ce qui vous est donné à vous, ici et maintenant, et non d'après ce que d'autres personnes ont conclu, en d'autres lieux et d'autres temps. Vous baser sur ce que vous pouvez compter et quantifier, du zéro à l'infini, avec tout ce qu'il y a entre les deux.
5. La *capacité de prédire les conséquences* qui devraient découler de votre théorie. Par exemple, le retour de la comète de Halley en l'an 2060, ou ce que vous allez trouver lorsque en inversant la flèche de votre attention vous observerez celui qui observe la comète de Halley.
6. La *possibilité de formuler clairement vos découvertes et de les partager*, pour permettre à d'autres de les vérifier. D'où cet article. Et d'où la nécessité pour vous d'inviter des amis (soigneusement choisis) à refaire les expériences avec vous pour comparer leurs découvertes aux vôtres.

Je ne me contente pas de vous demander de faire ces expériences en suivant ces six lignes directrices, je vous fournis également les instruments nécessaires –

vous n'avez donc aucune excuse pour les remettre à plus tard. Excepté, évidemment, notre immense résistance à *ce qui nous est donné, ce qui est évident, ce qui est simple*, dès que cela remet en question les hypothèses qui régissent notre vie. Vous contenter de lire la description de ces expériences (en pensant que vous savez bien ce que vous verriez si vous les faisiez), c'est ne rien comprendre du tout et s'allier aux forces de la superstition. Et si, au début, elles vous paraissent bizarres, pour ne pas dire stupides, cela n'a rien d'étonnant. Ce nouveau champ de l'investigation scientifique doit être cultivé avec des outils nouveaux. Depuis des siècles, bien sûr, des sages consciencieux ont étudié ce que signifie ÊTRE AU CENTRE. Mais aujourd'hui, c'est la première fois que la méthode scientifique et ses six lois sont appliquées à ce programme de recherche le plus fondamental, la première fois que la science de l'objet inclut le savant lui-même en tant que sujet, avec diligence et dès le début, et non à regret, parce que les faits l'obligent à le prendre en compte. *Le résultat immédiat de cette extension de la science, c'est que la claire vision de notre nature essentielle (la voir, c'est la voir telle qu'elle est) est accessible à volonté et peut être partagée immédiatement et avec certitude avec quiconque est intéressé.*

Expérience n° 1 : compter les yeux

Le monde ne vous dit pas que vous le regardez à travers deux minuscules petits trous percés dans une sorte supérieure de boule de viande : il n'a pas besoin de le faire, car personne n'en doute. De toutes les choses évidentes, c'est la plus évidente ! Ah, vraiment ?

Pour cette expérience, il vous faut un instrument scientifique appelé ouvre-œil. Vous le fabriquez simplement avec vos doigts, comme ceci :

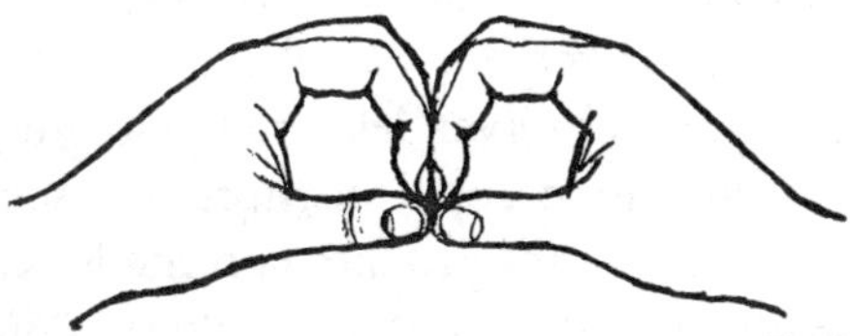

Devant vous, vous avez deux tableaux encadrés, deux fenêtres, d'environ quatre centimètres de diamètre chacune. Mais la vision se passe plus près de vous. Alors, très lentement et avec la plus grande attention, amenez votre ouvre-œil carrément sur vous, comme une paire de lunettes, tout en observant ce qu'il advient de ces deux fenêtres au cours de l'opération. Ensuite, abaissez les mains...

Qu'est-il arrivé ? Les deux fenêtres ont-elles fusionné – fusionnent-elles encore – en une seule fenêtre panoramique ? Si oui, cette fenêtre est-elle fermée, entrouverte ou grande ouverte ? Quelle est sa taille, combien de centimètres mesure-t-elle ? A-t-elle un cadre, des limites ? Sur l'évidence de l'instant présent, n'êtes-vous pas cet Œil unique (allons, vous savez compter !), cette grande ouverture au monde, immaculée, infinie ? Cela ressemble-t-il en quoi que ce soit à ces deux petites boules de gelée avec lesquelles, selon le monde, vous êtes censé le regarder ?

Expérience n° 2 : encadrer le tableau

• *Première partie*

Pour cette expérience, notre instrument s'appelle un mésoscope. Contrairement au télescope, instrument à sens unique pour observer les objets éloignés comme les étoiles, et au microscope, instrument à sens unique pour observer les choses proches comme les cellules, le mésoscope est un instrument à double sens qui permet d'observer simultanément les objets situés à une distance moyenne, comme les gens, *en même temps que leur observateur.* Vous aurez également besoin d'un miroir et, si possible, d'un ami à proximité.

Encadrez votre visage avec vos mains, comme ceci .

Vos paumes doivent être verticales, vos doigts horizontaux et maintenus contre votre front.

Ce que vous *regardez* – à savoir mon dessin – n'est-il pas totalement différent de *ce à partir de quoi vous regardez ?* N'est-il pas vrai que pour vous, et sur l'évidence de l'instant présent, vos mains n'encadrent pas du tout un visage – mais un espace, rien qu'un espace vide, intensément conscient de lui-même en tant que capacité d'accueil pour la scène qui se présente ?

Maintenant, utilisez votre mésoscope de la façon suivante : en gardant les mains dans la même position, allez vous placer devant un miroir sur le mur et observez celui ou celle qui s'y reflète et dont les mains encadrent un visage, le visage que vous avez l'habitude d'appeler vôtre.

Y a-t-il la moindre similarité entre les deux visages en évidence dans votre mésoscope, celui qui est à l'autre bout, si opaque, et celui qui est de votre côté, si transparent ? Entre celui que vous regardez et celui à partir duquel vous regardez ? De votre côté, ne voyez-vous pas ce que vous êtes au centre, votre Réalité, alors que de l'autre côté vous voyez ce que vous paraissez être à l'extérieur – en fait, rien que l'une de vos innombrables apparences périphériques ?

Prenez le temps d'observer d'autres différences entre ces deux tableaux encadrés...

Bien... Alors, lesquelles avez-vous remarquées ?

1. L'un est opaque, coloré, structuré et complexe. L'autre est transparent, incolore, uniforme et simple.
2. L'un a le monde en arrière-plan et ne peut donc lui faire face. L'autre est obligé de lui faire face.
3. L'un vous distingue et vous sépare de tout le reste. L'autre, n'ayant aucune caractéristique personnelle, embrasse tout, vous unit à tout.
4. L'un est visiblement construit pour résister à l'invasion et n'afficher que lui-même. L'autre est visi-

blement grand ouvert pour accueillir tout ce qui peut se présenter.
5. L'un a *x* années d'âge. L'autre a zéro an.
6. L'un, qui n'a qu'un seul œil, est celui qui voit. L'autre, qui a deux yeux, est ce qui est vu.
7. L'un cligne de l'œil et peut ainsi détruire et recréer la scène à volonté. L'autre, incapable de cligner, n'a pas ce pouvoir.

Maintenant, demandez à votre ami de vous lire très lentement ces sept propositions tandis que vous vous replacez devant le miroir, cadre vide face à cadre plein. Voyez, vérifiez combien d'entre elles s'appliquent à vous personnellement, à vous qui seul êtes à même de dire si elles sont vraies ou fausses. Pourquoi ne pas faire confiance à ce qui vous est révélé clairement et sans un mot ici et maintenant, plutôt qu'aux messages contraires et confus que vous ont envoyés toute votre vie des étrangers – étrangers qui n'ont pas les informations intérieures nécessaires ? Pourquoi ne pas prendre les données au sérieux telles qu'elles se présentent – le visage là-bas tel qu'il se présente à l'autre extrémité du mésoscope, et celui totalement différent qui est ici, là où vous êtes, de votre côté du mésoscope ?

• *Deuxième partie*

Dans cette expérience, c'est votre ami qui va remplacer le miroir. Encadrant son visage de ses mains, exactement comme vous, il vous affronte : de sorte que, vu de l'extérieur, vous ressemblez au dessin de la page suivante :

Mais vu de l'intérieur, si vous abandonnez toute idée

préconçue, à quoi ressemblez-vous ? Sur l'évidence de l'instant présent, combien de visages y a-t-il là ? S'il y en a un, où est-il ? Ne prétendez pas que vous êtes incapable de situer les choses, que vous ne savez pas compter ! Êtes-vous face à face, ou face à l'espace ? Ayez le courage d'être votre propre autorité : vous seul êtes en mesure de trancher la question. Pouvez-vous imaginer ce que serait vraiment une situation symétrique, face à face, avec une boule solide de votre côté pour affronter votre partenaire et lui barrer l'accès ? S'il en est ainsi, comment est-ce dans cette boule ? Est-ce tout noir, congestionné, gluant ? Soyez raisonnable ! Avez-vous jamais (ne fût-ce qu'un quart de seconde) solidifié ce qui regarde en vous ? Je ne vous demande pas ce que vous ressentez ou comprenez, mais ce que vous voyez.

Hélas, nous ne voyons pas ce que nous voyons, mais ce que « Big Brother » nous dit de voir. Heureusement, il a l'esprit très lent. Il n'a pas encore étendu son empire jusqu'à notre mésoscope, de sorte que nous sommes libres d'y entrer pour voir ce qui est. Alors, dépêchons-nous avant qu'il n'exerce sa mainmise sur cet instrument de déconditionnement très spécial !

Mais bien sûr, il ne suffit pas de jeter un coup d'œil sur la clarté qui est encadrée de votre côté du mésoscope, un coup d'œil sur votre demeure réelle, pour exorciser à jamais la chose qui a envahi et hanté cette demeure durant toute votre vie d'adulte. Certes elle disparaît lorsque vous regardez de près, mais elle réapparaît dès que votre attention se relâche. C'est votre fantôme, votre double, et, si vous ne le chassez pas sans cesse, c'est lui qui vous chassera et ce sera votre mort. Car toutes les choses périssent.

- *Troisième partie*

Pour confirmer qu'au centre vous êtes bien une « absence de chose », immortelle et sans le moindre fantôme, invitez votre ami à VENIR VOIR. L'idéal serait qu'il fût un homme de l'espace, un surhomme équipé d'une panoplie d'instruments optiques et électroniques pour lui permettre de voir à toutes les distances, des années-lumière aux nanomètres. Mais, de toute façon, il devrait être capable de s'approcher de vous et de vous examiner d'assez près pour perdre pratiquement toute trace de vous. La dernière étape ne pourra cependant être franchie que par vous, car vous êtes le seul à pouvoir rentrer jusque chez vous, en ce lieu que vous n'avez jamais vraiment quitté, où celui qui voit est ce qui est vu et où vous coïncidez avec vous-même, ce lieu où il ne reste rien qui puisse mourir, où vous n'êtes plus excentrique, et où l'unique non-chose que vous êtes parachève habilement les multiples choses que vous paraissez être – depuis la galaxie, le système solaire, la planète et l'être humain jusqu'aux cellules, molécules, atomes et autres « presque rien ».

Ainsi, à vous deux, vous créez une science hospitalière, à l'esprit ouvert, qui ne laisse plus le savant en tant que première personne à l'écart, mais, dès le début, loge le sujet aussi confortablement que l'objet.

Expérience n° 3 : repérer le mouvement

Le monde ne vous *dit* pas qu'il reste sagement immobile tandis que vous courez çà et là à travers lui. Il ne vous dit pas que, sur la route, c'est *vous* qui roulez vers le nord sur la voie rapide de l'autoroute, et *non pas* ces montagnes, collines, arbres, maisons et poteaux télégraphiques qui vont vers le sud, sur les voies lente, moyenne et rapide du monde. Il n'a pas besoin de vous le dire. Qui en douterait ? C'est évident !

Ah, vraiment ? Eh bien, voyons donc. Cette fois, votre instrument est un détecteur de mouvement. Vous le fabriquez ainsi :

Maintenez-le à vingt centimètres de vous à hauteur d'épaules, avec un doigt dirigé vers vous, vers ce qui voit, et l'autre vers l'extérieur, vers ce qui est vu. Maintenant, tournez sur vous-même dans le sens des aiguilles d'une montre et demandez-vous *quel doigt désigne*

ce qui tourne réellement. Sur l'évidence de l'instant présent, est-ce vous qui tournez, ou la pièce – plafond, portes, fenêtres, tableaux sur le mur – qui virevolte dans le sens inverse des aiguilles d'une montre ?

En a-t-il jamais été autrement ? Pouvez-vous faire quoi que ce soit pour échanger les rôles et faire bouger celui qui voit plutôt que ce qui est vu ? Sinon, cette découverte scientifique que vous venez de faire n'est-elle pas formidablement différente de ce que le monde vous raconte sur vous-même et ce qui vous arrive ? Allons ! Réveillez-vous, rendez-vous justice ! Établissez votre vie sur une base exceptionnellement stable.

Voici maintenant les différentes façons dont a été formulée l'hypothèse que nous venons de vérifier par des maîtres hindous, bouddhistes, grecs, juifs, chrétiens et musulmans, ainsi que par un physicien célèbre – hypothèse selon laquelle (je vous le rappelle) vous et moi sommes le contraire même de ce que le sens commun, le laveur de cerveau en chef de « Big Brother », veut nous persuader que nous sommes :

> *Katha Upanishad :* Dieu a créé les sens tournés vers l'extérieur, aussi l'homme regarde-t-il vers l'extérieur, et non vers l'intérieur de lui-même. Mais de temps à autre, une âme audacieuse en quête d'immortalité a tourné son regard vers l'intérieur et s'est trouvée elle-même.
>
> *Hui-hai :* Est-ce que les yeux et les oreilles perçoivent ? Non. Seule votre propre nature de Bouddha est capable de cette perception, car elle est essentiellement pure et parfaitement immobile.
>
> *Aristote :* Dieu est le moteur immobile du monde.

Zohar : Bienheureuse est la personne qui abandonne totalement son âme à Dieu pour lui permettre d'y demeurer et d'y établir son trône de gloire.

Saint Basile le Grand : L'homme est une créature qui a reçu l'ordre d'être Dieu.

Ibn'Arabî : Seul Dieu voit et entend.

Erwin Schrödinger : La conscience est un singulier dont le pluriel est inconnu.

« Soi », « nature de Bouddha », « conscience », « Dieu », sont des mots délicats. Précisons qu'ils signifient pour nous l'UN qui se perçoit lui-même comme la NON-CHOSE transcendant l'individualité, immuable, sans âge, sans limites et immobile, qui est CE QUI voit, meut et contient toutes les choses qui se présentent : Celui à qui l'on peut se fier et qui est parfaitement constant. (Par contraste, le lutin de l'incertitude empoisonne tout à l'autre extrémité du mésoscope. Il y a une bonne douzaine de raisons, par exemple, pour lesquelles la comète de Halley pourrait ne pas réapparaître.) Étant donné cette définition, je vous demande : notre hypothèse est-elle confirmée ? Pouvez-vous raisonnablement rejeter la tradition séculaire selon laquelle vous – oui Vous, tel que révélé à Vous-même de votre côté de notre instrument et de chaque situation – n'êtes nul autre que cette Présence auguste, quel que soit le nom que vous souhaitez lui donner ?

Ainsi, cette incursion audacieuse de la science dans le domaine de la religion non seulement fait d'elles les meilleurs amies, mais les unit par les liens sacrés d'un mariage dont vous pouvez voir par vous-même qu'il est déjà fécond. Mais si vous persistez à croire qu'après tout vous êtes seulement humain, pourquoi ne pas essayer quelques-unes de nos autres expériences ? Il y en a une vingtaine, à ce jour, et certaines font appel à d'autres sens que la vue. Vous trouverez dans mes livres toutes les instructions pour mener à bien la plupart d'entre elles.

En tant qu'expériences scientifiques, nos tests sont terre à terre, objectifs, pas du tout sacrés. Ils concernent uniquement les fondations – un ensemble de faits bruts et incontournables, toujours faciles à vérifier – et ne se préoccupent pas des conséquences personnelles ou sociales, ni des implications religieuses ou philosophiques. Celles-ci font toutes partie de la superstructure confortable et nébuleuse de notre monde, où les *faits* sont malléables, où rien n'est net et précis ou exact, où vous avez le droit d'avoir votre opinion, tout comme j'ai celui d'avoir peut-être l'idée contraire. Mais c'est ici, dans cette superstructure, que nous vivons et observons naturellement la signification et les conséquences de nos découvertes fondamentales. C'est ici que nous assistons à la naissance des sentiments et des émotions fortes, ici que nous trouvons la guérison et récoltons les fruits toujours imprévisibles. Ayant découvert par exemple, grâce à notre mésoscope, que je suis construit *ouvert* pour vous accueillir, je peux fort bien affirmer – chanter et crier ! – que je suis construit *pour vous aimer*, que l'espace que je suis n'est rien si vous ne le remplissez pas – vous tel que vous êtes – et que notre affrontement (face à face) est le mensonge qui doit cesser de régir et gâcher notre vie De même sur la route, si je m'éveille enfin au fait manifeste que c'est la campagne qui est prise d'un mouvement frénétique et non moi, je puis savourer une tranquillité nouvelle et très agréable, et même des pouvoirs nouveaux : *Qui* est celui qui, au lieu de conduire sa voiture tout-terrain, conduit son terrain ? Ou encore, lorsque je cesse d'ignorer l'œil clair avec lequel j'ai toujours vu, je suis prêt à redécouvrir la splendeur du monde au petit matin, les couleurs flamboyantes et les sons, les parfums, les saveurs dont je me délectais lorsque j'étais enfant. Enfin et surtout, plus je contemple sans arrêt l'UN, l'UNIQUE, Celui qui est plus proche et plus clair que tout, plus je découvre qu'Il est le plus précieux, plus moi que moi-même, la ressource qui ne me fait jamais défaut. Bien qu'Il soit infiniment simple, évident et totalement transparent, lorsque je contemple l'Éveillé, le Grand Ouvert, je suis empli d'adoration et d'émerveillement devant son autocréation, sans aucune raison ni aucune aide, à partir du Néant absolu. Et ainsi de suite. Qui fixera des limites aux bienfaits merveilleux que peut susciter notre empressement croissant à faire confiance à ce que nous voyons plutôt qu'à ce qu'on nous dit de voir ?

Oui, bien sûr, la fabuleuse superstructure de notre monde est d'une importance capitale. C'est pourquoi nous sommes si inquiets de la voir s'écrouler – non par manque de fondations solides, mais parce que nous refusons de les reconnaître et de construire sur elles.

Il y a quatre cents ans, Galileo Galilei et une poignée d'autres intellectuels européens succombèrent à une crise de naïveté enfantine, d'idiotie inspirée. Cessant de se fier à leur esprit, ils commencèrent à se fier à leurs sens. Pour découvrir ce qui se passait réellement, ils eurent l'audace de *regarder*, au lieu de *consulter* la Bible, Aristote ou les Pères de l'Église ou *d'inventer* : l'audace, par exemple, de regarder pour voir si les pierres lourdes tombaient vraiment plus rapidement que les légères. Ce seul mot : REGARDE ! a suffi à déclencher la révolution scientifique qui a transformé radicalement notre vie – pour le meilleur et pour le pire. Et aujourd'hui, quatre siècles plus tard, nous avons désespérément besoin d'invoquer le même mot magique, de prononcer la même incantation, mais en y ajoutant : REGARDE VERS L'INTÉRIEUR ! L'habitude bien intentionnée, mais surfaite, d'examiner ce qui se présente à l'autre extrémité de notre instrument, malgré quelques petites allusions à ce qui pourrait être de ce côté-ci, ne saurait remplacer le regard tourné vers l'intérieur, l'exploit extrêmement facile qui consiste à tourner son regard dans l'autre sens sans se retourner soi-même. L'heure est venue de prêter attention à ce qui se présente *simultanément* aux deux extrémités de nos télé-micro-mésoscopes, pour avoir une vision panoramique et non une vision en tunnel. Grâce à Galilée et ses successeurs, la superstition a disparu à l'autre extrémité de notre instrument, mais elle s'accroche d'autant plus de notre côté qu'elle obstrue avec un objet observateur imaginaire – comme si un objet, une *chose*, pouvait observer quoi que ce soit ou enregistrer une apparence et y répondre sans disparaître en sa faveur, ou recevoir une image sans être l'écran !

Ainsi cette vaste et profonde région dominée par la superstition est-elle ouverte à une science qui, jusqu'ici et avec raison, affirmait que la subjectivité est l'ennemi de l'objectivité. Quelle opportunité pour la science de donner enfin libre cours, sans la moindre retenue, à son merveilleux esprit, qui est humilité totale et impartiale face à *toute* évidence révélée à zéro centimètre de l'observateur, de quelque direction qu'elle vienne ! Car enfin, il est impossible que la précision, la prévisibilité, les applications pratiques et l'émerveillement de la découverte sans fin soient uniquement réservés à l'autre extrémité de notre instrument, à l'objet, et ne puissent jamais s'appliquer au sujet. Et si nous pouvons, en toute confiance, être objectifs à propos du sujet, c'est parce qu'au niveau le plus profond de nous-même nous découvrons qu'objet et sujet se fondent dans la première personne du singulier qui, étant le savant par excellence, se prend elle-même comme spécimen, son spécimen le plus pénétrable et le plus révélateur.

Il est absolument inévitable qu'un regard unidirectionnel – qui n'embrasse que la moitié de la scène – y rencontre toutes sortes d'obscurités, d'énigmes et de contradictions que l'autre moitié pourrait éclairer et même résoudre. L'exemple le plus frappant, c'est précisément l'énigme du statut cosmique du savant lui-même, que nous avons traitée dans cet article. J'en donne d'autres exemples dans mon ouvrage *La Science de la première personne*, trente-sept exactement, qui montrent comment la vision à trois cent soixante degrés peut expliquer les absurdités qui infestent la vision à cent quatre-vingts degrés, sans parler de celle encore plus étroite.

Et non seulement la vision à trois cent soixante degrés explique les absurdités, mais elle constitue un événement historique. L'attention dirigée systématiquement dans les deux directions pourrait déclencher une révolution encore plus radicale que celle déclenchée par Galilée et ses contemporains, et cette révolution respecterait certainement davantage l'environnement, les espèces et les personnes. Se produira-t-elle ? Il y a des raisons de l'espérer. Déjà, les instigateurs de la révolution scientifique à double sens sont au moins aussi nombreux et ardents que ceux de la révolution scientifique à sens unique du XVIe siècle. Mais alors que ces derniers étaient poussés uniquement par la curiosité et des raisons d'utilité pratique, nous sommes aujourd'hui motivés par la stricte nécessité, les efforts désespérés de l'humanité pour survivre à ses tendances suicidaires. De jour en jour il apparaît davantage que *nous devons nous aimer les uns les autres ou mourir.*

Tel est le défi qui nous est lancé. Allons-nous ou n'allons-nous pas donner une chance à l'amour en cessant de nier que nous sommes fondamentalement construits pour cela ? Nos véritables fondations sont merveilleusement saines. Allons-nous, vous et moi, bâtir solidement sur elles, ou continuer à nous satisfaire de constructions précaires sur un sable mouvant de mensonges ? En particulier sur le mensonge selon lequel *je ne suis pas ce que je suis – je vois que c'est grand ouvert pour vous accueillir –, mais ce que je parais être, qui ne l'est pas ?*

Ce mensonge monstrueux, mais rarement remis en question, est ce que « Big Brother » veut m'obliger à croire. Ou alors, oui... lui aussi a ses appareils, ses instruments de persuasion. Il a infligé à Galilée le supplice du chevalet et des poucettes pour le forcer à se rétracter. De nos jours, ses techniques sont plus subtiles et plus efficaces, car elles se servent de la peur bien fondée qui nous dit que regarder à l'intérieur, c'est disparaître, et de la peur sans fondement qui nous fait croire que cela signifie l'annihilation. Néanmoins, l'esprit indomptable de la science brille haut et clair en chacun de ceux qui voient que disparaître en tant qu'une petite chose particulière, c'est réapparaître instantanément en tant que la NON-CHOSE qui est la demeure immortelle de toutes les choses mortelles, et que mourir maintenant, c'est ne mourir jamais.

De notre côté du mésoscope, et en dernière analyse, la science de la libération et la libération de la science sont inséparables.

8

Une expérience de sortie du corps

Je vous promets une expérience de sortie du corps avant la fin de ce chapitre. Mais avant de *sortir* du corps, nous devons voir ce que signifie être *dans* le corps, ou simplement *être* le corps. Commençons par la dernière de ces trois possibilités, et nous verrons les autres ensuite.

Être le corps

Pour voir ce qui se passe, il nous suffit d'écouter notre façon de parler : « Il m'a touché(e) », « Je suis assez grand(e) », « Je pèse soixante-quinze kilos », « Je suis venu(e) de Londres », « Je suis né(e) en 1940, j'ai donc plus de cinquante ans », « Quand je mourrai, je veux être incinéré(e) »... Et ainsi de suite.

Dans toutes ces affirmations (et Dieu sait qu'elles sont fréquentes !) je m'identifie sans aucun doute à mon corps : ce qui lui arrive m'arrive à moi ; ce qu'il fait, c'est moi qui le fais ; ses réalisations, ses défauts, son commencement et sa fin sont les miens. La loi elle-même, en accord avec le sens commun, le confirme. Elle m'accuse de faire ce que font mes mains – voler, blesser, tuer, que sais-je encore ! – et me punit en conséquence. Il serait vain de plaider que je ne suis pas mon corps et que ce que fait cette main ne me regarde pas. Dans le meilleur des cas, au lieu de me retrouver en prison, je me retrouverais dans un hôpital psychiatrique pour criminels fous.

Être dans le corps

Je peux tenter d'expliquer que cette identification courante avec le corps n'est rien de plus qu'une fiction sociale utile – voire indispensable –, mais qu'en réalité je ne suis pas mon corps et ne l'ai jamais été, qu'en fait je suis *dans* mon corps. Il n'empêche que le sens de tout cela n'est pas très clair pour moi. Ce que cela signifie, sans doute, c'est que je suis une sorte de fantôme ou de lutin provisoirement pris au piège ou enseveli quelque part à l'intérieur de ces soixante-quinze kilos de chair et de sang. Ou, peut-être, que je suis partout dans cette chose, sauf dans quelques recoins insignifiants tels que les ongles et les cheveux ? Dans ce cas, je suis un prisonnier en forme de prison, un cas de surpeuplement vraiment choquant. De toute manière, il semblerait que je sois un fantôme très mystérieux, qui anime ce corps très mystérieux d'une façon très mystérieuse, et raconte son histoire dans les termes suivants :

« Depuis ma naissance, je suis incarné, consigné dans cette “maison d'argile”. Mais elle se cassera bientôt, “relâchera son habitant”, et je serai libre. Alors il m’arrivera l’une des cinq choses suivantes. Peut-être me briserai-je en même temps qu’elle. Peut-être hanterai-je les lieux pendant un certain temps (la maison où j’habitais, le cimetière où mon corps a été enterré) avant de finalement disparaître. Peut-être monterai-je à mon heureuse demeure au ciel. Peut-être descendrai-je en un lieu moins confortable. Peut-être enfin chercherai-je une autre “maison d’argile” – un nouveau-né ? – pour y habiter. »

Laquelle de ces cinq solutions sera la vraie ? Eh bien, c’est une devinette que chacun doit résoudre à sa convenance ! Vous conviendrez comme moi que cette affaire est bien incertaine et fort peu satisfaisante. Tournons-nous donc vers notre troisième possibilité.

Être hors du corps

Selon ce point de vue, je ne suis pas plus mon corps que je ne suis dans ce corps. Au contraire, c’est lui – ainsi que le reste du monde – qui est en moi. Pas de devinette cette fois, pas question de se conformer à des fictions sociales : je vois clairement que je ne suis pas cette chose qui s’appelle corps, pas plus que je ne suis son habitant. Je suis *absence de toutes choses*. Ces sensations de chaleur, de pression, de douleur, de plaisir, ces goûts et ces odeurs, ces sensations tactiles et ces sons, ces formes colorées, mouvantes que j’appelle mes pieds et mes mains, cette créature étrange qui me regarde fixement du fond du miroir et tout le reste, qu’est-ce donc que tout cela sinon un spectacle qui se déroule et défile dans *l'espace d'accueil* que je suis ? Ce sont comme des vols d'oiseaux qui traversent mon air sans laisser de traces, des bancs de poissons qui nagent dans mon océan sans créer aucune ride, une succession d'acteurs et actrices qui apparaissent sur mon écran de télé et disparaissent à nouveau sans y laisser la moindre empreinte.

« Fort bien ! allez-vous me dire, mais vous m'avez promis une expérience de sortie du corps. » La voici, précédée d'un avertissement : je n'ai pas promis une expérience de sommet, ni une expérience mystique ni quoi que ce soit *d'extra-ordinaire.*

Regardez la main qui tient en ce moment ce livre ouvert à cette page, et répondez aussi honnêtement que possible aux questions suivantes, en vous fondant uniquement sur l'évidence de l'instant présent :

- Suis-je dans ce pouce, mais à l'extérieur de la page sur laquelle il appuie ?
- Si oui, comment est-ce là-dedans : sombre, humide, gluant ?
- Ai-je la moindre information immédiate sur la structure ou les composants de ce pouce ou de cette page, ou bien est-ce un fait que je ne suis pas en mesure d'en avoir ?
- Si je suis à l'extérieur de ce pouce, de cette main, de ce bras et du reste de mon corps, quels sont ma taille et mon volume ?
- Ne suis-je pas en liberté, immense, infini ?

Je vous entends d'ici : « D'accord. Jusque-là, je vous

suis. N'empêche que je suis plus à l'intérieur de mon corps que du vôtre. » À quoi je réponds : « N'en soyez pas si sûr avant d'avoir participé à l'expérience suivante. »

Mêlez vos dix doigts à ceux d'une ou d'un ami, comme ceci :

Observez attentivement le résultat et répondez aux questions suivantes, en ne vous fiant qu'à l'évidence de l'instant :

- Suis-je plus dans certains de ces doigts que dans les autres ?
- Ou bien sont-ils tous en moi ?
- Y compris ceux qui font mal quand on les pique et ceux qui ne ressentent rien ?

Comme je suis engagé dans une entreprise spirituelle, on me demande parfois si je fais des expériences de sortie du corps. La seule réponse que je puisse donner, c'est que j'en fais une en ce moment même, et que je n'en ai jamais fait d'autres. Qui plus est, je trouve difficile d'imaginer ce que pourrait être une expérience *dans* le corps. J'attends toujours que quelqu'un me l'explique. Et vous ?

Ne nous leurrons pas. Ce chapitre ne décrit pas trois façons dont nous pouvons envisager notre relation avec le corps : *être* tout ce bazar extrêmement complexe, ou *être en lui*, ou *le* contenir. Il n'y a qu'une façon. Nous n'avons pas le choix. Seule la troisième peut s'appliquer à nous, elle seule a un sens. Les deux autres sont des dogmes fondés sur des ouï-dire non vérifiés, en fait de vrais mensonges sur nous-même que nous avons été trop paresseux et timide pour remettre en question. Il n'est jamais ni pratique ni sain de vivre à partir d'un mensonge quel qu'il soit, mais lorsqu'il s'agit de votre nature essentielle, prenez garde ! Ou plutôt, tournez votre regard vers l'intérieur et observez, comme pour la première fois, l'unique endroit au monde que vous seul êtes en mesure d'observer, le *point* que vous seul pouvez connaître de l'intérieur, et voyez comme il explose immédiatement pour devenir un espace aussi vaste que le monde. Voyez vous-même. Ne me croyez pas sur parole. En cet instant, êtes-vous enfermé dans une prison sans air, solide de part en part, d'un mur à l'autre ? Ou êtes-vous au grand large, libre et immense, si grand ouvert et éthéré que tous les vents de Dieu soufflent à travers vous ? N'est-il pas étonnant que vous n'ayez jamais pu imaginer autre chose ?

Néanmoins, il se peut que vous éleviez ici une objection très sérieuse : « Ignorer le corps, sinon mettre carrément une croix dessus en faveur du mental et de l'esprit (comme l'ont fait tant de gens, et comme vous semblez le faire dans ce chapitre), est certainement mauvais pour le corps, et même pour le mental et l'esprit. Très sensible au mépris, le corps déteste être rabaissé et risque fort de se venger en tombant malade et vieillissant prématurément. »

Je répondrai par une note personnelle, et du point de vue de la première personne. Au cours de ce dernier demi-siècle, J'ai constaté qu'en prenant l'habitude de voir que l'on est libre de son corps, en fait on l'honore, on le détend, on lui donne des forces, et j'ai constaté le même effet chez d'autres. Ainsi – paradoxalement, si vous voulez – on devient *plus* physique, plus vivant, plus alerte, et le processus de vieillissement est ralenti. Pourquoi ? La réponse est très simple. Parce que c'est la voie de la nature, c'est ce qui est évident. Et il est toujours plus sensé de se fier aux faits réels qu'à des idées préconçues.

La raison pour laquelle vous étiez tellement plus agile à cinq ans que vous ne le serez (ou ne l'êtes) à cinquante-cinq, c'est que vous n'aviez pas encore appris à envahir votre corps et à contrôler ses mouvements. Au lieu d'entraver son merveilleux savoir-faire, vous le laissiez accomplir son travail. Pourquoi votre chat se meut-il avec tant de grâce, sans jamais poser une patte de travers ? Parce que, pour lui-même, il n'est pas du tout un chat, il n'est pas enfermé dans un paquet ayant la forme d'un chat. Parce qu'il est au grand large, non pas centré sur lui-même, mais sur les souris, les oiseaux, les autres chats et le lait qui apparaît régulièrement dans sa soucoupe. Bref, parce que toute sa vie n'est qu'une immense expérience de sortie du corps.

Pour nous, une expérience de sortie du corps occasionnelle est loin d'être suffisante. Pour qu'elle soit efficace, il faut qu'elle devienne comme celle du chat, constante et nullement entravée par la conscience morbide de soi. En attendant, il s'agit de la pratiquer délibérément. Curieusement, elle consiste à retourner sans cesse à *l'intérieur* de votre corps (comme vous êtes invité à le faire au chapitre 17) et à y découvrir votre clarté sans limites ainsi que l'absence frappante de toute cette anatomie. Pour nous, les humains, l'incarnation est « l'excarnation », et pour sortir du corps il faut y entrer. Le défaut des alternatives 1 *(être le corps)* et 2 *(être dans le corps)* venait de la notion que, en soi et pour soi, on est une chose limitée, bourrée de tout un tas de choses encore plus limitées. Débarrassez-vous de l'idée fausse que vous êtes un échantillon de l'art de l'empailleur et vous découvrirez que les trois propositions aboutissent à la même chose – qui n'est pas du tout une chose, mais une immense capacité, vivement consciente, pour accueillir toutes choses sous le soleil, et au-dessus.

Il reste une dernière question que vous pouvez avoir envie de poser : « Si l'idée que je suis – ou suis logé dans – cette "chair qui n'est que trop solide" est un mensonge si nuisible, comment se fait-il que nous – les millions de gens persuadés de sa vérité – nous survivions aussi bien ? Êtes-vous sûr que ce soit si néfaste ? Il doit y avoir du bon dans une fiction si universelle et utile qu'elle n'est pratiquement jamais contestée. *Vox populi, vox Dei.* »

À quoi je réponds : *Vox populi* – alias le sens commun – est le mégaphone claironnant toutes les idées fausses qui infestent notre espèce, et celle que nous venons d'examiner est fondamentale. Quant à la *vox Dei*, écoutez les sages qui sont ses porte-parole, comme Ramana Maharshi :

> Êtes-vous dans le monde ou le monde est-il en vous ?
>
> L'homme se considère comme limité, et c'est l'origine du problème. L'idée est fausse. Il peut le voir lui-même.
>
> « Je suis le corps » est la cause de tout le mal. Cette illusion doit disparaître.
>
> C'est cela la Réalisation.
>
> La douleur n'existe que tant que l'on se considère comme une forme définie.
>
> L'identification du Soi avec le corps est le véritable asservissement.
>
> Découvrez si vous êtes physique.
>
> Celui qui est imbibé de l'idée « Je suis le corps » est le plus grand des pécheurs, et c'est un suicide.

Ne croyez rien de tout cela. Vérifiez-le. Voyez vous-même.

9

La nature du monde physique

Tout au long de son histoire, la science – ou plutôt la science mal comprise et qui a perdu la tête – a émis un certain nombre d'absurdités fort peu scientifiques. La plus répandue, la plus stupide, la plus aberrante de ces insanités pseudo-scientifiques, c'est le dogme selon lequel la conscience est un sous-produit de la matière, une sorte de radiation subtile ou d'effluve accidentel que la matière dégage lorsqu'elle est suffisamment complexe, comme dans la cervelle humaine. Une chose entraînerait l'autre, comme si la cervelle produisait une bosse de la conscience, en plus des autres bosses ! Comme si la protubérance que l'on voit au sommet de la tête du Bouddha, sur les images le représentant, était la bosse de cette superconscience qu'il appelait illumination ! Au commencement, il y avait un tas de matière, et au cours des siècles cette matière est arrivée à se remarquer elle-même ! Quel prodige ! Merveille des merveilles, l'objet donne naissance au sujet. Sommes-nous ébahis devant une conception si maculée, une telle nativité ? Pas du tout. Nous faisons comme si de rien n'était. La primauté de la matière sur l'esprit est simplement considérée comme allant de soi. C'est l'un des moins contestés de tous les mythes qui régissent notre vie.

Que des choses puissent produire la conscience des choses – par hasard, de surcroît – est assez bizarre quand on y pense. Cela revient à supposer que le projecteur de cinéma est actionné par l'un des acteurs sur l'écran. Et il est tout aussi étrange de penser que le sujet puisse être examiné de l'extérieur, comme si c'était une sorte d'objet. Comment le sujet peut-il être découvert, sinon de l'intérieur, par la subjectivité même ? En tout cas, il n'y a pas la moindre preuve que des objets matériels puissent donner naissance à la conscience. Personne n'a jamais vu cela se produire, ni expliqué comment on pourrait le voir. En fait, l'idée même est absurde.

Qu'est-ce qu'un objet matériel selon la science ? C'est un ensemble de phénomènes (du grec *phainein*, montrer), une collection d'apparences, d'images, d'interprétations que le savant sélectionne et assemble en tournant autour de « la chose » qu'il étudie sous des angles différents, à des distances variées, à l'aide d'instruments divers. L'origine de toutes ces apparences, ce qui se niche en leur centre, lui est cachée. Même s'il s'approche de cette chose de très près, il est toujours trop éloigné pour dire ce qu'elle est réellement, intrinsèquement, à zéro centimètre d'elle-même. Le savant, en tant que tel, reste toujours extérieur.

Mais il a bel et bien deux indices sur ce qui est à l'intérieur.

• *Le premier*, c'est que plus il s'approche de cette chose, moins elle ressemble à une chose, et plus elle devient vide. L'ayant progressivement dépouillée de ses attributs, il arrive à des régions où il ne reste de ce qui semblait être un objet solide que – pour ainsi dire – de l'espace hanté par des feux follets d'énergie. Beauté et laideur, fonction, vie, couleur, opacité, forme et même l'emplacement précis de l'objet, tout cela disparaît aux yeux de l'observateur qui s'approche. Aucune qualité, aucune fonction ne résisteront à un examen minutieux. C'est la distance qui crée ces enchantements. Approchez-vous de n'importe quoi jusqu'à coïncider avec cela, et vous le perdez.

Mais attention ! Qui s'approche de cette chose et la perd ? Qui enregistre le démantèlement et la disparition de l'objet, et le fait qu'il soit quasiment réduit à rien, au vide ? C'est le savant lui-même, évidemment, en tant que conscience. Il laisse tout derrière lui, excepté la conscience. On pourrait dire qu'il l'emporte avec lui partout où il va, parce que c'est ce qu'il est. Il lui est impossible d'explorer le monde physique des cellules, des molécules, des atomes et des particules tandis que ce monde reste uniquement physique : sa présence active le contamine, l'imprègne d'esprit à tous les niveaux. Quant à l'espace qui sous-tend tout, comment la conscience qu'il en a pourrait-elle en être séparée ? De même qu'il est impossible d'entrer dans une maison *vide* (car alors elle n'est plus vide), il est impossible de contempler un espace vide d'esprit. Rien d'étonnant à ce que les faits obligent la physique subatomique à introduire l'observateur dans le tableau. En réalité, alors que le tableau disparaît peu à peu lorsqu'il est soumis à un examen minutieux, la conscience qui l'illumine brille d'un éclat d'autant plus éblouissant. La matière se dissout en faveur de l'esprit.

Essayons d'exprimer cela d'une façon différente, peut-être meilleure. Les objets peuvent être déplacés et trimballés à travers le monde, mais pas la conscience des objets. Ce n'est pas une torche électrique que le savant emporte avec lui pour éclairer les choses, ou un désodorisant avec lequel il les asperge, ou un rayon laser qu'il dirige sur elles. Où qu'il aille, elle est déjà là, inséparable de la nature même de ces choses. Si je remplace le mot *conscience* ou *esprit* par *Dieu* (et il y a des noms bien pires que celui-ci pour désigner Cela), je peux dire avec le Psalmiste :

> Où m'en aller pour être loin de ton souffle ?
> Où m'enfuir pour être loin de ta face ?
> Je gravis les cieux, te voici !
> Je me couche aux enfers, te voilà !
> Je prends les ailes de l'aurore
> Pour habiter au-delà des mers,
> Là encore ta main me conduit,
> Ta droite me tient.

Bref, l'esprit, ou conscience, sous-tend tout et il n'existe rien qui soit uniquement physique. Une apparence régionale (ou phénomène) en soi sans une réalité centrale dont elle est une apparence : quel genre d'aberration est-ce donc là, pour l'amour du ciel ?

• Le savant peut examiner deux sortes de choses : la chose observée et la chose qui observe, c'est-à-dire d'autres corps et son propre corps. Nous venons de voir à quelles conclusions aboutit son examen d'autres corps. Voyons maintenant si elles sont confirmées par l'examen de son propre corps, ce spécimen qu'il transporte toujours avec lui.

Ici se trouve, plus proche que proche, *le deuxième indice* sur ce que les choses sont réellement par contraste avec ce qu'elles paraissent être à une certaine distance. Toujours à portée de la main, voici son propre échantillon de matière qu'il peut examiner de tout près sans avoir besoin d'un laboratoire et d'instruments, qui l'informe sans cesse sur sa véritable nature, sa nature intrinsèque, et qui s'offre à son examen direct dans toute sa transparence. Si (et c'est un très gros « si ») il prend au sérieux cet échantillon unique et précieux – et quand il a l'audace de regarder à partir de quoi il regarde, d'examiner de l'intérieur cette chose dont il est seul à pouvoir dire ce qu'elle est vraiment – il découvre qu'il est complètement vide, qu'en fait ce n'est pas du tout une chose mais une absence de chose, vivement consciente d'elle-même en tant qu'absence. Telle est la vision qu'il a de lui à zéro centimètre de lui-même, s'il est vraiment honnête et attentif. C'est-à-dire vraiment scientifique.

Voyez comme ces deux indices se confirment merveilleusement l'un l'autre. Qu'on les observe de l'extérieur ou de l'intérieur, les corps se dissolvent, la matière disparaît, l'esprit demeure dès qu'on prend la peine d'étudier la question. « L'esprit est le corps vivant vu de l'intérieur, et le corps est la manifestation extérieure de l'esprit vivant. » Appliquez cette affirmation de Carl

Gustav Jung à tous les corps, des électrons aux galaxies, et vous avez la physique fondamentale.

Comprendre la primauté de l'esprit, c'est bien. La réaliser, la voir, la vivre sans en parler, sans y penser, c'est infiniment mieux. Et infiniment plus facile : la compréhension reste toujours extérieure à son objet, elle tourne autour de lui mais n'entre jamais en lui. Voilà pourquoi j'invite à présent instamment le lecteur à faire une ou deux petites expériences qui lui permettront certainement de percevoir directement ce qui, sans cela, resterait un ensemble de concepts sans vie.

Observez cet objet que vous tenez en ce moment. Qu'est-ce, en réalité, que cet objet appelé un livre ? Je veux dire cette liasse de feuilles de papier couvertes de caractères imprimés ? Voilà bien un paquet de matière assez solide, long et large de quelques centimètres, épais d'un centimètre et demi, qui pèse environ une livre et dont la surface blanche est couverte de marques noires qui (je l'espère) ont un sens. Or, où se trouvent ces signes chargés de sens que vous enregistrez en ce moment ? Sont-ils là-bas, à quelque vingt centimètres de distance, ou bien sont-ils là où vous êtes ?

Eh bien, vérifions-le. Approchez-vous de la page et voyez. Appliquez carrément votre œil sur ces caractères d'imprimerie, comme si vous étiez en train de mettre un verre de contact. Oui, je vous en prie, allez jusqu'au bout. Si vous vous sentez un peu ridicule, souvenez-vous de l'enjeu, à savoir la Réalité elle-même et votre situation au sein de cette Réalité. Allez-y...

Qu'avez-vous vu ? Je crois ne pas me tromper en disant que vous avez trouvé qu'il n'y avait pas de phrases intelligibles, pas de mots détachés, pas de lettres, pas même de vagues marques noires sur une surface blanche, mais seulement une tache floue, illisible. Et au point de contact, plus rien du tout. Vous avez tout perdu, sauf la conscience. C'est le livre qui a disparu, pas vous. Le rien que vous avez découvert n'était pas simplement rien du tout – quoi que puisse être ce monstre – ce n'était RIEN QUE CONSCIENCE. « Il y a une Lumière grâce à laquelle les choses sont vues ; si les choses disparaissent, la Lumière seule reste », dit Ramana Maharshi.

Ayant observé d'où viennent ces mots imprimés, voyons maintenant où ils vont. Sur l'évidence de l'instant présent, qui les lit en ce moment ? Qu'est-ce qui les enregistre ? Selon votre expérience directe en cet instant, est-ce une chose solide, ronde, chevelue, percée de deux petits trous ? Vous seul – qui êtes votre observateur le plus proche – êtes en mesure de le dire. Encore une fois, n'est-il pas vrai que vous perdez tout ce dont vous vous approchez de très près jusqu'au point de coïncidence ? Vous coïncidez certainement avec vous-même. Il n'est donc pas étonnant que vous disparaissiez, exactement comme la page a disparu, et qu'il ne reste que la conscience. Intrinsèquement, le lecteur est alors CE qui est lu et nul autre que l'Esprit qui est indivisible. En termes plus pittoresques, cette page de caractères imprimés est une lettre de l'Esprit à l'Esprit, une lettre d'amour de Vous à Vous. Et, bien sûr, ce qui vaut pour cette page vaut pour les autres pages de ce livre lorsque vous y arriverez, pour les mains qui le tiennent en ce moment, pour les meubles de la pièce et pour tout ce qui se passe dehors. Ce sont des aspects de Vous, des messages de Vous, exposés pour Vous. Fondamentalement, tout ce que vous percevez est Vous-même, sous des déguisements divers pour vous divertir et vous revigorer.

On ne saurait surestimer l'importance pratique de cette découverte, ses conséquences dans la vie quotidienne. Aliénation, séparation, les multiples menaces que représentent les choses, les personnes et les situations hostiles, ne sont que mauvais rêves. Tout est Vous. Comment pourriez-Vous Vous craindre Vous-même ? Comment pourriez-Vous Vous mépriser Vous-même, être irrité ou ennuyé par Vous-même ? Comment pourriez-vous ne pas Vous aimer Vous-même ?

Tout ceci et bien plus encore. Tout ce que vous voyez et entendez est quelque chose que vous voulez vous dire à vous-même, quelque chose qui vaut la peine d'être dit, quelque chose de significatif – même s'il ne s'agit que d'un bus qui arrive. Il ne peut y avoir de messages terribles, incompréhensibles ou dépourvus de sens de Vous à Vous. Une nouvelle qui Vous concerne, lue par Vous, est une bonne nouvelle, même si elle paraît mauvaise à celui qui ignore que la source et la destinée de cette nouvelle sont en lui-même en tant qu'Esprit. À celui-ci, Ramana Maharshi dit :

> L'imperfection vous apparaît à vous. Dieu est perfection. Son œuvre est parfaite aussi. Mais vous la voyez imparfaite par suite de votre erreur d'identification... Voyez si vous êtes physique.

En conclusion, l'esprit qui est un et le même dans tous les êtres est la véritable nature de ce que nous prenons pour le monde physique. Les choses en tant que telles n'ont aucune substance, aucune réalité, aucun pouvoir. On pourrait les appeler des images de Dieu qu'Il tient devant lui afin de les examiner. En elles-mêmes, elles sont plus minces que du papier. Tout ce que vous devez faire pour vivre cela, c'est continuer à voir qui le fait. Et je dis bien *voir* – non pas comprendre.

10

Comment être heureux

Le Samsara (le monde des objets) est souffrance.
L'homme veut le bonheur absolu et permanent. Celui-ci ne réside pas dans les objets, mais dans l'Absolu. C'est la Paix, libre de toute douleur et de tout plaisir. C'est un état neutre. La réalisation du Soi est la Béatitude.
La Béatitude n'est pas quelque chose que l'on doit acquérir. Vous êtes toujours la Béatitude [...]. Débarrassez-vous de votre ignorance qui vous fait croire que vous êtes autre chose que Béatitude.
Le bonheur est inhérent, il n'a pas de causes extérieures. On doit réaliser le Soi pour avoir accès à la réserve infinie de bonheur sans mélange.

RAMANA MAHARSHI, *Talks*

L'un des droits inaliénables de l'homme, nous assure-t-on, est la poursuite du bonheur. Évidemment ! Mais c'est un droit que nous exerçons plus en paroles qu'en actes – en actes efficaces, j'entends. Prenons-nous vraiment cette poursuite au sérieux ? Certes, nous disons tous que nous voulons être heureux. Parlons-nous sérieusement ? La vérité, c'est que notre comportement, la façon dont nous nous y prenons pour trouver le bonheur, est le gage certain qu'il nous échappera. Nous manquons tellement de sens pratique dans cette recherche, nous sommes si peu disposés à profiter des conseils d'experts comme Ramana, à tirer les leçons de nos propres échecs et de ceux des autres, qu'il semble que nous poursuivions plus le malheur que le bonheur. Et en effet, c'est bien ce gibier-là que nous attirons !

Il n'en reste pourtant pas moins que nous voulons être heureux et non pas misérables. Sinon ces deux mots, notre vie même, n'ont aucun sens. Bref, nous sommes dans la plus grande confusion par rapport à ce problème. Dans ce chapitre, nous nous proposons de remédier à cette confusion, avec l'aide de Maharshi et d'autres sages. Nous voulons démontrer clairement comment accéder au bonheur – si clairement que nous n'aurons plus aucune excuse pour être malheureux.

On peut réduire les nombreuses recettes de bonheur à trois, que nous appellerons ainsi :

- La recette du sens commun
- La recette du sens peu commun
- La recette raisonnable, qui paraît insensée tant que vous ne l'avez pas expérimentée.

La recette du bonheur selon le sens commun, c'est obtenir ce que vous voulez

Par exemple, au niveau « le plus bas » ou le plus populaire, le bonheur signifie acquérir des possessions, de l'argent, des compétences, une réputation, du pouvoir, etc., et cela de plus en plus et sans cesse. En d'autres termes, le bonheur est la réussite personnelle continuelle.

À des niveaux intermédiaires, le bonheur signifie se dévouer avec succès pour le bien-être de sa famille, pour sa religion, son parti politique, sa nation, sa race, son espèce... pour finir, on l'espère, par améliorer la situation, à défaut d'instaurer une Nouvelle Jérusalem, ou Utopie, ici sur terre.

Au niveau le plus élevé, le bonheur signifie travailler pour le salut du monde entier, pour la libération de tous les êtres – avec des résultats.

Même si elle paraît plus noble aux niveaux les plus élevés, cette recette est la même à tous les niveaux : il s'agit du succès, *d'obtenir ce que vous voulez.*

Cette recette paraît assez bonne... mais certaines se révèlent immangeables. C'est au pudding que l'on juge la recette, et c'est en le mangeant que l'on juge le pudding. Mais, en pratique, avons-nous jamais assez de pudding pour satisfaire notre appétit ? Assez de possessions, de sécurité, d'affection, d'influence, de pouvoir – que ce soit pour notre petit moi ou pour ce moi plus grand qui s'appelle famille, nation, religion ou espèce ? Il est notoire que cette fièvre d'acquisition crée une dépendance, de sorte que plus nous accumulons plus nous en voulons, et que la chose qui nous rendrait *vraiment heureux* s'éloigne au moins aussi vite que nous avançons vers elle. Rien n'échoue comme le succès. Loin de diminuer, le taux de suicides augmente dans les sociétés nanties, et dans les groupes privilégiés de ces mêmes sociétés. Mais tout le monde sait bien que l'accumulation de biens et de pouvoir apporte peu de satisfaction. Rien d'étonnant à cela : l'entretien de ces biens devient de plus en plus difficile à mesure qu'ils se multiplient, la perspective de les perdre de plus en plus inquiétante, et leur perte effective de plus en plus douloureuse. Le plaisir fugace qu'ils procurent réside plus dans les efforts déployés pour les acquérir que dans la possession elle-même.

L'homme ordinaire vise moins haut. Soit par nécessité, soit par peur, par manque de dynamisme ou sagacité naturelle, ses enjeux sont moins élevés. Au mieux, il évite les douleurs et plaisirs extrêmes ; au pire, il devient un légume. Car, par nature, ce que nous avons – que ce soit peu ou beaucoup – est toujours insuffisant. Et, par nature, ce que nous faisons – que ce soit insignifiant, héroïque ou inspiré – nous laisse toujours insatisfaits. Si nécessaires soient-ils, ni l'avoir ni le faire ne remédieront à notre tristesse.

L'altruisme n'est d'aucun secours ici. De toute évidence, les angoisses et les déceptions du militant du civisme, de celui qui se consacre au bien de sa cité, de son pays, de l'humanité même, ne sont pas moindres que celles du citoyen ordinaire moyennement égoïste. Et il n'est pas non plus, à proprement parler, moins égoïste. Les nazis, somme toute, mettaient leur moi personnel au service d'un moi suprapersonnel.

Et le niveau le plus élevé, celui où l'on œuvre pour le salut ou l'illumination du monde ? Est-ce là le moyen d'être heureux ? Jésus a pleuré, et nous savons comment est mort l'Homme de Douleur. Quiconque choisit cette voie cherche les ennuis, comme le prouve l'histoire. La raison fondamentale est que son bonheur ne consiste pas à obtenir ce qu'il veut, même s'il l'obtient.

Bref, de quelque façon que nous l'examinions, notre première recette de bonheur paraît bonne, mais se révèle inefficace. Essayons donc la deuxième.

La recette du bonheur selon le sens peu commun, c'est vouloir ce que vous obtenez

L'un des meilleurs avocats de cette recette (qui, je vous le fais remarquer, est exactement le contraire de la première) est Jean-Pierre de Caussade : « Si les gens savaient la valeur de ce que chaque moment de la journée leur apporte [...] et que la véritable pierre philosophale est la soumission aux desseins de Dieu qui transmue en or pur toutes leurs occupations, leurs soucis et leurs souffrances, comme ils seraient heureux ! » écrit-il.

D'une manière ou d'une autre, toutes les grandes traditions spirituelles conviennent de la nécessité de « l'abandon de soi à la divine Providence ». Le mot *islam* lui-même signifie « soumission à la volonté d'Allah », ce qui, pour le soufi averti, ne signifie pas résignation ou simple obéissance, mais identification totale avec la volonté divine, de sorte qu'il choisit délibérément ce que cette volonté ordonne. Comment pourrait-il être malheureux dans ce cas ? Selon le Bouddha, c'est le désir insatiable qui est la cause de la souffrance, à laquelle l'extinction du désir met un terme. Et selon Ramana Maharshi : « L'absence de désir est Dieu. »

Quand vous êtes personnellement libéré de tout désir, quand vous choisissez ce qui est au lieu de ce qui n'est pas, quand vous voulez ce qui vous arrive, quoi que ce soit, quand la volonté de Dieu qui s'exprime dans les événements de votre vie devient précisément votre volonté, alors vous êtes Lui ! C'est aussi simple que cela. Pour moi, simple à écrire ; pour vous, simple à lire et à comprendre. Mais difficile à mettre en pratique, à vivre.

Allons, soyons réalistes ! Comment renoncer à nos désirs personnels au point de souhaiter vraiment les choses déplaisantes qui nous arrivent si souvent ? En désirant l'absence de désirs si sincèrement que nous commençons à nous entraîner dans ce sens ? En désirant éperdument atteindre une sorte de sainteté et déployant tous nos efforts dans ce but ? Peut-on imaginer plus grande folie ? À quoi cela rime-t-il de tout accepter excepté notre condition humaine avec tous ses désirs ? De toute façon, comment diable pouvez-vous vous forcer à cesser de vouloir ce que vous voulez ? Supposez que votre maison prenne feu, que votre enfant meure de ses brûlures, que vous fassiez faillite, que votre santé flanche (ces choses-là arrivent sans cesse à bien des gens), dites-moi (et dites-leur) comment vous vous y prendriez pour faire bon accueil à ces événements.

Nous voici donc de nouveau avec un problème

apparemment insoluble sur les bras – le problème de notre vie, en fait. Nous qui ne sommes pas des saints avons besoin de trouver une recette de bonheur que nous puissions réellement utiliser dès maintenant, simplement, tels que nous sommes. Eh bien, voyons si notre troisième et dernière recette sera la bonne.

La recette sensée du bonheur, c'est voir ce que vous avez

Et si vous étiez déjà heureux, si vous étiez le bonheur même et ne l'aviez jamais remarqué ? Si cette recherche frénétique du bonheur ailleurs vous rendait aveugle à la véritable nature du chercheur, qui est la félicité même ?

Sri Nisargadatta est certain de la réponse et il ne mâche pas ses mots : « Rien ne peut vous rendre plus heureux que vous ne l'êtes. Toute recherche du bonheur est source de misère et apporte plus de misère encore. Le seul bonheur digne de ce nom est le bonheur naturel de l'être conscient. » Ce témoignage, celui de Ramana Maharshi que j'ai cité au début de ce chapitre, ainsi que les enseignements de la longue lignée de sages liant indissolublement *Ananda* (Béatitude) avec *Sat* (Être) et *Chit* (Conscience) – et certainement l'expérience de l'auteur – affirment unanimement que la véritable recette du bonheur consiste à voir QUI vous êtes vraiment et à savourer votre nature même qui est félicité sans mélange.

Alors comment voir QUI vous êtes vraiment ? En fait, c'est plus facile à voir que n'importe quoi d'autre ! Regardez simplement CE à partir de quoi vous regardez en ce moment, CE qui est de votre côté de ces mots imprimés, et voyez qu'ici il n'y a RIEN – ni forme, ni complexité, ni couleur, ni texture, ni opacité, ni limites, ni mouvement – rien que la Conscience.

Mais lorsque, regardant au-dedans de vous, vous voyez votre véritable nature, la nature du Soi (et c'est quelque chose que vous ne pouvez pas mal faire), cela veut-il dire que vous voulez vraiment tout ce qui vous arrive ? Qui donc en est responsable ? Qui vous êtes vraiment crée le monde, et vraisemblablement ne le regrette pas.

Ceux qui l'ont réellement essayée trouvent que c'est cette dernière recette du bonheur qui est la bonne. De plus, elle rend les deux autres également efficaces. Lorsque vous voyez immanquablement QUI vous êtes vraiment, vous voulez ce qui vous arrive et obtenez ce que vous voulez. Une fois de plus, je ne vous demande pas de croire cela, mais de le vérifier.

Dans son *Éthique à Nicomaque*, le grand philosophe grec Aristote concluait que le bonheur est une sorte de *theoria*, ce qui signifie regard, observation, contemplation. C'est-à-dire non pas un état subjectif que l'on cherche à réaliser un jour, mais une réalité objective à savourer dès maintenant. Une réalité que nous ne pouvons pas éviter, quoi que nous fassions.

11

Les trois souhaits

Il était une fois un pauvre bûcheron qui habitait dans la forêt avec sa femme. Un jour, alors qu'il coupait du bois au bord d'un ruisseau, il fut très surpris d'entendre quelqu'un pleurer, et encore plus surpris en voyant que c'était un elfe assis au bord de l'eau, se désolant de ne pouvoir traverser. Aussitôt le bûcheron le souleva, le mit sur ses épaules, franchit le cours d'eau et déposa doucement le petit bonhomme sur l'autre rive. « Pour te remercier de ta gentillesse, dit l'elfe, je t'accorde trois souhaits. » Ce soir-là, au cours de leur modeste repas, le mari raconta à sa femme l'histoire de l'elfe et des trois souhaits, et ils discutèrent longuement de ce qu'ils pourraient bien demander. « En attendant que nous prenions une décision, dit le bûcheron, une saucisse ferait bien mon affaire avec ce pain sec. » Et aussitôt une belle saucisse apparut sur la table. Furieuse qu'il ait gaspillé un souhait pour quelque chose d'aussi dérisoire au lieu de le réserver pour un sac d'or, sa femme ne put s'empêcher de lâcher étourdiment : « Vieil imbécile ! Tu mériterais que cette misérable saucisse s'accroche au bout de ton misérable nez ! » Et voici qu'immédiatement la saucisse se balança au bout du nez du pauvre homme. Après une longue séance de dispute et de récriminations mutuelles, ils s'accordèrent à reconnaître que leur troisième et dernier vœu devait être consacré à se débarrasser de la saucisse et à rétablir la situation normale. Et c'est ce qui arriva. Les trois souhaits avaient bien été accordés comme le gentil elfe l'avait promis, mais ils n'avaient finalement rien changé. L'homme et sa femme obtinrent ce qu'ils décidèrent de choisir en fin de compte, et qui ne changea rien à la routine ordinaire de leur vie simple. À cette différence près que *c'était leur choix*.

Quelle occasion manquée ! Mais est-ce bien certain ? Ce couple insensé a-t-il tout perdu ? Ce troisième souhait aurait-il pu être mieux employé qu'à simplement réparer une situation désespérée ? Ou n'était-ce pas en définitive, et malgré leur stupidité, le vœu le plus sage et le plus profitable qu'ils pussent faire, le véritable sac d'or ? Celui que nous avons tous besoin de faire et qui nous est accordé à tous ?

Plusieurs leçons peuvent être tirées de ce conte populaire bien connu. Voici celle que nous proposons ici. On nous accorde bien trois souhaits. Le premier, non déguisé, c'est que nous obtenions quelque chose que nous voulons consciemment. Le deuxième, caché, c'est qu'en même temps nous recevions son envers – c'est-à-dire son côté négatif ou antithèse, que nous ne souhaitons pas consciemment, loin de là ! –, sans lequel ce quelque chose n'est qu'un fantôme. Le troisième souhait, encore plus caché, c'est que nous obtenions tout ce qui nous est donné en fait, le bon et le mauvais : tout ce qui nous arrive, que notre mental superficiel déplore souvent, qu'il déteste et redoute. Il est évident que ce troisième et dernier souhait est le seul qui soit toujours accordé. C'est aussi celui qui est notre désir le plus profond – que nous parvenions à l'admettre ou non – et ça, ce n'est pas du tout évident. La vérité, c'est que nous avons déjà choisi que notre monde soit exactement tel qu'il est en ce moment, mais ne sommes pas conscient d'avoir fait ce choix capital. Nous refoulons cela, et nous souffrons des symptômes du refoulement. Rejetant toute responsabilité, nous nous lavons les mains de cette affaire tragi-comique – et nous le payons cher. Il apparaît ainsi que le véritable travail de notre vie et notre guérison consistent à cesser de refouler la vérité et à prendre conscience de notre acceptation sincère du monde tel qu'il s'offre à nous. Telle est, brièvement, notre interprétation de l'histoire des trois souhaits du bûcheron.

Les maîtres spirituels sont tous d'accord. « Dieu vous dit que si vous abandonnez toute retenue, *poursuivez vos souhaits jusqu'à leurs extrêmes limites*, ouvrez tout grand votre cœur, il n'est pas un seul moment où vous ne trouviez tout ce que vous pouvez désirer. Le moment présent contient des richesses infinies qui dépassent vos rêves les plus fous », écrit Jean-Pierre de Caussade

À première vue, ces propos paraissent extravagants – une idée insensée de l'accomplissement de nos désirs – et bien trop beaux pour être vrais : on a du mal à croire aveuglément à un optimisme aussi délirant, apparemment si contraire au sens commun et à notre expérience de la vie elle-même. Si on doit lui accorder le moindre crédit, il faut des preuves et une vérification rigoureuse. Et il sera bien difficile de convaincre la plupart d'entre nous qui nous débattons – si nous ne sommes pas encore noyés – dans une mer déchaînée de déceptions et de frustrations.

Dans la suite de ce chapitre, je vais essayer de vous démontrer que Caussade avait absolument raison d'affirmer que *si nous lâchons prise* et poursuivons nos souhaits au-delà de notre conscience superficielle, jusqu'à leur limite encore inconsciente, nous découvrons qu'ils sont immédiatement et parfaitement réalisés. Et qu'en fait la raison pour laquelle nous n'obtenons pas ce que nous voulons, c'est que nous ne voulons pas assez, que nos souhaits, comme ceux du bûcheron et de sa femme, sont infiniment trop modestes.

Voyez simplement quelle est votre identité, et tout le reste se mettra en place. Quel que soit votre problème, sa seule véritable solution est de voir qui a le problème. Le problème de votre volonté – ce que vous voulez et comment l'obtenir – ne fait pas exception à la règle. Qui est celui qui demande ceci et refuse cela ? Qui est-ce vraiment ? Résolvez cette énigme et vous aurez résolu l'énigme de ce que vous souhaitez *vraiment* et comment être *vraiment* sûr de l'obtenir.

En d'autres termes, vous avez deux identités, l'une apparente et provisoire, l'autre réelle et éternelle. En apparence, tel(le) que les autres vous voient à la distance où ils se trouvent, il est certain que vous êtes un quelque chose – quelque chose qui a une forme, enfermé dans des limites précises, tout à fait opaque, multicolore, localisé et non omniprésent, extrêmement complexe, qui se déplace, choisit ceci et évite cela, qui de plus n'est qu'un spécimen parmi une quantité innombrable de créatures semblables et tout aussi difficiles à satisfaire. Mais *en réalité*, lorsque vous vous voyez vous-même (à partir de votre centre, c'est-à-dire à zéro centimètre de vous-même), vous êtes... ? Et pourquoi ne pas simplement regarder pour voir, maintenant ? N'est-ce pas un fait – un fait stupéfiant et capital – que, selon votre expérience de l'instant présent, vous êtes le contraire même de ce que perçoivent les autres et de l'image que vous aviez de vous-même avant de tourner votre regard vers l'intérieur pour voir par vous-même ? N'est-ce pas un fait qu'au lieu d'être une chose parmi les choses, vous êtes espace pour accueillir les choses – y compris, en ce moment, ces mots imprimés, cette page, vos mains qui tiennent le livre, et leur arrière-plan flou ? Vous seul êtes en mesure de répondre à cette question primordiale : qu'y a-t-il de votre côté de la scène, de tout ce qui se présente à vous ? Si, en toute honnêteté, vous vous percevez vous-même comme une chose ici en train d'affronter beaucoup d'autres choses là-bas, alors bien sûr vous devez maintenir votre point de vue : vous êtes le seul juge en ce qui concerne votre expérience de vous-même. Mais s'il en est ainsi, je suggère simplement que vous arrêtiez votre lecture un moment pour observer à nouveau attentivement le lieu que vous occupez, au cas où vous découvririez finalement qu'il est occupé par les autres et pas du tout par vous !

Si vous découvrez vraiment que, là où vous êtes, vous êtes *absence de choses*, si vous convenez que vous êtes espace, accueil pour tout ce qui arrive en vous, quoi que ce soit, alors le problème de votre volonté, le problème d'obtenir ce que vous voulez est résolu. En réalité, vous n'avez pas de volonté, car l'espace n'a pas de besoins et ne demande rien. En tant qu'espace, vous vous suffisez à vous-même, alors qu'aucun corps – aucune des parties visibles de votre propre corps, aucun des objets limités qui vont et viennent dans votre espace – ne se suffit à soi-même. Leurs besoins sont insatiables, ils doivent sans cesse lutter pour leur survie et résister à tout ce qui pourrait les détruire. Évidemment, tout ce comportement intentionnellement déterminé caractérise aussi l'objet limité que vous semblez être, vu de l'extérieur, mais jamais le sujet sans limites que vous êtes réellement, vu de l'intérieur. En tant que *capacité d'accueil* pour les objets, vous, le sujet, êtes libéré de tous les objets, à jamais immuable, inaltérable, invulnérable. Si vous percevez maintenant clairement cette vacuité consciente d'elle-même que vous êtes, de toute évidence vous voyez qu'elle ne préfère pas un contenu plutôt qu'un autre. Elle n'a ni favoris, ni préférences, ni opinions, ni intentions ou projets, ni aucun commentaire à faire. Tel un miroir, elle accueille les choses sales aussi volontiers que les propres, les laides aussi objectivement que les belles, les tragiques aussi imperturbablement que les joyeuses, et rien de tout cela ne laisse la moindre trace sur elle. Votre véritable Soi n'a ni préférences, ni aversions, ce qui signifie concrètement qu'il accueille en fin de compte tout ce qui arrive. Et c'est inévitable lorsque vous voyez que QUI vous êtes vraiment est responsable de ce qui est. Bien sûr, nous sommes ici en présence d'un paradoxe, le paradoxe que signalait Angelus Silesius : « Nous prions *Que Ta volonté soit faite*. Mais Il n'a pas de volonté. Il est l'Immobilité même. » En tant que Lui, vous avez les deux à la fois. Vous avez ce que vous voulez parce que vous voulez ce que vous avez. En vérité, il n'y a pas d'autre volonté que la vôtre, vous QUI êtes sans volonté !

Peut-être vous semble-t-il que nous avons maintenant quitté la terre ferme de l'expérience directe et indubitable pour nous envoler au royaume nébuleux de la spéculation pieuse. Dans ce qui suit, j'espère montrer qu'au contraire tout cela a un sens.

Voyons de plus près combien de volontés il y a exactement. Prenez le corps humain. Il est fait de milliards de créatures appelées cellules qui, chacune, naissent, s'épanouissent et meurent indépendamment de la vie de l'ensemble du corps. Chacune dispute aux autres sa part de nourriture, chacune suit inébranlablement son mode de comportement caractéristique, chacune lutte pour sa propre survie sans se soucier des autres. Et le résultat final de tout cet individualisme débridé ? Merveille des merveilles, malgré elles, ces myriades de vies séparées forment ensemble une seule vie d'un ordre supérieur – celle de l'homme tout entier. Lorsqu'il marche, parle et s'occupe de ses affaires, c'est grâce à cette horde de subalternes : les cellules de ses cordes vocales, de sa langue, de ses lèvres, des muscles de ses jambes, etc., chacune s'occupant de ses propres affaires, qui n'ont rien à voir avec celles de l'homme. Et ce n'est bien sûr ni le début ni la fin de ce processus magique de transmutation de volonté. L'intégration de parties divergentes en des ensembles d'un ordre plus élevé se poursuit à tous les niveaux : particules en atomes, atomes en molécules, molécules en cellules, cellules en plantes, en animaux et en humains... ainsi de suite jusqu'à ce que, finalement, l'entière hiérarchie des parties et des ensembles aboutisse au Tout. Le Tout qui seul est parfaitement entier et souverain, ne dépendant de rien d'extérieur à lui. L'univers lui-même constitue un super organisme unique, le seul véritable Individu qui est la somme des pulsions, intentions et activités infiniment diverses de tous ses composants à tous les niveaux, y compris le niveau humain – pulsions, intentions et activités qu'Il réconcilie et unifie. J.-P. de Caussade exprime magnifiquement cela : « L'action divine purifie l'univers, car elle envahit et submerge toutes les créatures. »

Comment l'homme se situe-t-il dans ce grand dessein cosmique ? Vu de l'intérieur en tant que sujet, nous avons déjà trouvé qu'il est la NON-CHOSE qui contient toutes choses – en un mot, le Tout. Et nous découvrons maintenant que, vue de l'extérieur en tant qu'objet, cette chose provisoirement appelée être humain ne peut être elle-même sans le concours des choses situées à tous les autres niveaux. Qu'est-ce que l'homme, en vérité, sans le monde des cellules, des molécules, atomes et des particules qui le constituent, sans le monde des autres organismes comme la Terre, le Soleil et les étoiles qui le soutiennent extérieurement ? Il n'est pas lui-même sans eux. L'homme *total* est le Tout. Rien de moins n'est viable. De quelque manière qu'on le considère alors, de l'intérieur ou de l'extérieur, il est en dernier ressort l'Être qui inclut tout et organise les volontés divergentes de toutes les créatures en une volonté unique. On l'appelle la volonté de

Dieu, et ce n'est rien d'autre que votre volonté lorsque vous voyez QUI vous êtes vraiment et savez ce que vous voulez vraiment, quand vous êtes totalement présent et totalement Vous-même. Lorsque, pour vous-même et pour les autres, vous semblez être une partie de l'univers, vous projetez cette partie ; lorsque vous êtes le Tout, vous projetez le Tout. En fait, la volonté est indivisible et entièrement vôtre. Votre volonté contre la mienne, notre volonté contre la leur : tout cela, c'est jouer le jeu de l'étroitesse d'esprit, pure obstination. En tant que QUI vous êtes vraiment, vous voulez vraiment, et vous obtenez ce que vous voulez vraiment.

En termes plus terre à terre, vous et moi voulons gagner. Du moins ceux d'entre nous qui sont vivants, bien portants et suffisamment honnêtes avec eux-mêmes doivent-ils reconnaître que c'est le succès qu'ils désirent – que ce soit le succès matériel, psychologique ou spirituel. Mais l'honnêteté nous oblige aussi à dire que ceci n'est pas toute la vérité. Il y a quelque chose en nous qui *ne veut pas* accumuler indéfiniment plus de biens, de pouvoir, de réputation, de créativité, de sainteté, ou de quoi que ce soit. En fait, les créatures bourrées de contradictions absurdes que nous sommes découvrent tôt ou tard qu'elles désirent également le contraire de tout cela – c'est-à-dire avoir de moins en moins. Nous aspirons secrètement à être soulagé de toutes ces possessions, de même que des responsabilités et des angoisses qui les accompagnent. Nos réalisations et nos acquisitions deviennent des chaînes qui restreignent de plus en plus nos mouvements, des fardeaux qui nous écrasent chaque jour davantage, mais nous ne faisons guère d'efforts pour nous en libérer. Intoxiqués, masochistes, nous ne sommes que trop enclins à continuer à agripper toujours plus. Nous sommes de plus en plus déchirés intérieurement. Il s'agit d'une guerre civile déclarée, sans aucun espoir de paix en vue.

Ce n'est pas en modérant le conflit ou en déclarant une sorte d'armistice que nous trouverons la paix, mais en le poursuivant jusqu'au bout, jusqu'à la victoire totale pour les deux partis ! Notre ardent désir d'accumuler ne sera jamais satisfait tant que nous ne serons pas TOUT, et celui de nous dépouiller ne sera jamais satisfait tant que nous ne serons devenus RIEN. Or – heureux dénouement ! – il s'avère que ces deux buts opposés se fondent soudain en un seul, un but qui, de surcroît, est déjà atteint. Ici, les extrêmes se rejoignent et fusionnent, car notre nature éternelle et toujours accessible est d'être RIEN et TOUT, NON-CHOSE et TOUTES CHOSES. Notre problème n'était pas la contradiction enrichissement-dépouillement, mais notre incapacité de la pousser jusqu'à la limite où elle est soudain absolument résolue. Ici, nous découvrons enfin notre joie inhérente qui nous attendait patiemment, parce que nous avons ce que nous voulions vraiment depuis toujours. Nous voulions TOUT et nous ne voulions RIEN, et c'est précisément ce que nous avons. Quel bonheur est le nôtre lorsque nous lâchons prise !

Les saints et les sages du monde confirment à l'unanimité cette précieuse vérité. « Sa volonté est notre paix », dit Dante. Inversement, c'est notre volonté – notre obstination en tant qu'individus humains – qui détruit notre paix. Selon William Law, c'est précisément ce qui nous sépare de Dieu ; selon J.-P. de Caussade, « c'est en étant uni à la volonté de Dieu que nous l'apprécions et le possédons, et il est vain de rechercher cette possession divine par d'autres moyens ». Un disciple sceptique de Nisargadatta lui fit remarquer que, s'il était vraiment QUI le maharaja lui disait qu'il était, alors il pourrait avoir tout ce qu'il voulait. Ce que Nisargadatta admit volontiers : « Tout arrivera comme vous le voulez, *pourvu que vous le vouliez vraiment.* »

Mais il est inutile d'écouter ce que disent les autres. Observez vos propres expériences, voyez comment la vie vous traite, et vous aurez la preuve la plus convaincante. Pensez à l'un de vos succès les plus remarquables. Oui, bien sûr, vous avez éprouvé de la joie à ce moment-là, mais combien de temps cela a-t-il duré ? Le résultat à long terme a-t-il répondu à votre attente ? Est-il exempt de toute souffrance ? Alexandre le Grand n'a pas savouré longtemps sa conquête du monde connu : il pleura, parce qu'il n'y avait plus de pays à conquérir. Lorsqu'ils affirment que rien n'échoue comme le succès, les cyniques ont raison... jusqu'à un certain point. Ce point est le succès total, le seul succès qui soit réel et entièrement satisfaisant. Quand enfin nous avons la grâce et le bon sens de dire oui à l'ensemble de nos succès et de nos échecs, la bonne volonté d'accepter tout ce que la vie nous apporte désormais, alors un bonheur unique, une paix à nulle autre pareille nous envahit. Chaque fois que nous souhaitons ce qui nous arrive, notre cœur nous dit que nous avons fait le bon choix. C'est ce que nous voulons vraiment, absolument. Nous avons amené ce souhait à la conscience. Cela seul est le véritable succès.

Dire NON à ce qui nous arrive peut nous coûter fort cher. Dépression, angoisses excessives, peurs irrationnelles et leurs répercussions physiques sont autant de signaux d'alarme indiquant qu'un élargissement de la conscience est nécessaire. Ces symptômes névrotiques sont l'expression d'un conflit intérieur caché, de souhaits non reconnus et non exprimés incompatibles avec nos intentions conscientes. Nous réprimons ces désirs inconscients, qui font néanmoins partie de notre totalité et sont prêts à compenser la partialité de notre mental conscient. Car l'inconscient n'est pas le monstre que certains décrivent. « Cette interprétation, dit Carl Gustav Jung, provient de la peur de la nature et de la vie telles qu'elles sont... L'inconscient n'est dangereux que lorsque notre attitude consciente envers lui devient complètement fausse. Et plus nous refoulons, plus ce danger augmente. Mais dès que le patient commence à assimiler les contenus qui étaient jusque-là inconscients, le danger provenant de l'inconscient diminue. À mesure que s'effectue le processus d'assimilation, il met un terme à la dissociation de la personnalité et à l'angoisse qui nourrit et stimule la séparation des deux royaumes de la psyché. »

Ces principes bien connus et communément acceptés s'appliquent à ce que nous pouvons appeler le troisième royaume au-delà de la psyché, le royaume de notre souhait du troisième niveau qui est que tout soit comme cela est. De même que nos symptômes aigus proviennent du refoulement de nos désirs du second niveau qui sont encore des désirs humains, nos symptômes chroniques *existentiels* proviennent du refoulement de ce désir fondamental vraiment divin. Ces symptômes *existentiels* sont une tristesse générale, un ressentiment sans objet précis, une insatisfaction profonde par rapport à la vie telle qu'elle est, un manque d'on ne sait quoi. Notre remède consiste à éclairer de la lumière de la conscience le niveau le plus profond de tous, le cœur ineffable, notre Source et véritable nature. Il n'y a pas d'autre moyen de guérir notre souffrance profonde. Nous sommes bien lorsque nous savons ce que nous voulons. Et nous savons ce que nous voulons parce que nous savons QUI nous sommes – c'est-à-dire l'UN, Celui qui ne veut rien et a tout. Alors nous sommes sortis de l'enfer et arrivés au paradis. « Car il n'y a d'enfer que là où la volonté de la créature est opposée à celle de Dieu, et il n'y a de paradis que là où la volonté de la créature est en harmonie avec Dieu », dit encore William Law.

Ce qui précède est plutôt abstrait et d'ordre général : illustrons-le en terminant ce chapitre comme il a commencé, par un conte.

Elsie avait une belle voix et l'ambition de devenir une chanteuse célèbre. Elle essaya maintes fois d'obtenir une audition et finalement réussit, pour sa plus grande joie. Puis tout alla de travers. Elle eut beaucoup de difficultés à trouver le studio et arriva en retard. On lui fixa une autre date, mais cette fois elle contracta une laryngite et son audition fut ratée. La troisième et dernière fois, il y eut une confusion entre les chansons qu'elle allait interpréter : l'accompagnatrice n'avait pas apporté la bonne partition. C'en était trop ! Elle tomba dans la dépression et prit alors la décision sensée de consulter un psychiatre. Avec son aide, elle découvrit que son souhait profond et inconscient était totalement différent de son souhait superficiel conscient. Elle ne voulait pas du tout faire carrière dans le spectacle, mais se marier et se consacrer à élever une famille. Comme elle réprimait son désir réel, elle souffrait du genre de symptôme que suscite un tel refoulement : sans en avoir conscience, elle avait habilement arrangé les choses pour que l'audition n'eût jamais lieu. Pourtant, son deuxième souhait plus profond ne se réalisa pas non plus. Elle ne plaisait pas aux hommes qui lui auraient plu comme maris, et elle n'aimait pas ceux qui lui faisaient des avances, ou se querellait rapidement avec eux. À nouveau, inconsciemment, elle fit tout pour échouer et la frustration l'amena au bord du désespoir, produisant une nouvelle vague de symptômes psychosomatiques, y compris migraines et ulcères. Mais cette fois, au lieu de retourner voir son psychiatre, elle alla trouver un maître qui l'aida à se sonder encore plus profondément. Il lui fit regarder QUI elle était vraiment, et ce que voulait réellement ce QUI. Elle réalisa que son troisième souhait, son souhait essentiel, n'était pas de devenir un jour une chanteuse célèbre, une épouse et mère de famille heureuse ou quoi que ce soit d'autre que ce qu'elle était déjà. Son souhait le plus profond était déjà réalisé. Elle savait que QUI elle était vraiment valait toutes les *prima donna* du monde, et que cette facette d'elle-même était déjà merveilleusement réalisée ; que tous les enfants du monde – et tous les adultes aussi – étaient ses enfants. Il apparut ainsi que l'accomplissement de son troisième et ultime souhait (que tout fût tel que c'était) satisfaisait également ses autres aspirations.

À quelques détails près, l'histoire d'Elsie est la nôtre dès que nous voulons bien la faire nôtre et découvrir que Sa volonté est en effet notre paix.

Ce chapitre est en fait une version révisée d'un article que j'ai écrit il y a environ onze ans. Je l'ai réécrit au cours des semaines les plus physiquement douloureuses de ma vie, durant lesquelles, je dois l'avouer, mes efforts pour pratiquer ce que je prêche ont misérablement échoué. Si j'ai donné l'impression que nous pouvons facilement accepter et supporter la douleur physique pour peu que nous unissions notre volonté à celle de Dieu, je tiens à la dissiper immédiatement. J'ai mis trop d'empressement à faire mienne l'affirmation de J.-P. de Caussade : « La sainteté du cœur est un simple *fiat*, une simple conformité de la volonté à celle de Dieu. Quoi de plus facile ? » À la lumière de mon expérience récente, « quoi de plus difficile ? » serait plus proche de la vérité.

Et pourtant, J.-P. de Caussade a parfaitement raison dans le sens où je dis oui à mon *incapacité* de dire oui à la douleur physique intense. En définitive, c'est la volonté de Dieu – alias ma volonté la plus profonde – que je ne sois pas stoïque.

12

Comment lâcher prise

Étant uni à la volonté de Dieu, vous vous régalez de Lui et Le possédez.
C'est à Ses desseins, cachés dans le nuage de tout ce qui vous arrive dans le moment présent, que vous devez vous fier. Vous verrez qu'ils dépassent toujours tout ce que vous pouviez espérer.
Ceux qui se sont abandonnés à Dieu mènent toujours des vies mystérieuses et reçoivent de Lui des dons exceptionnels et miraculeux à travers les expériences les plus ordinaires, les plus naturelles et fortuites dans lesquelles il ne semble y avoir rien d'exceptionnel.

JEAN-PIERRE DE CAUSSADE

Quoi de plus exaltant que ces affirmations proférées par l'un des grands experts du lâcher-prise et de l'abandon à la volonté divine ? Bien sûr, il ne s'agit pas de les croire et de les accepter les yeux fermés, mais de les vérifier jour après jour. C'est lorsque nous essayons de les mettre en pratique que nous rencontrons ce qui nous semble des difficultés insurmontables, dont nous allons examiner certaines dans ce chapitre. Il s'agit de la pratique et non de la théorie. Nous ne nous occupons pas ici de la théologie ou philosophie de l'abandon à la Divine Providence, mais de la façon dont on peut concrètement s'abandonner et lâcher prise. Comment pouvons-nous, vous et moi, atteindre cet état merveilleux et y demeurer ?

Il n'est pas facile de décrire ce que signifie *lâcher prise*. Mais nous savons tous comment nous le ressentons : c'est la fin de la lutte, l'abdication (momentanée) de toutes nos résistances, le calme très spécial qui suit la tempête des efforts devenus futiles, la détente que nous savourons lorsque *quelque chose lâche* finalement, après une longue période de tension et d'angoisse croissantes, et que nous cessons de combattre.

Ce brusque changement, ou plutôt renversement, d'humeur est merveilleusement illustré dans l'ouverture des *Francs Juges*, de Berlioz. Cette œuvre célèbre est la mise en scène musicale de l'histoire d'un prisonnier menacé de la peine capitale par un tribunal secret du Moyen Âge. Comme il essaie de se défendre, fou de désespoir et de terreur, la musique devient de plus en plus violente et forte, de plus en plus frénétique. Puis soudain, réalisant que son destin est scellé, il abandonne tout espoir et se soumet à la sentence de mort avec un calme total, et la musique qui exprimait sa lutte désespérée se transforme en l'un des thèmes les plus sereins du monde, un mouvement plein de grâce et même de bonheur (Berlioz a emprunté ce thème à un chant populaire russe, un thème connu, et même ancestral, qui apparaît souvent dans les contextes les plus inattendus, comme par exemple dans la chanson jadis célèbre *Now the Carnival is Over*, qui exprime la résignation d'un amant, sinon son abandon à la Divine Providence).

Cet exemple montre bien que l'abandon de soi, le lâcher-prise, ne peut exister sans son contraire. Le *renoncement* est inséparable de la *lutte*, de même que le *haut* est inséparable du *bas* et la *gauche* de la *droite*. On ne peut lâcher que quelque chose à quoi l'on s'accrochait.

Il s'ensuit que l'attitude d'abandon ne peut être permanente : pour exister, elle doit forcément alterner avec son contraire, la résistance. Il n'est pas dans sa nature d'être stable. Tout le monde le sait. Nous luttons sans cesse contre la volonté de Dieu telle qu'elle se manifeste dans les circonstances de notre vie. Nous avons parfois la grâce de nous y soumettre – pendant quelque temps –, puis le processus infernal recommence. L'attitude d'abandon peut survenir, mais hélas !, ce qui vient s'en va. Comme toutes les pensées et toutes les émotions (aussi profondes, illuminées ou même divines soient-elles), elle est impermanente. Étant une chose spécifique pourvue de caractéristiques précises, non seulement elle implique et appelle son contraire, mais elle tend toujours à se fondre en lui.

Ces faits indéniables, mais que l'on néglige, limitent évidemment la possibilité de *cultiver* l'attitude d'abandon, que ce soit par la lecture, la réflexion, le contrôle de l'émotion, toutes sortes de disciplines et pratiques religieuses ou tout autre moyen. Le problème, avec cette expérience extrêmement souhaitable, c'est qu'elle est toujours fluctuante, qu'elle nous échappe et a tendance à être le moins accessible quand nous en avons le plus besoin. Qui peut ressentir quoi que ce soit sur commande ? Dans ce cas, vouloir provoquer délibérément ce qui doit venir naturellement (pour peu que cela vienne) est particulièrement contraire au but recherché : poursuivre l'immobile, essayer de ne pas essayer, s'accrocher au lâcher-prise, s'efforcer de se détendre, tout cela n'est-il pas tout à fait ridicule ? Plus vite nous renoncerons à ces efforts absurdes pour renoncer, mieux cela vaudra.

N'y a-t-il donc rien que nous puissions faire pour résoudre ce problème ? Devons-nous continuer à laisser notre vie dominée ou même déchirée par ces variations d'humeur allant de la révolte contre la nature des choses à l'acceptation sans réserve (ou peu enthousiaste) de tout (et même le pire) ?

Non. Car si la méthode *directe* pour essayer de contrôler nos émotions se révèle contre-productive, il existe une méthode *indirecte* plus prometteuse. Le problème peut être résolu, et de façon absolue, mais absolument pas à son propre niveau ni dans ses propres termes. La solution, c'est l'ATTENTION.

L'attention au lieu de l'intention. Prêter attention à CE qui est au lieu de s'efforcer d'obtenir ce qui devrait être. Observer attentivement comment les choses sont déjà, sans essayer de les améliorer. Le fait est que l'attention totale est l'abandon, et l'abandon total *est* l'attention.

Attention à quoi, précisément ? À ce qui vous est donné exactement là où vous êtes, en cet instant, sans se préoccuper d'autres lieux ou d'autres temps. Mais se contenter de lire ces propos sur l'attention ne sert à rien. Pour comprendre ce que je veux dire, cher lecteur, regardez maintenant CE QUI enregistre cette ligne de caractères, Celui qui voit, Celui qui lit – si tant est qu'il existe. N'est-ce pas un fait que là où vous êtes il n'y a aucune chose, rien que l'espace qui accueille la scène – deux mains qui tiennent un livre ouvert, entourées de formes floues, colorées ? N'est-ce pas un fait que là où vous êtes il n'y a rien que cette Conscience ou capacité immaculée qui, n'ayant elle-même ni odeur, ni saveur, ni son, ni couleur, ni opacité, ni mouvement, est parfaitement apte à enregistrer tout cela, et bien plus encore ? Comme vous êtes hospitalier !

Cette vision intérieure, cette attention à CE QUE l'on est toujours, cette découverte de CE QUI est au-delà de toute amélioration ou détérioration (parce qu'il n'y a rien ici qui puisse changer ou être changé) – *cela seul est abandon total.* C'est le renoncement à tout attribut et toute fonction que l'on avait revendiqués, la fin de toute prétention à être quoi que ce soit. Pas un atome de matière, pas le moindre sentiment, pas l'ombre d'une pensée ne peuvent survivre dans l'atmosphère raréfiée du Centre. Il ne reste ici que l'attention, la pure conscience de la conscience sans contenu ni qualification, et ceci est immuable. C'est l'abandon même, y compris l'abandon du temps et du changement. On ne réalise pas cet abandon, on *l'est,* éternellement.

Cependant, cette vision intérieure ne met pas un terme au défilé des émotions et des pensées avec leurs éternelles fluctuations, leurs contradictions inhérentes, et on ne peut pas non plus compter sur elle pour les rectifier. Peut-être émotions et pensées vont-elles s'ordonner dans une certaine mesure, peut-être l'attitude d'abandon va-t-elle se développer rapidement dès lors que l'on fait consciemment l'expérience de toutes les émotions à partir de leur source exempte de tout problème, ici même. Néanmoins, dans leur propre sphère elles demeurent essentiellement problématiques : leur nature même veut qu'elles soient incomplètes, partiellement fausses et en conflit les unes avec les autres. La *vision de* CE QUE *l'on est* n'améliore pas cette scène (pensées, sentiments, comportements), mais elle la situe, et cela change tout. Tout ceci se passe là dehors, fait partie du monde. Je découvre que ce que j'avais l'habitude d'appeler *mes pensées, mes émotions*, s'applique en fait à des choses là dehors, et non à Moi, ici. L'univers déborde autant de tristesse et de joie, de laideur et de beauté, de luttes et de renoncements – et de tous les contraires – qu'il déborde de couleurs, de formes et de mouvement. Tout ceci est éclairé par la Lumière qui est ici, la Lumière qui est elle-même libre de tout ce qu'elle éclaire. Vous êtes cette Lumière.

Mais vous pouvez objecter que cette *vision de* QUI *et* CE QUE *vous êtes vraiment* ne dure pas, qu'elle va et vient tout comme le sentiment d'abandon, et qu'il est peut-être tout aussi difficile d'y parvenir et de la maintenir.

Eh bien, essayez et vous verrez que, contrairement au sentiment, la vision est toujours accessible. Vous pouvez voir parfaitement CE QUE et QUI vous êtes vraiment, quelles que soient votre occupation ou les circonstances ou votre humeur. Rien n'est plus facile ni plus naturel. Et elle n'est pas non plus intermittente, à proprement parler. Elle est hors du temps, dans la mesure où elle consiste à plonger son regard dans ce Lieu où rien, absolument rien – ni le lieu ni le temps – ne survit. Ceci n'est pas une théorie à méditer, mais un fait à vérifier. Regardez de nouveau, voyez la vacuité que vous êtes et vous découvrirez que ce n'est pas quelque chose qui commence à telle ou telle heure et se termine quelques secondes, quelques minutes ou quelques heures plus tard. Vous verrez sans aucun doute que cette expérience ne peut être séparée des autres « occasions de voir », et qu'il ne peut y avoir d'intervalle entre elles. Comme le décrivait un maître zen : « Plonger son regard dans la vacuité, c'est la vraie vision, la vision *éternelle.* »

Là où il n'y a pas de temps, il n'y a ni volonté, ni intention, ni choix : tous trois sont le produit du temps. Paradoxalement, le véritable abandon à la Volonté divine ne signifie pas abandonner uniquement sa propre volonté, mais toute volonté, et demeurer dans la perfection de *ce qui est.* La seule façon d'atteindre le lieu de non-désir est de fixer votre attention sur lui et de voir que vous n'avez jamais été nulle part ailleurs. Exactement ICI, à zéro centimètre de vous-même, au centre de votre univers, se trouve le Dieu qui est le centre immobile au cœur de la tempête.

> Nous avions coutume de prier :
> « Seigneur, que Ta volonté soit faite. »
> Et voyez ! Il n'a pas de volonté
> Il est l'immobilité même.

Voici ce qu'écrivait Angelus Silesius, le Pèlerin chérubinique.

Mais alors, que penser du cri du cœur de Dante : « Sa volonté est notre paix » ?

Il faut examiner une fois encore notre Demeure et voir qu'elle est vide de tout contenu propre – en particulier de toute volonté ou intention – et, en même temps, pleine de la scène, du monde tel qu'il est donné en ce moment – y compris les émotions et les pensées qui le colorent et l'animent. Selon votre propre expérience dans l'instant présent, en tant que la Source sans volonté, n'est-ce pas un fait que votre volonté est parfaitement exprimée dans ce qui coule maintenant de cette Source, de sorte que tout ce qui se présente est parfaitement acceptable tel que c'est ? Est-il possible de voir QUI vous êtes sans avaliser les choses telles qu'elles sont ? Pouvez-vous vous abandonner vraiment autrement qu'en tombant dans les bras de Celui qui est infiniment plus vous que vous-même ? Celui qui n'a pas de volonté en Lui-même, mais est responsable de tout dans le monde ? Voir que vous n'êtes pas dans le monde, mais qu'au contraire le monde est en vous, c'est être plus que réconcilié avec toutes formes de manifestation.

Voyez d'abord CE QUE et QUI vous êtes vraiment, établissez votre véritable identité, et voyez ensuite si vous avez la moindre raison de vous plaindre.

13

Six esquisses pour un portrait

La Tathagata divise son propre corps en d'innombrables corps, et intègre également des corps innombrables dans un seul corps. Tantôt elle devient villes, villages, maisons [...]. Tantôt elle a un grand corps, tantôt un petit corps.

MAHAPARINIRVÂNA SÛTRA

Il se trouve que vous êtes, pour le moment, une chose ou une autre, une personne ou une autre. De plus, il se trouve que, si vous le souhaitez, vous êtes capable de découvrir ce que et qui ce quelque chose ou quelqu'un est. Si cela vous intéresse, vous pouvez le faire facilement, dès maintenant. Si cela vous semble difficile, c'est parce que vous ne voulez pas faire connaissance avec vous-même. Pas encore.

Il serait dommage de perdre une telle occasion : êtes-vous certain qu'elle se représentera ? Peut-être les sages ont-ils raison lorsqu'ils promettent des bienfaits infinis à quiconque prend vraiment conscience de soi. Dès que vous avez la hardiesse de vous regarder vous-même, affirment-ils, vous en êtes immédiatement récompensé. Le bon sens même suggère que, pour savoir comment vivre, il serait préférable de savoir qui vit. Et la simple curiosité ajoute que vous feriez peut-être mieux de jeter un rapide coup d'œil sur vous-même tant que c'est possible, au cas où vous rateriez quelque chose d'intéressant. Supposez que jusqu'à présent on vous ait trompé et qu'au lieu d'être ce que vous pensez être, vous soyez quelqu'un de tout à fait différent – en fait, le *contraire* même de tout ce que vous avez cru fermement ! Ne serait-ce pas une découverte fabuleuse ? Eh bien c'est précisément celle que je vous invite à faire dans la demi-heure qui suit. Et par la même occasion, je vous invite à réaliser que votre ignorance de vous-même, cet aveuglement étonnant à l'égard de ce que vous êtes, exactement là où vous êtes, cette dramatique erreur d'identité, est à l'origine de tous vos problèmes et soucis. La seule façon d'être en paix avec vous-même, c'est de vous connaître.

Je ne vous demande pas de croire tout cela sur parole, mais de le vérifier par vous-même, tout au long de ce chapitre.

Il existe de nombreuses versions possibles de votre identité, mais on peut les réduire à six :

1. Vous êtes ce que vous pensez être.
2. Vous êtes ce que les autres disent que vous êtes.
3. Vous êtes ce que les autres voient que vous êtes.
4. Vous êtes ce que vous sentez que vous êtes.
5. Vous êtes ce que vous voyez que vous êtes.
6. Vous êtes ce que les sages disent que vous êtes.

Examinons chacune de ces six propositions.

1. Vous êtes ce que vous pensez être

Vous pensez que vous êtes un être humain portant tel ou tel nom, masculin ou féminin, brun ou blond, célibataire ou marié, âgé de tant ou tant d'années, mesurant un mètre et tant de centimètres, pesant tant ou tant de kilos, ayant telle ou telle vocation, habitant à telle ou telle adresse, citoyen de tel ou tel pays. Vous pensez que la description faite de vous dans votre passeport, avec la photo d'un visage que personne d'autre n'a, n'a eu ou n'aura jamais, donne une assez bonne idée de vous. Vous croyez que vous êtes vraiment ainsi.

En fait, vous vous identifiez à ce qui vous distingue de tous les autres, à ce qui vous sépare d'eux. Vous ne tenez pas compte de ce qui vous unit à eux, des caractéristiques que vous partagez avec eux. Ils ne sont pas *vous*. Dans la mesure où cette idée de vous-même n'est pas équilibrée par d'autres points de vue, vous êtes solitaire, aliéné, et bien engagé sur la voie de l'enfer.

Mais d'où vous vient cette image que vous avez de vous-même ? Des autres, de la rumeur publique. Ce sont eux qui vous l'ont insufflée au cours des années. Rien d'étonnant à cela : tous ceux qui vous entourent ne cessent de la confirmer, et dans la société humaine presque tout la renforce.

2. Vous êtes ce que les autres disent que vous êtes

Votre passeport est destiné à les informer eux, pas vous. De toute évidence, pour eux, ces informations sont la vérité, et ils s'attendent à ce qu'elles le soient également pour vous. S'il vous arrivait de perdre la mémoire et d'oublier complètement qui vous êtes, ils ne seraient que trop heureux de vous le rappeler. En fait, vos parents, vos frères et sœurs, vos professeurs, vos camarades d'école, vos collègues, vos amis comme vos ennemis, tous se sont donné le mot pour vous mettre et vous maintenir à votre place et vous empêcher de vous élever au-dessus. Faisant abstraction de la certitude que vous avez d'être unique et particulièrement important, ils n'ont cessé de vous rappeler vos limites humaines et personnelles. Le rôle de la société est de vous montrer, de force si nécessaire, que vous n'êtes qu'un être humain parmi des millions d'autres et devez vous comporter en conséquence. Ainsi, vous avez découvert ce que les autres pensent de vous et avez fini par vous voir comme ils vous voient.

Non pas que cela soit mauvais. C'est une étape nécessaire dans votre évolution. C'est aussi le socle de notre vie collective sur lequel est bâtie la société, avec ses merveilleux cadeaux. Il y a beaucoup à dire en sa faveur – sauf que c'est une absurdité. Une absurdité pratique et nécessaire, mais une absurdité. Cela non plus n'est pas mauvais, pourvu que, tant que vous en avez encore l'occasion, vous preniez cette absurdité pour ce qu'elle vaut, c'est-à-dire le contraire même de la vérité sur ce que vous êtes. Mieux vaut ne pas être la victime de cette escroquerie toute votre vie.

3. Vous êtes ce que les autres voient que vous êtes

En fait, si vous insistez assez, même ces autres personnes (ou du moins les plus honnêtes et les plus observatrices d'entre elles) devront admettre qu'elles se sont trompées sur vous. Si vous leur demandez, non pas ce qu'elles pensent de vous, mais ce qu'elles découvrent réellement en vous observant, elles seront obligées de vous raconter une tout autre histoire, plus vraie et plus scientifique.

Quelle est votre apparence ? Est-ce l'homme ou la femme qui apparaît sur la photo de votre passeport ? C'est faux pour trois raisons. D'abord, ce n'est pas ce que vous êtes là où vous êtes, mais ce que vous paraissez être à une distance d'un mètre ou plus, en un tout autre lieu. Ensuite, c'est ce que vous paraissez être vu sous un angle particulier et dans des conditions spéciales, par exemple la qualité de l'éclairage : or il y a une quantité innombrable de conditions et d'angles possibles. Enfin, c'est ce que vous paraissez être à une distance précise à l'aide d'instruments particuliers : or il y a de nombreux instruments, et une quantité innombrable de distances possibles. Si vous êtes tant soit peu ce que vous paraissez être, alors vous êtes ce que vous paraissez être à tous les observateurs possibles, quel que soit leur équipement optique ou électronique.

En réalité, la science rejette catégoriquement le point de vue selon lequel vous seriez uniquement l'être humain que vous semblez être à un ou plusieurs mètres de distance. Elle préfère un examen plus minuticux. Elle tient absolument à observer les choses en profondeur et à aller jusqu'au bout de ses investigations. En s'approchant de vous, l'observateur découvre que vous êtes en fait un assemblage d'organes et de membres, chacun étant un ensemble de minuscules créatures vivantes appelées cellules, chacune de ces cellules étant en réalité un ensemble de choses non vivantes appelées molécules, dont chacune est un ensemble de choses virtuellement vides appelées atomes... ainsi de suite à travers les particules et les quarks jusqu'au point de contact où vous disparaissez complètement. Il s'avère que vous-même, qui êtes au centre et à la source de toutes vos apparences périphériques que perçoivent les autres, vous êtes absent, une NON-CHOSE. Cette vacuité est ce que vous êtes vraiment là où vous êtes. Toutes les autres images de vous étaient simplement ce que vous paraissiez être à un moment donné, vu d'ailleurs.

La science est amenée à vous observer d'encore plus près, afin de découvrir la vérité sur votre nature essentielle. Mais elle est également amenée à partir dans la direction opposée, pour vous observer de beaucoup plus loin, afin d'obtenir de vous une vision globale. Autrement dit, elle reconnaît que vous, en tant qu'être humain, êtes un fragment insignifiant et totalement inexplicable tant que votre monde – *le* monde – n'est pas pris en considération. En un sens, vous *êtes* tout ce qui vous permet d'exister. Vous êtes ce qui fait que vous êtes ce que vous êtes. Pour être vous-même, vous devez être beaucoup plus que vous-même. Votre constitution physique et chimique, votre anatomie et votre physiologie, votre comportement et votre mental, tous ces éléments n'ont aucun sens pris séparément. Ils ne commencent à en avoir que lorsque tout le reste – votre famille, votre banlieue, votre ville, votre pays, la Terre vivante, le système solaire, notre galaxie, l'univers même – est pris en compte. Coupé de tout cela, coupé de votre *corps total*, vous n'êtes ni humain ni vivant : vous n'existez pas. Vous n'êtes vous que lorsque vous êtes entier, et lorsque vous êtes entier vous êtes le TOUT.

Pour confirmer tout cela, il nous suffit de voir comment vous apparaissez vu à partir de distances de plus en plus grandes. En maintenant notre regard fixé sur le lieu que vous semblez occuper, nous voyons que l'apparence humaine se transforme en maison, puis en banlieue, ville, pays, planète, système solaire, galaxie, univers. Exactement comme le démontre la science.

C'est l'autre pôle de votre être. En nous approchant de très près, nous avons découvert qu'au bout du compte vous êtes RIEN. Et en nous éloignant de vous, nous découvrons que finalement vous êtes TOUT. Il y a certainement quelque chose de très spécial dans votre identité humaine à mi-chemin. Mais prise séparément, elle se retrouve entre deux chaises. Elle n'est ni assez proche ni assez éloignée pour révéler votre véritable nature. Située exactement au milieu, elle est aussi loin que possible de la réalité bipolaire que vous êtes.

À ce stade, vous pouvez objecter que ces impressions extérieures sont fort intéressantes, mais que ce que vous êtes réellement, c'est ce que vous sentez que vous êtes, sans vous soucier de l'apparence que vous avez pour les autres. Bien. Mais y a-t-il une contradiction sérieuse entre les deux, entre l'histoire extérieure de ce que vous paraissez être et l'histoire intérieure de ce que vous sentez que vous êtes ?

4. Vous êtes ce que vous sentez que vous êtes

La façon dont vous vous ressentez dépend de ce que vous faites. Infiniment élastique, vous êtes aussi grand ou aussi petit que les circonstances l'exigent. Une expérience sensuelle intense est relative à tel ou tel organe plutôt qu'à l'organisme tout entier. Vous êtes réduit à une partie d'être humain saturée de plaisir ou de douleur. En revanche, lancé sur l'autoroute, vous n'êtes pas rétréci mais élargi : vous n'êtes pas un homme ou une femme assis dans une machine qui fonce à cent trente à l'heure, vous avez la dimension et le poids de la machine, et c'est vous, en fait, qui vous déplacez à cette vitesse, vous en avez la sensation, et c'est ainsi que la loi l'entend ; vous l'exprimez dans votre façon de parler, et voilà pourquoi toute votre personnalité change lorsque vous êtes au volant. Vous vous prolongez jusqu'à vos pare-chocs, vos rétroviseurs et les traces de vos pneus sur la route ; vous mesurez un mètre quatre-vingts de large, quatre mètres de long, vous êtes dur, brillant, beau, très puissant et dangereux, très impatient et critique des autres voitures, vous n'aimez pas que l'on vous dépasse et vous êtes furieux si votre peinture est éraflée. Il en est de même lorsque vous vous trouvez en avion ou en bateau. Avec l'équipement adéquat vous vous êtes élargi, vous avez développé le corps qui convient à votre environnement du moment et à la fonction que vous y remplissez. Et vous vous sentez tellement à l'aise dans chaque nouveau corps que vous ne le remarquez même pas.

D'autre part, lorsque vous lisez dans votre journal le dernier reportage sur *leurs* menaces et *leurs* agressions, vous pensez pour, haïssez pour et tremblez pour *nous*. Vous vous identifiez avec, vous devenez *nous*. Et *nous*, cela peut être une famille, une classe sociale, une nation, une race, un bloc de puissances, une planète...

Et peut-être savourez-vous de temps à autre des moments d'expansion vraiment infinie, où votre cœur déborde d'amour pour tous les êtres et toutes les choses, où vous ouvrez si grand les bras qu'ils embrassent le monde entier, et qu'il ne reste pas un grain de poussière qui ne soit vous éternellement. Alors vous êtes enfin vous-même, dans votre entièreté. Ce n'est pas que vous ayez *l'impression* d'être le Tout, vous *êtes* le Tout. Absolument. Car seul le Tout peut ressentir le Tout.

Ces moments extraordinaires ne sont pas accessibles à volonté. S'ils se produisent, c'est une grâce, et ils arrivent sans tambour ni trompette. Le sentiment opposé à cette exaltation suprême est beaucoup plus familier : le sentiment de rétrécissement ou de nullité, l'état de dépression jusqu'à l'annihilation. Vous avez l'impression de ne rien avoir, de ne rien savoir, de n'être capable de rien faire, de n'être rien. Ce qu'il y a de remarquable dans cet état, lorsqu'il est vraiment poussé à l'extrême, c'est qu'il n'est pas malheureux. C'est plutôt un sentiment d'abandon total et de paix profonde. Car si vous n'êtes RIEN, rien ne peut vous troubler ni vous faire mal. De plus, il ne reste rien qui puisse vous séparer de qui que ce soit ou de quoi que ce soit. Toutes vos résistances sont tombées, vous êtes prêt à être envahi et remplacé par votre Source.

Et si vous vous demandez si ces expériences – en particulier celles de vacuité absolue et d'union absolue avec le Tout – sont des preuves sérieuses de qui vous êtes, vous pouvez facilement le vérifier en vous regardant, pour vous-même. En regardant pour voir.

5. Vous êtes ce que vous voyez que vous êtes

Peut-être allez-vous objecter que vous êtes mal placé pour vous voir vous-même, que vous vous faites de l'ombre parce que vous êtes trop proche. En fait, c'est tout le contraire. Vous seul êtes en position de voir et de dire comment c'est là où vous êtes, en ce lieu que vous occupez en ce moment même. Tous les autres observateurs sont extérieurs, loin du Centre, occupés ailleurs, et ils ne sont donc absolument pas compétents pour vous décrire tel que vous êtes réellement au Centre, exactement là où vous êtes. Il s'agit de ce lieu unique dans tout l'univers, ce lieu très spécial, avec son habitant unique et très spécial que vous, et vous seul, êtes en mesure d'observer. À quoi ressemble-t-il en ce moment même ? Comment vous voyez-vous sur l'évidence de l'instant présent ? Voyez-vous la tête et les épaules qui figurent sur votre passeport ? Sinon, voyez-vous leur contenu : os, cervelle, muscles, sang ? Sinon, voyez-vous les cellules, les molécules, les atomes ou les particules ? N'est-ce pas un fait – le fait le plus évident, le plus important et le plus négligé de tous en ce qui vous concerne – que vous voyez *l'absence* de toutes ces choses, le vide absolu de l'endroit que vous occupez ?

Comment peut-on voir une *absence ?* Très facilement. Aussi facilement que vous voyez l'absence du steak frites sur votre assiette quand vous avez fini de les manger. De la même façon, sinon plus clairement encore, vous pouvez voir que ce qui figure sur la photo de votre passeport est totalement absent de ce lieu où vous aviez imaginé que c'était. À sa place, il y a deux pages de ce livre, deux pouces avec une partie de leurs mains, et peut-être des morceaux de genoux, de chaussures et de tapis. Ou encore une fenêtre encadrant de l'herbe, des arbres, des nuages, du soleil et du ciel bleu... ou quoi que ce soit d'autre.

Bref, vous voyez que vous êtes cette merveilleuse NON-CHOSE qui est espace d'accueil pour toutes choses. C'est d'une évidence éclatante, vous le voyez avec la plus grande clarté – il n'y a pas d'autre façon de le voir – et vous êtes parfaitement éclairé sur votre propre nature. Autrement dit, vous êtes *illuminé.* Vous n'êtes plus dans la nuit noire de l'ignorance à propos de votre identité : voilà ce que nous disent les grands maîtres spirituels.

6. Vous êtes ce que les sages disent que vous êtes

Les sages disent que vous êtes totalement différent de ce que vous pensez et de ce que les autres pensent, que l'idée incroyablement fausse que vous vous faites de vous-même est le bandeau qui vous aveugle et vous rend malheureux.

Ils affirment que le moyen le plus direct de dissiper cette illusion est d'inverser la flèche de votre attention pour regarder à l'intérieur de vous-même et voir ce que vous découvrez ; et que dès que vous ferez cela, vous verrez, brusquement, facilement et parfaitement, que vous êtes vide, sans forme, la vacuité même.

Ils disent que dès que vous verrez votre vacuité, vous verrez son contenu, et que les deux ne font qu'un. Étant libéré du monde, vous êtes le monde. N'étant plus impliqué fondamentalement, vous voyez enfin le monde dans toute sa splendeur. Désormais, il vous apparaîtra clairement que la vision et l'audition ne sont ni des fonctions ni des yeux, ni des oreilles ni un cerveau (que vous n'avez pas), mais du vide qui les remplace. Ainsi vacant, vous *devenez* ce que vous voyez et entendez. Vous ne le détectez pas. Vous n'avez rien avec quoi le détecter. Voyant cela, vous êtes illuminé, ce qui signifie que vous ne vous laissez plus tromper par l'illusion d'être un corps humain, ou quelque autre chose ou substance que ce soit.

Ils disent que la vision de CE QUE et QUI vous êtes vous donne accès à la paix absolue, à la béatitude divine, à la vie éternelle, au détachement total, à la nature de Bouddha ou Nature divine, à la libération, au nirvâna, et que vous perdez cela lorsque vous cessez de voir votre véritable nature.

Ils disent – et je dis – que tout ce dont vous avez vraiment besoin, c'est d'un mélange de curiosité et d'honnêteté grâce auquel vous verrez ce que c'est qu'être vous.

Conclusion

Selon notre première version de votre identité, vous êtes ce qui vous distingue de tous les autres, ce qui vous sépare d'eux. Selon notre sixième et dernière version, vous êtes ce qui vous unit à tous les autres, ce qui vous rend indifférenciable des autres. Prises séparément, l'une et l'autre sont votre mort. Ensemble, elles sont votre vie éternelle. Les versions intermédiaires – 2 à 5 – étoffent agréablement cette vie.

14

À l'image de Dieu

Un petit garçon dessinait, avec un soin et une attention inhabituels. « Que dessines-tu ? demanda sa mère.
– Dieu, répondit-il.
– Tu ne peux pas dessiner Dieu. Personne ne sait à quoi Il ressemble.
– Tout le monde le saura quand j'aurai terminé », dit-il avec assurance.

Il prenait Dieu au sérieux. Moi aussi. C'est pourquoi moi aussi j'ai fait de nombreux portraits de Lui. Voici le plus récent. C'est également un portrait de vous et de moi, qui sommes faits à son image.

Je vous prie d'examiner soigneusement ce dessin, en dirigeant votre regard de haut en bas. Vous verrez qu'il montre la relation entre le monde physique aux multiples niveaux, le genre humain, l'être humain que vous voyez dans votre miroir, la Conscience qui inclut tout et dont le nom est JE SUIS, et l'abîme de l'Inconscience d'où elle surgit, miraculeusement autocréée.

Où me situer dans ce tableau ?

Je me trouve installé en permanence au milieu d'un univers en forme d'oignon (ou plutôt de demi-oignon), au cœur de ses nombreuses couches ou pelures. De cette position, en regardant *vers le haut* je découvre que les couches les plus extérieures sont occupées, tour à tour, par des corps célestes tels que les galaxies, les étoiles et les planètes, y compris le Soleil et la Lune. En regardant *en face de moi*, je vois que les couches médianes sont occupées, tour à tour, par des corps terrestres tels que les nuages, les montagnes, les collines, les arbres et les maisons (qui ne figurent pas sur notre dessin), et aussi par les humains, y compris celui dans mon miroir que j'identifie comme étant Douglas Harding. Il est là parmi d'autres humains, dans le même sens qu'eux, et, comme eux, il a une tête avec deux yeux. En regardant *vers le bas*, je découvre que les couches les plus proches sont occupées, tour à tour, par mes pieds, mes jambes écourtées et mon torse également tronqué, et que le tableau se termine à ma ligne de base, cette frontière floue mais parfaitement visible, tracée au travers de ma poitrine entre mes deux bras étendus grands ouverts. Aucune trace du cou et de la tête qu'on m'a dit que j'avais ici. Quand j'ai l'humilité de m'incliner, au sens physique comme au sens moral, devant l'évidence – devant ce qui est donné là en haut, là en face et là en bas à celui qui, ici, au bout du monde, n'a pas de tête – voilà ce que je vois. Je ferais mieux d'en tenir compte.

On ne peut rejeter cet autoportrait sous prétexte qu'il est naïf et qu'il s'agit d'une illusion subjective. Non. Car c'est bel et bien la façon dont un observateur objectif me perçoit essentiellement lorsqu'il s'approche de moi en traversant toutes les couches de mes apparences jusqu'à leur origine, la Réalité qui est en leur centre. Démarrant à des années lumière de distance, il arrive à des endroits où j'ai tour à tour une apparence astronomique, géographique, humaine, puis cellulaire, moléculaire et ainsi de suite jusqu'à ce que finalement, à l'arrivée, il découvre ce que moi je vois ici, c'est-à-dire le vide. Et s'il se retourne pour regarder vers l'extérieur avec moi au lieu de me regarder moi, à nouveau il découvre ce que moi je vois : le vide est plein à ras bord de ce panorama aux multiples niveaux, et de plus conscient d'être lui-même NON-CHOSE et TOUTES CHOSES.

Dans notre enfance, le panorama est vaste, très vaste. Mais plus nous vieillissons, plus l'angle de notre vision se rétrécit, n'atteignant parfois plus que cinq degrés. Notre vision est alors si étroite que nous finissons par ignorer à peu près les objets qui, de part et d'autre des cinq degrés, apparaissent de plus en plus flous. Nous devenons abominablement exclusifs, égocentriques, étroits de cœur et d'esprit, enfermés. Nous devenons malades.

Voici mon remède, que je vous invite à essayer et à adopter – mais, je vous en prie, participez activement, ne vous contentez pas de lire. J'étends les bras devant moi au niveau des épaules pour limiter ce tunnel à cinq degrés. Ensuite, avec la plus grande attention et en maintenant mon regard fixé droit devant moi, j'élargis lentement cet angle jusqu'à ce que mes bras disparaissent presque entièrement. Jouissant à présent d'une vision à cent soixante degrés, j'accueille et assume tout mon monde tel qu'il se présente en cet instant. Immédiatement je fais l'expérience d'une expansion, je m'élargis prodigieusement. Ce qui est étonnant et rend cette explosion, cet épanouissement cosmique si réels et si nouveaux, c'est qu'au bout de mes bras grands ouverts, pour moi, mes mains sont aussi éloignées l'une de l'autre que l'est de l'ouest. Non que je les imagine ainsi : elles se présentent ainsi. Visiblement et réellement, j'accueille le monde à bras ouverts, je l'embrasse réellement. C'est mon monde, il ne m'est plus étranger. Dans la mesure où je continue à voir clairement et régulièrement l'envergure immense de mes bras et l'immensité de ce qu'ils peuvent contenir, la compréhension et le sentiment correspondants vont naturellement s'ensuivre, et je vais accepter de plus en plus sincèrement les choses telles qu'elles sont. Finie la vie à cinq degrés ! Je commence à vivre une vie à cent soixante degrés. Moi qui disais « non, merci ! » ou « défense d'entrer ! » à presque tout ce qui m'était donné, je commence à dire : « Oui ! » et « Entrez donc, je n'ai rien ici pour vous barrer l'accès ! » En fait, je suis bien engagé sur la voie qui mène à l'amour du monde sans réserve.

Mais je ne suis pas encore entier, complet. Je ne serai comblé – et ma guérison ne sera achevée – que lorsque j'accueillerai et assumerai les deux cents degrés situés au-dessous de ma ligne de base, et que je serai consciemment circulaire, vivant une vie à trois cent soixante degrés autour de mon vrai Centre. En pratique, cela signifie qu'à chaque instant je dois maintenir la flèche de mon attention tournée simultanément vers l'intérieur et vers l'extérieur. Cela veut dire que je dois cesser d'ignorer ce à partir de quoi je regarde, c'est-à-dire l'abîme, le mystère, la source inconnaissable mais absolument réelle d'où jaillissent continuellement, généreusement et sans raison, la conscience et ses objets. Alors, enfin, je me sens bien.

Telles sont les conséquences de la mutation qui consiste à passer de mon faux centre là-bas, dans l'homme du miroir, à mon vrai Centre ici même, là où JE SUIS. Dans la mesure où je cesse de m'identifier à ce personnage qui a une tête, deux yeux et *se tient debout de façon normale*, avec ses petits bras qui embrassent son petit monde, je parviens à m'identifier à celui qui n'a pas de tête mais un œil unique, et *se tient à l'envers*, avec ses grands bras qui embrassent son monde immense. Le premier est ce que je parais être en tant que troisième personne, ce que je parais être pour les autres qui me regardent de là-bas, à une certaine distance – la façon dont eux et leurs appareils photo me reçoivent. Le dernier est ce que JE SUIS, en tant que première personne : ce que JE SUIS pour moi-même, ici et maintenant. C'est CELUI qui est mon origine, ma Réalité.

Notre dessin fait ressortir les divergences capitales et multiples entre ces deux versions de moi-même. Il montre comment chacune est à l'inverse de l'autre. En particulier, il met en évidence le contraste entre leurs jugements de valeur.

La main droite de celui qui est là-bas dans le miroir contient les valeurs positives (droite, du latin *dexter* = juste), mais elle correspond à la main gauche de celui qui est ici (gauche, en latin *sinister* = sinistre) qui contient les valeurs négatives. Autrement dit, ce qui est « bon » pour le premier est « mauvais » pour ce dernier, et vice versa. Par exemple, le petit dans le miroir prise hautement le pouvoir sur les autres, le succès à leurs dépens, l'accumulation de possessions, le savoir qui crucifie le mystère, et le prétendu amour qui impose des conditions et a des exigences. Alors que pour CELUI que je suis vraiment, ici, c'est le contraire de tout cela qui a de la valeur. Notre dessin montre parfaitement comment le petit dans le miroir tourne le dos au monde et à ses problèmes (« J'en ai largement assez moi-même, merci bien »), alors que celui qui est ici, incapable de lui tourner le dos, doit lui faire face et l'embrasser tout entier. La commutation physique de celui qui est périphérique à celui qui est au Centre devient une commutation morale.

Alors, où et comment Dieu cadre-t-Il dans ce tableau ? Sa place est au Centre, évidemment. Aucune autre place ne ferait l'affaire. Aucune autre place n'est assez importante ni – sur l'évidence présente – assez vaste et claire. Si le moindre doute subsiste, les sages du monde confirment que, bien qu'Il soit plus proche que proche et que sa Demeure soit au cœur de mon cœur, en dernier ressort il n'y a rien que Lui. Il *est* le tableau.

Pendant des années et des années, je me suis démené pour accomplir quelque chose d'absurde et de terriblement décevant. Victime d'une hallucination effrénée, j'ai pris celui que je vois là-bas dans mon miroir, celui dont le visage l'identifie comme étant Douglas Harding, simplement un être humain au milieu des milliards d'autres, et je l'ai retourné et amené ici et installé sur le trône de Dieu. En faisant de lui le centre du monde, je cherchais désespérément à le déifier.

Mais ce n'était pas uniquement la folie et l'orgueil qui m'inspiraient ce désir insensé d'être Dieu à mon idée, au rabais. J'avais une raison. À un certain niveau, je savais que pour être sauvé je devais être Lui. À un niveau plus profond, je savais que pour être Lui, je devais payer un prix si élevé que je serais ruiné. Car Il est Celui dont l'amour est tel qu'en accueillant son monde Il prend sur Lui toute sa souffrance, sa culpabilité et ses ténèbres. Il est le Très-Haut qui descend au plus bas et, en se donnant totalement, sauve le monde de lui-même et gagne pour lui la joie sans mélange. La joie qui ne peut être gagnée d'aucune autre façon.

Nous pouvons voir cela sur notre dessin. Il donne une impression assez réaliste de ce qu'est la crucifixion au bout du monde, et de ce que perçoit le crucifié. Il nous rappelle ce que cela coûte d'être fait à l'image de Dieu, et cela nous donne à réfléchir. « Je suis crucifié avec le Christ, je vis, mais ce n'est plus moi, c'est Christ qui vit en moi », dit saint Paul. Qui je suis vraiment, ici même, n'est nul autre que Celui qui est l'amour même. Pas étonnant, dans ce cas, qu'il n'y ait pas de guérison possible pour mon angoisse personnelle tant que je ne l'ai pas assimilée à l'angoisse de son monde, que je prends sur moi également.

Comment tout cela fonctionne-t-il dans ma vie quotidienne ? Plus exactement, comment cela me permet-il de faire face aux gens antipathiques et hostiles ? Et au monde quand il semble noir, et même détestable ? Et à mon travail quand je me sens coincé, sans inspiration, las, plein de doutes ? Et à la douleur physique ?

Il n'y a qu'une seule réponse, toujours la même, à toutes ces questions. Je reconnais que je n'ai aucun moyen de résoudre le problème à son propre niveau, encore moins de m'élever au-dessus de lui. Je découvre que la seule solution est d'entrer plus profondément en moi-même. Descendre jusqu'au fond et au-delà. Descendre du bonhomme dans mon miroir sur qui je ne peux absolument pas compter et qui n'a aucune ressource, jusqu'à la ligne de base et au bout du monde, jusqu'à Celui qui est totalement digne de confiance, ici même où il n'y a rien qui puisse aller mal, où il n'y a que l'ouverture absolue. Et à travers Lui, descendre jusqu'au mystère absolu. Descendre du monde des choses à cent soixante degrés jusqu'à la NON-CHOSE à deux cents degrés qui est leur remède et leur aboutissement.

Non que je me *persuade* moi-même d'accomplir cette descente. Je *vois* le chemin qui me mène là où JE SUIS. Je vois mon Moi ici, j'aime mon Moi ici, et je suis Moi-même ici, en ce lieu que je n'ai jamais vraiment quitté. Et cela je le fais grâce à Celui qui voit, grâce à Celui qui aime et grâce à Celui qui est. Bref, je suis vraiment béni.

Dante avait raison : « La béatitude vient de la vision, non de l'amour. L'amour vient plus tard. » Cette *béatitude grâce à la vision* n'est pas un jargon religieux vague ou prétentieux. Elle pénètre au plus profond des régions les plus terrestres de ma vie. À la lumière de l'amour divin au Centre de moi, non seulement j'aime mieux tous ceux que j'aime, mais tout ce que je fais, je le fais mieux. Si vous voulez faire du bon travail, voyez QUI le fait. La vision béatifique est aussi pratique que cela.

Actuellement, les physiciens parlent d'espace courbe et non plus de force de gravitation. Plus un corps est gros, plus il courbe l'espace qui l'entoure. Ainsi par exemple, la planète Terre ne gravite pas autour du Soleil à cause de la force d'attraction de ce dernier, mais parce qu'elle se trouve dans l'espace planétaire courbe de cet énorme corps. Son comportement est déterminé par la distorsion du champ dans lequel elle se trouve, et non par une longe appelée gravitation.

Il est significatif que ce principe d'espace courbe corresponde parfaitement à notre carte de la « première personne du singulier ». Au centre de la carte se trouve le JE SUIS conscient de Lui-même en tant que la NON-CHOSE qui, abolissant toutes distances, contient et en réalité *est* TOUTES CHOSES. En tant que tel, Il est extrêmement massif, et impose donc une courbure adéquate à chacune des régions qui l'entourent – depuis la région toute proche des particules jusqu'à la plus éloignée, celle des galaxies. Le résultat, c'est notre nid de cercles concentriques, notre oignon ou mandala. Comme il est juste que la science, qui est en train de reconnaître le rôle capital de la conscience dans l'univers, commence (même par inadvertance) à tenir compte de la façon dont l'univers se présente en fait au savant lui-même – au savant en tant que première personne qui courbe l'espace, et jamais à la deuxième ou troisième personne qui, n'ayant pas ce pouvoir, est prise dans cette courbure !

Il n'existe pas de conscience en dehors de la première personne qui est toujours centrale et singulière, et jouit de la vision de l'Œil divin contemplant son univers, son image. Qui est aussi mon image.

Et la vôtre, évidemment, en tant que cette unique première personne dont le nom est JE SUIS.

15

Un Jésus pour notre temps

L'Évangile selon Thomas, perdu et redécouvert par hasard dans une grotte égyptienne en 1945, n'aurait pu apparaître à un moment plus opportun dans notre histoire, ni avec un message plus approprié à notre condition et nos besoins. Dans ce très ancien texte chrétien apocryphe, la voix vivante de Jésus nous arrive directement, court-circuitant tout ce que les hommes ont dit sur lui et fait en son nom. Elle nous parvient distinctement, bien au-dessus du charivari confus de deux millénaires de prétendu christianisme. Comme s'il avait planté lui-même cette bombe à retardement salutaire dans la grotte de Nag Hammadi, en la réglant soigneusement de manière à retarder l'explosion jusqu'à ce que le monde soit prêt à supporter le choc. Comme s'il avait su (étant si tragiquement en avance sur son temps) à quel moment un nombre suffisant d'hommes et de femmes tout à fait ordinaires (par opposition aux saints et sages hautement spécialisés et disciplinés) seraient enfin capables de partager sa vision de la Lumière, son expérience de ce qu'il appelle le Royaume.

Je ne puis mieux aborder ce chapitre qu'en citant quelques versets ou *logia* typiques de cet Évangile :

Que celui qui cherche ne cesse de chercher jusqu'à ce qu'il trouve. Et ayant trouvé, il sera déconcerté, et étant déconcerté, il sera émerveillé ! Et il régnera sur le Tout.

Vous examinez la face du ciel et de la terre, mais vous ne savez pas ce qu'il y a là où vous êtes. Et vous ignorez le moment présent.

Le vieil homme n'hésitera pas à demander à l'enfant de sept jours où est la vie, et il vivra.

Les cieux et la terre disparaîtront sous vos yeux, mais celui qui vit en L'UN ne connaîtra ni la mort ni la peur.

Beaucoup se tiennent devant la porte, mais c'est le Seul qui entre dans la chambre nuptiale.

Je suis la Lumière qui illumine tout. Je suis le Tout. De moi le Tout est sorti, et en moi le Tout est retourné. Fendez le bois et je suis là. Soulevez la pierre et vous me trouverez.

Celui qui connaît tout sauf lui-même manque de tout.

Nous venons de la Lumière, de là où la Lumière surgit d'elle-même.

Je me suis tenu au centre du monde et je leur suis apparu en chair et en os. Je les ai trouvés tous ivres. Je n'en ai trouvé aucun qui ait soif. Et mon âme a souffert pour les enfants des hommes, car leur cœur est aveugle, et ils ne voient pas qu'ils sont venus au monde vides.

Il y a une Lumière dans l'homme-Lumière et elle illumine le monde entier.

Ce cinquième Évangile est très différent des quatre Évangiles canoniques. C'est un recueil de paroles de

Jésus, dont certaines font écho à ce que l'on trouve dans les canoniques alors que d'autres sont spécifiques à Thomas. Il ne contient aucun miracle, aucune histoire fantastique, pas de marche sur l'eau, pas de résurrection des morts, pas d'immaculée conception, d'ascension au ciel ou de descente en enfer : rien qui puisse mettre notre crédulité à l'épreuve. Il s'agit certainement d'une compilation postérieure aux quatre autres évangiles. Néanmoins, certains érudits pensent que ses sources pourraient être antérieures à celles des canoniques, et qu'il nous offre ainsi ce que l'on pourrait appeler un Jésus démythifié. Quoi qu'il en soit, ce qui nous importe aujourd'hui, c'est la valeur et la vérité de ces paroles, non leur authenticité historique, ni qu'elles soient de Jésus, de ses disciples ou des interprètes.

L'Évangile commence par un avertissement, un défi et une promesse fabuleuse. Il nous avertit que ces paroles de Jésus ne sont pas faites seulement pour être lues. Il faut travailler sur elles. Ce n'est pas à la surface qu'on trouvera leur sens. Il faut creuser pour découvrir leur secret. Le défi consiste à persister dans cette recherche jusqu'à ce que le sens secret ne soit plus secret mais évident. Et le fruit de cette découverte n'est rien moins que la vie éternelle et la dignité royale.

Avec cet encouragement, mettons-nous immédiatement au travail. Si nous prenons la chose au sérieux, il se pose avant tout des questions pratiques sur la façon de procéder : où, comment, quoi. Où exactement devons-nous chercher cette bonne nouvelle, ce trésor des trésors ? Comment devons-nous le chercher, dans quel esprit exactement ? À quels signes allons-nous le reconnaître lorsque nous l'aurons trouvé ?

Fort heureusement, notre Évangile nous indique lui-même la marche à suivre. Il nous donne un gros trousseau de clés pour ouvrir le trésor.

Voyons d'abord *où* nous devons trouver la vérité qui sauve, le secret des secrets. La réponse ne laisse aucun doute. Le Royaume – le lieu de la vie, de la connaissance, du repos – n'est ni au-dessus, ni au-delà, ni au-dessous. Il est dedans. Il est exactement là où je suis en ce moment, plus proche de moi que moi-même et que toute autre chose. C'est la demeure que je n'ai jamais vraiment quittée, le Centre de ce qui est à la fois *mon* monde et *le* monde, toujours ici et jamais là-bas. Ce qui signifie évidemment que tous les livres – y compris celui que vous êtes en train de lire, et l'Évangile de Thomas lui-même – sont littéralement à côté de la plaque, à environ trente centimètres exactement. Là dehors, ils n'ont aucune valeur si ce n'est celle de nous renvoyer à leur lecteur, à ce qui est à zéro centimètre de lui-même ou d'elle-même. En réalité, Jésus vous dit de faire pivoter votre attention de cent quatre-vingts degrés et de regarder simultanément ce à partir de quoi vous regardez et ce que vous regardez. C'est aussi simple que cela, simple comme bonjour, pourvu que nous cessions de prétendre que c'est compliqué, difficile et réservé uniquement à des gens très spéciaux. Qui que vous soyez, et tel (le) que vous êtes, c'est ici, et ici seulement, que vous trouverez la perle, le trésor caché, l'immortalité, la dignité royale qui est la vôtre. Ici, au centre, vous êtes la clé, vous êtes le secret de ces paroles de Jésus.

Voyons ensuite *comment* nous devons chercher le trésor. De quelle façon et dans quel esprit devons-nous entreprendre ce grand travail (en réalité facile) si nous devons réussir ? À nouveau, notre texte est parfaitement clair. C'est avec une naïveté inspirée que nous devons entreprendre cette aventure, avec l'esprit direct et ouvert d'un enfant, et même d'un très jeune enfant. Le Royaume est invisible pour les adultes en tant que tels. Nous devons nous libérer de tout préjugé, être assez attentifs pour mettre de côté ce que nous croyons savoir, recommencer à regarder comme si nous ne l'avions jamais fait auparavant et faire confiance à ce que nous découvrons. Dans cette investigation, notre savoir, nos systèmes de croyance, nos formules religieuses, notre (prétendu) bon sens, notre inextricable enchevêtrement d'opinions... toutes ces choses sont autant de couches d'une cataracte qui nous rend aveugle à ce qui est parfaitement évident pour l'œil clair du jeune enfant. Autrement dit, ce que nous devons faire c'est ouvrir une boutique de troc et faire fortune en échangeant nos concepts contre des *percepts*.

Examinons enfin *ce que* nous cherchons exactement. Comment reconnaîtrons-nous ce Royaume quand nous arriverons à sa frontière ? Comment aurons-nous la certitude que c'est notre demeure ? Quels sont le climat et la topographie caractéristiques de cette Terre promise ? Quel signe nous indiquera que nous avons découvert le véritable secret de Thomas, et pas simplement une idée de ce qu'il est ? Eh bien, tout notre texte est semé d'indices – métaphores, comparaisons, descriptions – variés, révélateurs, et souvent très beaux. Notre cher pays, notre terre natale, est un lieu de paradoxe et de profond mystère, et pourtant son air est plus clair que la lumière du grand jour, plus vaste que le plus vaste des ciels. Selon Thomas, ce lieu est vide, et pourtant plein de Tout : vide pour accueillir tout ce qui peut se présenter, pourrait-on dire. C'est le lieu où les contraires – intérieur et extérieur, haut et bas, masculin et féminin, pour n'en citer que quelques-uns – se rejoignent et s'unissent en une seule et même réalité. C'est ici que l'on trouve l'UN, Celui qui n'est pas né d'une femme, qu'aucun œil ne voit, aucune oreille n'entend ou aucune main ne touche. Voici l'Être de tous les êtres, qui demeure lorsque tous les êtres meurent. Voici l'Immobile au sein duquel se produisent tous les mouvements. Voici la Lumière de l'homme-Lumière qui illumine le monde entier. Ainsi parle le Jésus de notre temps.

Désormais, nous savons donc, vous et moi, exactement *où* regarder, *comment* regarder et *que* chercher. Il ne nous reste plus qu'une seule chose à faire : REGARDER. Vous regardez votre Moi, je regarde mon Moi, comme pour la toute première fois. Oui, je vous en prie, faites cela maintenant, en ce moment, sans déposer ce livre. Ayez le courage de regarder le lieu que vous occupez et voyez s'il est vraiment occupé – bourré à craquer d'os, de chair et de sang – ou bien vide, comme le dit Jésus. Vide pour accueillir, en ce moment, ces mots imprimés. Pourquoi ne pas cesser d'être excentrique, déséquilibré, pour ne pas dire fou ? Pourquoi ne pas être là où vous seul êtes, et où vous êtes Seul, le seul découvreur, le seul connaisseur et le seul résident de ce Lieu des lieux ? Le Colomb solitaire de cet éternel Nouveau Monde, le Royaume intérieur, votre royaume ?

Jésus en a vu de toutes les couleurs. Ce n'était pas drôle d'être tellement en avance sur son temps. Comment nous racheter ? Je me souviens de deux vers d'un hymne que nous chantions quand nous étions petits :

Que pouvons-nous faire pour Jésus,
Qui est si noble, si bon et si grand ?

Eh bien, il y a une chose que nous, adultes, pouvons faire dès maintenant pour que son œuvre et son agonie n'aient pas été vaines, c'est ne pas simplement croire son enseignement de l'Évangile de Thomas, mais en faire l'expérience, pour vérifier sincèrement (ou réfuter) les Écritures en nous basant sur notre expérience, au lieu de vérifier notre expérience en nous basant sur les Écritures. Il nous dit par exemple :

Si vos guides vous disent :
Voyez ! Le Royaume est dans le ciel,
Alors les oiseaux du ciel vous y devanceront.
S'ils vous disent :
Il est dans la mer,
Alors les poissons vous y devanceront
Mais le Royaume est en vous.

Cher lecteur, sinon par amour pour Jésus, du moins par respect pour lui, ou par intérêt pour ce qu'il prétend que vous êtes réellement, ou au moins par simple courtoisie et curiosité, regardez pour voir s'il sait de quoi il parle. Mettez ses paroles à l'épreuve en effectuant avec moi l'expérience suivante. (Vous contenter d'en lire la description est plus qu'inutile).

Désignez maintenant du doigt le ciel, *là-haut*, et peut-être des oiseaux qui volent. Ou, si vous êtes à l'intérieur, désignez le plafond, et observez que votre doigt désigne une chose ou une autre, mais certainement pas le vide qui est le Royaume. Puis désignez *en face de* vous ces collines, ces arbres et ces maisons, ou bien le mur, la porte, les meubles de l'autre côté de la chambre, et remarquez que vous désignez un ensemble d'objets lointains. Désignez ensuite le sol ou le plancher. Puis, lentement et avec beaucoup d'attention, vos pieds, vos genoux, vos cuisses, votre torse, et voyez que dans chaque cas cet objet que vous appelez votre doigt désigne un autre objet, et qu'il y a une distance entre eux. Or, je le répète, le Royaume n'est ni un objet ni distant de quoi que ce soit : au contraire, il inclut tout. Finalement, désignez votre « visage ». À présent, *sur l'évidence présente*, que désigne ce doigt ?

Désigne-t-il un objet petit, opaque coloré, dense, mouvant, complexe, et dont le contour est clairement délimité ? Ou bien une vacuité qui, bien que pleine de toutes sortes de catégories de choses et de qualités, est une catégorie à elle seule, tout à fait unique ? Voyez vous-même ! Ce vide n'est-il pas immense, transparent, incolore, sans la moindre texture, immobile, simple et évident – et doué de la conscience aiguë d'être tout ceci ? Vous fiant uniquement à ce qui est donné, sans avoir recours à l'imagination, sans importer quoi que ce soit d'étranger à la situation, n'êtes-vous pas en ce moment capacité ou espace d'accueil pour la scène tout entière, du ciel jusqu'à la terre, de la terre jusqu'à vos pieds, de ces pieds jusqu'à votre encolure – espace conscient qui permet à tout ceci de se produire en lui ? Je ne suis pas en mesure de vous dire ce que c'est qu'être vous en ce moment. Vous seul pouvez le dire. Je vous en prie, continuez de regarder ce que désigne ce doigt, et décidez une fois pour toutes ce qui est la vérité sur ce sujet essentiel – le Sujet qui est vous-même.

Il n'y a pas de doute, la bonne nouvelle est vraie : le Royaume est bien en vous.

Dans un autre *logion* de cet Évangile, Jésus déplore tristement que les humains soient ivres, au point d'être incapables de voir leur vacuité. Mais vous et moi sommes assez dégrisés maintenant pour voir que nous ne vivons pas à l'intérieur de petites boîtes bien fermées, coincés dans une masse sombre et visqueuse d'où nous regarderions le monde lointain à travers deux trous minuscules. Non, nous sommes dehors – dehors et partout. Nous voyons clairement que nous sommes grands ouverts, que nous sommes l'ouverture même, au grand large, sans limites, si immenses que nous contenons le soleil et les étoiles. Comme c'est merveilleux, comme c'est libérateur de ne plus être une petite chose éclairée, mais d'être la Lumière qui illumine toutes choses dans le monde. Cette immensité brillante que vous êtes en réalité, comment pourrait-elle être née d'une mère terrestre, ou même née du tout ? Est-ce là le genre de choses dont pourrait s'occuper un entrepreneur de pompes funèbres, et qui aurait besoin de ses services ? Vous qui vous posez ces questions, vous êtes la réponse. Vous savez, vous voyez, vous êtes le secret de l'Évangile de Thomas. Loin de nous déconcerter avec des contes de fée, ou de nous abreuver de controverse religieuse et de propagande pieuse, celui-ci nous demande de ne rien croire sur parole. Mais faites l'expérience, et immédiatement cela vous apparaît évident. L'expérience nous révèle notre splendeur et nous montre comment vivre.

Un grand processus de simplification est en cours, qui va à l'encontre de la résurgence de l'intégrisme (comme ce mot est mal approprié !) et des superstitions de toutes sortes. C'est un mouvement qui nous libère des formes extérieures de la religion – de leurs observances magiques, de leurs dogmes aussi invraisemblables qu'ingénieux (mais toujours semeurs de discorde), de l'énorme machine ecclésiastique, grinçante et en perte de vitesse – un mouvement qui nous délivre de toute cette obscurité et nous conduit à la vision béatifique qui est au cœur des grandes traditions religieuses, ce cœur simple et patient qui bat éternellement avec force. Voici une spiritualité transparente, honnête, anti-sectaire, fondée sur l'expérience directe et non sur des dogmes et des on-dit.

Je suggère que ce n'est pas un hasard si la grotte de Nag Hammadi a gardé son trésor secret pendant quelque sept cents ans et ne l'a révélé que lorsque des hommes et des femmes – en nombre suffisant pour changer l'histoire – sont devenus assez sceptiques et sensés pour déchiffrer son code secret, révélant ce qui, en définitive, est parfaitement évident. En tout cas, grâce, en partie, au Jésus de Thomas, il devient de plus en plus difficile de nier que nous soyons le contraire même des petites créatures mortelles, opaques et pas du tout lumineuses que nous paraissons être.

Désormais, la mèche est vendue. La vérité qui sauve n'est plus un secret pour personne. Le Royaume est venu, et les gens commencent à le voir.

16

L'univers illuminé

Votre prise de conscience du Soi a des conséquences impressionnantes. Elle est réellement explosive. Quand vous voyez à quel point vous êtes différent de ce qu'on vous avait dit que vous étiez, vous commencez à voir à quel point votre monde est également différent. Vous et votre univers êtes inséparables. Il s'ensuit donc que si votre illumination est réelle, elle est nécessairement suprapersonnelle et, en vérité, cosmique. La tradition selon laquelle l'illumination du Bouddha a entraîné celle de toutes les créatures est bien fondée. Il en est de même pour vous et moi. S'éveiller, c'est éveiller le monde.

À quoi ressemble alors notre univers lorsque, voyant clairement ce qu'il est, nous commençons à vivre à partir de cette vision béatifique ? Est-elle sensée ? Est-ce un tout bien ordonné et raisonnable, ou est-ce quelque chose de fantastique, le produit délirant et nébuleux de l'imagination déséquilibrée du mystique ?

Lorsque vous voyez qui vous êtes vraiment, votre univers est beaucoup plus raisonnable et mieux ordonné qu'avant. Le moins qu'on puisse en dire, c'est qu'il est en outre une demeure infiniment plus habitable, généreusement décorée, accueillante, à la fois plus confortable et plus grandiose, plus ordinaire et plus extraordinaire.

Je souhaite également montrer dans ce chapitre que, même si l'on n'est pas encore disposé à voir sa propre nature véritable, la nature de l'univers est déjà révélée à tout chercheur sincère et doué d'un esprit ouvert. En fait je dirais à cette personne : « À titre d'encouragement et de prélude à l'illumination "personnelle", essayez l'illumination "cosmique". Elle vous amènera peut-être à conclure que c'est la même chose. »

Chaque époque a son image du monde, sa conception admise de l'univers et de la place qu'y tient l'homme. La nôtre est *censée* être fondée sur la science, et non plus sur des superstitions ou sur la religion. Mais est-ce vraiment la science qui a rendu une cosmologie comme celle de Platon ou de Shakespeare invraisemblable et fait de la nôtre la seule raisonnable ? La conception de l'univers de l'homme ordinaire moderne, cultivé, instruit se fonde-t-elle vraiment sur les faits ou sur des préjugés ?

Elle est assurément très différente de l'ancienne. Pour les hommes de jadis, l'univers était plein de vie ; le soleil, les étoiles et même la terre étaient des déités visibles, et le ciel bleu la demeure des saints. Les prêtres et les astronomes parlaient des mêmes cieux encerclant la terre, des royaumes célestes dont la divinité était proportionnelle à la distance entre l'homme et leur centre. La hauteur physique correspondait au statut spirituel.

Tout cela a désormais été démenti. Au lieu d'un

univers de sphères concentriques, nous avons un univers qui n'a pas de centre : une pomme de terre cosmique au lieu d'un oignon cosmique. Au lieu d'un univers aristocratique, nous avons un univers nivelé par le bas, dont les principautés et les puissances ont depuis longtemps perdu leur influence et leur vie. Les étoiles ne sont plus des dieux impressionnants qui nous regardent de là-haut, mais autant de pétards ou de hauts fourneaux qui flamboient dans la voûte céleste. Au lieu d'un univers merveilleusement vivant, nous avons un univers inanimé dans lequel, perdus comme les plus petites aiguilles dans la plus vaste meule de foin, les êtres sensibles réussissent à vivoter. Au lieu d'une création pleine de sens – un lieu idéal pour l'homme – nous avons une immense étendue d'espace mort dans lequel les choses vivantes sont de très rares accidents ou des anomalies. Et finalement, même celles-ci sont des agrégats accidentels de molécules.

Tel est, plus ou moins, le nouveau mythe du monde. C'est ainsi que la plupart d'entre nous considérons l'univers – nous, gens instruits mais pas scientifiques, et même nombre de savants, sinon la plupart d'entre eux. Et nous avons l'impression que la science exclut tout autre point de vue. En est-il réellement ainsi ?

Remarquons d'abord que rien dans l'univers, à vrai dire, ne nous interdit de prendre pour son centre cette Terre ou le Soleil, notre étoile préférée, la place de la Concorde ou n'importe quel autre lieu à notre convenance. Il nous suffit au contraire de regarder pour voir que l'univers tel qu'il nous est *donné* se présente toujours comme un nid de cercles concentriques – occupés par des objets tels que fourneaux de pipe et montures de lunettes, mains et pieds, gens et animaux, nuages et avions, Lune, Soleil et étoiles – encerclant l'observateur, toujours central. Ignorer ce fait éminemment vérifiable en faveur de la théorie d'un espace aussi uniforme qu'une pomme de terre (théorie qui n'est rien de plus, en réalité, qu'une fiction commode) est une attitude anti-scientifique au vrai sens du terme, irréaliste, et donc source de problèmes. Si nous sommes honnête, la patate cosmique, morte et dépourvue de centre, se révèle invariablement comme un oignon cosmique dont le cœur de l'observateur est le centre de vie et de conscience.

Quant aux couches extérieures de cet univers en forme d'oignon, il est fort improbable qu'elles manquent de vie et d'esprit. Certes, nous n'avons la connaissance directe que d'un seul corps céleste : notre propre planète. Selon les théories scientifiques récentes, il est néanmoins probable que de nombreuses étoiles se soient développées en systèmes solaires semblables au nôtre. Il est en outre probable que beaucoup de ces systèmes comportent des planètes habitables par des êtres vivants. Et partout où se trouvent réunies les conditions appropriées – les bons ingrédients, les bonnes températures – la vie suivra, nous assurent les savants. Par conséquent, le nombre et la diversité des mondes habités dépassent certainement l'imagination.

Ainsi, par les nuits étoilées, avons-nous bien plus de raisons que Shakespeare et Dante de sentir que nous contemplons des cieux remplis d'une vie surpassant parfois la nôtre, et de loin. Pour trouver les plus suprahumains de ces mondes habités, il nous faudrait explorer de plus en plus loin de notre centre-Terre. Car le royaume des planètes est manifestement moins prometteur que celui plus éloigné des étoiles – les centaines de millions d'étoiles de notre galaxie, contenant Dieu sait combien de soleils encerclés de planètes. Et ce royaume lointain est un million de fois moins riche en probabilités célestes que celui encore plus éloigné des galaxies avec leur incommensurable population d'étoiles.

Ainsi, non seulement la science indique l'existence du suprahumain, mais elle le relie à la distance qui le sépare de nous. Elle nous avertit en outre que les plus avancés des mondes situés là-haut nous influencent probablement sans cesse de façon insoupçonnée – disons par télépathie. Les études de laboratoire à ce sujet sont impressionnantes, et il semble que la distance ne soit pas un obstacle.

Bref, nous retrouvons déjà quelque chose qui ressemble à l'image ancienne du monde que la science était censée avoir détruite une fois pour toutes. Le plus drôle – l'ironie –, c'est que c'est la science elle-même qui nous a ramenés à cette image et fait tout son possible pour vérifier (et bien sûr démystifier) ce qui n'était qu'une hypothèse.

Il est donc évident que nous, les profanes, ne pouvons demander à la science de confirmer notre image pseudo-scientifique représentant le monde telle une gigantesque meule de foin dans laquelle chacun de nous aurait à peine la taille d'une aiguille. Mais la logique n'est pas notre fort. Par exemple, nous évoquons l'immensité de notre univers comme si c'était un discrédit pour nous, comme si nous nous y étions perdus au lieu de nous y être trouvés. Nous nous voyons nous-mêmes comme de simples têtes d'épingles dans l'univers, comme si notre incapacité de peser plus de cinquante à quatre-vingt-dix kilos chacun était plus importante que notre capacité de peser les étoiles. De même, nous parlons de cette vaste étendue d'espace inconscient comme s'il était tout sauf la source de notre vie, saturé de notre propre conscience et la saturant. Quant à la description de l'être humain comme « un agrégat accidentel de molécules », un agrégat qui se promène gaiement en se décrivant lui-même ainsi, quel spectacle délicieux ! Si c'est là un échantillon de ce que notre stupide univers peut produire *accidentellement* (quoi que cela puisse signifier), songez à ce dont il serait capable si, par un hasard particulièrement heureux, il réussissait à le faire *intentionnellement*. En réalité, nous n'avons pas besoin d'aller bien loin pour trouver de l'intention dans ce qu'il fait. Il nous fait *nous*, qui débordons d'intentions. Nous avons certes beaucoup d'intentions outre celle, évidente, d'être. Et sans doute en est-il de même pour tous les autres habitants stellaires qui ne sont pas au bord du suicide. Comment cet univers si imprégné d'intentions peut-il cependant rester accidentel ? Cela, nous ne l'expliquons pas.

Évidemment, nous – les hommes modernes épris de science – considérons la « matière vivante » comme si elle était insolite, sans rapport avec la nature de l'univers. Pourtant, la science insiste sur le fait que les ingrédients physiques qui composent les objets inertes comme les corps célestes sont les mêmes que ceux dont sont faites les créatures qui y vivent, formées de leur substance. La différence ne réside pas dans la matière brute, mais dans son organisation. Ainsi les plus humbles particules sont-elles capables de prendre les formes vivantes les plus élevées. Potentiellement, toute la matière dont sont faites les étoiles est vivante et poursuit un but. Et même si des fonctions aussi élevées ne devaient se manifester qu'un instant, en un point, elles révéleraient à jamais la nature cachée de toute matière. Une seule petite fleur suffit à identifier la plus grande plante. Cette description d'un univers sans vie et sans conscience n'a vraiment plus aucun sens.

C'est la taille de cette chose gigantesque qui est trompeuse. Nous ne sommes pas induits en erreur lorsque nous regardons une créature de petite taille. Nous prenons en compte toute l'histoire de sa vie, et surtout les étapes les plus récentes et les plus évoluées : même sous forme d'un semis, le végétal reste une plante *qui fleurit ;* la chenille n'est pas un simple ver de terre sur pattes, mais un somptueux papillon en gestation, même s'il devait mourir avant d'apparaître dans toute la gloire de ses couleurs. Graines de *fleurs*, larves de *moustiques*, embryons *humains :* nous jugeons toujours notre spécimen par rapport à sa forme la plus élevée, pourvu qu'il ne soit pas plus grand qu'une baleine ou un séquoia, c'est-à-dire ne pèse pas plus de quelques centaines de tonnes et ne survive pas plus de quelques centaines d'années. Notre malheureux cosmos ne répond à aucune de ces deux conditions. Parce qu'il n'est pas à la bonne échelle, ses fonctions les plus élevées ne nous renseignent guère sur lui. Nous le considérons comme mort, et seulement *infesté* de vie. Peu importe qu'il soit incroyablement prolifique, peu importe combien de myriades de mondes vivants, d'espèces et d'individus notre arbre-univers peut produire, peu importent ses luxuriantes fleurs de conscience et de valeurs (dont on nous dit qu'elles apparaissent toutes naturellement), nous persistons à le considérer comme un arbre sans fleurs. Pire encore, il n'est même pas un arbre, même pas un magnifique vase dans lequel nous, simples fleurs coupées, sommes élégamment présentés, mais leur arrière-plan, indifférent ou menaçant. Ainsi, nous, fleurs humaines, nions stupidement la vie de notre plante cosmique – parce qu'elle n'est pas *que* fleur, mais aussi énormes feuilles, tiges et racines.

L'analogie est trompeuse, car elle ne va pas assez loin. On pourrait dire qu'une rose séparée du rosier est toujours une rose, mais il faut admettre qu'un homme séparé de l'univers est une absurdité. Et pourtant, cette absurdité est au centre même de notre mythe moderne, qui considère que l'homme est le meilleur exemple de ce que l'univers *n'est pas.*

Le moins qu'on puisse dire, c'est que l'ancienne notion d'un cosmos vivant n'est ni ridicule ni incompatible avec la science moderne. Mais quoi que nous pensions de l'univers dans son ensemble, la grande majorité d'entre nous sommes tout à fait persuadés qu'aucun de ses éléments les plus grands n'est vivant. Les organismes les plus volumineux que nous reconnaissions sont les grands arbres de Californie et de l'Oregon, et la baleine bleue.

Ceci est plutôt étrange. Car en remontant depuis les particules, atomes, molécules et cellules jusqu'à l'homme qui les contient tous, nous avons ici une échelle bien remplie, une hiérarchie de choses ou d'êtres unitaires, et ensuite, infiniment au-dessus de l'homme, l'ensemble des choses et l'Être des êtres. Pourquoi ce vide cosmique ? Si le vaste intervalle entre l'homme et ses particules les plus infimes est rempli par une série de composants de plus en plus subhumains, le principe de la continuité de la nature suggère qu'il est fort possible que l'intervalle également vaste entre lui et le Tout soit rempli par une série d'ensembles de plus en plus suprahumains. Si ces derniers ont échappé à notre attention, ne serait-ce pas que nous n'avons d'yeux que pour nos égaux et subordonnés dans la hiérarchie ?

Avons-nous jamais recherché nos supérieurs ? Les reconnaîtrions-nous si nous les voyions ? Il est notoirement difficile de trouver quelque chose dont on n'a aucune idée. Supposons donc que cet intervalle dans l'ordre naturel ne soit pas vide. Posons en principe une créature dont le volume par rapport à l'homme soit autant de fois plus grand que celui de l'homme par rapport à la cellule, et demandons-nous en quoi un tel géant devrait différer de nous pour vivre.

Apparemment, il y a des limites à la taille d'un organisme terrestre. Trop grand, il a peu de chances de survivre. Dans ce cas, nous devons supposer que notre hypothétique géant se détache de son corps céleste mère et s'établit corps céleste à son propre compte. Alors, non seulement il peut être très volumineux, mais il a besoin de l'être. Sinon, il ne peut contenir sa propre atmosphère et sa propre réserve d'eau, ni maintenir sur elles une force de gravitation assez ferme. Sans eau, sans oxygène et sans couches d'atmosphère pour le protéger des radiations dangereuses, il ne peut faire des cieux sa demeure. Une fois arrivé là et ainsi enveloppé, il ne peut se balader à volonté. Il doit s'attacher à une étoile pour la chaleur et l'énergie, gravitant continuellement autour d'elle à une certaine distance, comme un rôti sur une broche, pour éviter de brûler à l'avant et de geler à l'arrière. Et c'est assurément un géant qui a de la chance, car dès qu'il commence à tourner autour de son étoile, les lois de la pesanteur et de l'inertie s'unissent obligeamment pour lui permettre de continuer à tourner sans effort et sans dévier.

Quant à son apparence physique, à quoi lui serviraient des bras et des jambes, des mains et des pieds, ou même des ailes ? Un nez et des oreilles, une bouche avec des rangées de dents, un estomac, des intestins et un anus ? Tout cela serait un handicap ridicule dans les cieux. Il ne nous reste alors qu'un vaste corps sphérique, absorbant l'énergie solaire par toute sa surface.

Et s'il n'y avait aucune étoile accessible pour l'alimenter ? Eh bien si notre géant céleste ne peut trouver ce dont il a besoin, il faut qu'il le soit, qu'il contienne une source d'énergie semblable à une étoile : un grand cœur, brasier flamboyant, pour sustenter le corps que nous venons de décrire.

En résumé : si nous agrandissons considérablement les créatures que nous connaissons, en ajustant leur anatomie et leur comportement à leur taille et à leur environnement très différent, qu'obtenons-nous ? Des créatures identiques aux corps célestes que nous pouvons voir en regardant le ciel. Si notre géant céleste et ses compagnons existent, ils sont un spectacle familier, quoique méconnaissables à cette distance. Pour autant que nous sachions, bien des étoiles qui brillent dans notre ciel nocturne pourraient être, en fait, des êtres merveilleusement vivants, parfaits habitants des cieux. Ainsi, la gamme des créatures ne culmine pas dans les humains. Il est probable que le vide apparent soit dû à un défaut de notre vision plutôt qu'à un défaut du cosmos.

Cette histoire de géants célestes est moins un conte de fées qu'un roman policier, dont nous devrons attendre la solution jusqu'à la fin de ce chapitre. À présent, il est temps de redescendre sur terre, de revenir à la vie que nous connaissons avec certitude.

Mais la connaissons-nous ? Une chose vivante (nous disent les savants) est une organisation de choses non vivantes. De toute évidence, les sels de notre sang, l'acide de notre estomac et le calcium de nos os ne sont pas vivants ; mais les atomes qui composent nos cellules vivantes ne le sont pas non plus. Ce qui est physique ou chimie à un niveau d'observation est un être humain à un autre niveau, et en même temps vivant et non vivant. Tout dépend si l'on démonte la chose ou non.

Mais si les pièces détachées, en tant que telles, sont sans vie, où fixerons-nous les limites de l'être vivant ? Si pour nous l'homme entier est celui qui est indépendant et autonome, nous ne pouvons guère ignorer l'air dans ses poumons et la sueur sur son front – du moins personne n'a expliqué où ceux-ci cessaient d'être organismes et commençaient à être environnement. Et *s'ils* font partie du tout vivant qu'est l'homme, pourquoi les outils sans lesquels il mourrait de faim et les vêtements sans lesquels il mourrait de froid n'en feraient-ils pas partie ? En définitive, il dépend beaucoup plus de ses chaussures que des ongles de ses orteils, et de ses bonnes fausses dents que de ses vraies mauvaises dents. Elles font partie intégrante de sa vie.

Ce n'est peut-être pas ainsi qu'il les décrit, mais c'est ainsi qu'il les vit. Il s'identifie à ses possessions et sans elles n'est pas lui-même. Il peut lui arriver d'être plus fier de la façade de sa maison que de son visage, et plus touché par la perte de quelques tuiles de son toit que par celle de ses cheveux. Tant qu'il ne fait pas un avec les vêtements qu'il porte, le cheval qu'il monte, le pouvoir financier ou politique qu'il exerce, il ne sait pas vraiment s'en servir. Un expert est quelqu'un qui fusionne si bien avec ses outils qu'il n'a plus conscience de leur existence. Ils se sont provisoirement dissous dans son corps. Il n'est pas assis sur un siège dans un bateau qui navigue sur la mer : *il* navigue, *il* est en mer. Il ne saisit pas un manche qui porte une lame qui coupe du pain : *il* coupe du pain. C'est ainsi qu'un homme s'exprime parce que c'est ce qu'il est : une organisation infiniment élastique de parties « mortes », pour la plupart à l'extérieur de sa peau. Grâce à elles il peut boire l'eau du lac et paître dans un champ tout en assistant à un concert de l'autre côté de la Terre – tout cela sans mettre le pied hors de sa maison. Au lieu de se rendre dans ces endroits, il se déploie jusqu'à eux. Dans le citoyen évolué, les machines du monde deviennent vivantes et font de lui ce qu'il est. Ces organes qui sont les siens sont d'autant plus organiques et vivants qu'ils ne sont pas faits de protoplasme, mais de toutes sortes de métaux, plastiques, et peuvent être amputés sans douleur et à volonté quand une nouvelle forme est nécessaire.

Or son corps ne s'arrête pas non plus à ces prolongements artificiels mais vitaux, loin de là. Isoler un homme de sa propre espèce et des autres est un homicide. On pourrait dire qu'un homme est les autres hommes, et aussi les autres espèces. Les espèces n'apparaissent, ne survivent et n'évoluent pas en tant qu'entités séparées, mais selon des lignes d'évolution qui s'enchevêtrent dans une interdépendance mutuelle. De même que nos propres cellules sanguines n'ont aucun sens sans nos cellules musculaires et toutes les autres, la longue trompe de l'abeille n'a aucun sens sans le nectar profond de la fleur. Et ainsi de suite, indéfiniment. Plus on étudie une parcelle de vie, plus on doit prendre en compte le reste, de sorte que finalement connaître une parcelle revient à connaître le tout. Seul mérite le titre de « tout vivant », de spécimen vraiment indépendant et autonome, le réseau entier des organismes terrestres qui constituent une seule chose vivante. Et même cette énorme biosphère est encore loin d'être complète. Car sans son cœur de roche, d'eau et de terre, sans son enveloppe d'air, elle est aussi morte que les plus infimes de ses composants.

Bref, seule la Terre tout entière est vraiment vivante. Voici en fait une déesse visible. *Un membre de la tribu de géants que nous avons détectée dans les cieux était ici-bas, avec nous, depuis toujours !* Quelle vie est remise en question ? La sienne, ou la nôtre qui est la sienne ou rien ? Le seul organisme vivant complet dont nous ayons la connaissance intérieure directe se trouve être un corps céleste – notre Terre.

Or le comportement et la constitution d'une telle créature sont si étranges pour notre esprit que nous avons besoin d'un mot nouveau pour décrire cette vitalité de très haut niveau, cette supravie pour le moins planétaire. Mais c'est inévitable. L'histoire de la cellule vivante est très différente de celle de l'une de ses molécules, et l'histoire de l'homme très différente de celle de l'une de ses cellules. Il serait étrange que l'histoire de la Terre vivante ne fût pas, à son tour, très différente de celle de ses composants ou organes humains et subhumains. Néanmoins, elle n'est pas un corps étranger, vivant une vie mystérieuse séparée de la nôtre. Il faut reconnaître que ses manœuvres de survie dans le ciel sont moins variées que les nôtres sur elle, mais si agir délibérément c'est savoir avec une précision scientifique ce que l'on fait et pourquoi, alors son comportement est bien plus délibéré que celui de n'importe quel homme. Elle voit plus clairement dans son passé et dans son avenir que nous ne pourrons jamais le faire. Ses débuts étaient certes inconscients et peu prometteurs, mais les nôtres aussi. Et qui peut à présent égaler sa complexité adulte, son épanouissement indépendamment de tout apport extérieur ? En guise de parent, elle a le Soleil ; en guise de progéniture, des satellites habités et des sondes spatiales ; en guise d'yeux, des observatoires dont la vision binoculaire (ou plutôt multioculaire) lui permet d'évaluer la distance entre elle et ses compagnons avec plus de précision que nous ne pouvons évaluer celle entre nous et nos compagnons sur terre ; en guise d'organes sensoriels, elle a des récepteurs qui captent toutes sortes d'influences cosmiques ; comme exercice intellectuel, sa science du ciel, de sa propre constitution et de son comportement dans cet environnement (c'est délibérément que je dis *sa* science, et non pas *notre* science, car il s'agit d'une fonction planétaire plutôt qu'humaine, et c'est en notre capacité planétaire plutôt qu'humaine que nous l'abordons. Un être humain est beaucoup plus et beaucoup moins qu'un être humain : tout dépend de ce qu'il fait, à quel niveau il se place – suprahumain, humain, subhumain). Nous accrochons le portrait de la Terre sur nos murs à côté des nôtres, et les gros plans de sa face ridée – toujours changeante, lumineuse et empreinte d'une beauté toute particulière – sont familiers à tous ceux qui s'envolent au-dessus de sa surface.

Elle n'a rien d'une déesse étrangère. Elle est la grande envergure, le corps/mental total de chacune de ses créatures. Car on ne peut vivre que dans les cieux, nulle part ailleurs, et il n'y a qu'une seule façon d'y vivre, la sienne. Pour être plus exact, même elle n'est pas faite pour le dur climat des cieux. La plus petite créature *complète* adaptée à cet univers n'est pas une planète sans soleil, mais une étoile – un soleil entièrement développé, un système solaire dont la planète « vivante » est un simple organe. Et même elle, l'étoile, dépend de toutes ses compagnes dans notre galaxie, et dans l'univers des galaxies. Seul le Tout est un tout authentique, et donc parfaitement vivant.

Nous avons donc trouvé ce que nous cherchions : une hiérarchie suprahumaine de « touts » et de parties assortie à la hiérarchie subhumaine. Nous avons découvert que le vide situé au-dessus de l'homme était véritablement rempli par une série de créatures contrebalançant la série située au-dessous de lui – et que ces créatures sont des êtres célestes : planétaires, sidéraux, galactiques, parmi lesquels la supériorité signifie une indépendance plus grande et plus de matériau « mort » amené à la vie. Et en vérité, tous ces niveaux hiérarchiques sont étroitement liés et totalement interdépendants. La vie de l'homme est la vie indivisible de la hiérarchie tout entière, ou elle n'est pas.

Cette vision de l'homme est-elle trop spéculative ? Si tel est le cas, imitons le savant dont le travail consiste à observer sans préjugés ce qui se présente (dans le but d'en donner une description fidèle, de pouvoir faire des prévisions et peut-être de le maîtriser). Pour une fois, essayons d'observer l'homme objectivement. Qu'êtes-vous exactement lorsqu'on vous examine de cette façon ?

Ce que nous percevons de vous dépend de la distance à laquelle nous nous situons. À deux mètres de vous, nous voyons un corps humain ; un peu plus près, nous voyons un visage. Mais la vue superficielle ne suffit pas. Nos instruments nous permettent de nous rapprocher toujours davantage, jusqu'à des niveaux où nous trouvons des tissus, des groupes de cellules, une cellule dans ses moindres détails, des molécules géantes, et ainsi de suite jusqu'aux particules. Voilà pour l'examen de près. Si maintenant nous nous éloignons de vous, nous découvrons tour à tour une maison, une ville, un pays, une planète, une étoile (notre système solaire), une galaxie.

Vous allez peut-être objecter que ces objets ne vous ressemblent en rien. À quoi je réponds aussitôt qu'ils sont évidemment très différents de vous en tant qu'être humain, ce qui élude la question. C'est avec un esprit ouvert que nous abordons notre enquête sur ce que vous pourriez être. Nous ne pouvons accepter que ce que nous découvrons – c'est-à-dire toute la gamme des créatures, depuis les particules jusqu'aux galaxies –, ce qui confirme notre conclusion que vous êtes incomplet, pas vraiment vous-même, tant que vous n'êtes pas construit sur ce modèle impressionnant.

De nouveau, vous pouvez raisonnablement protester en faisant remarquer que la vue de loin inclut beaucoup de ce qui *n'est pas* vous... à condition d'ajouter que la vue de près exclut beaucoup de ce qui *est* vous, et que la vue intermédiaire est carrément trop superficielle. Mais une fois de plus cela élude la question. Qu'êtes-vous *vraiment ?* Si notre investigation est sérieuse, nous ne pouvons nous permettre d'ignorer aucun des aspects de notre matériau. Seule l'observation objective – sous tous les angles et à partir de toutes les distances – peut révéler la totalité stupéfiante et toutes ses métamorphoses.

Vous pouvez alors répliquer que même si cette alternance entre fusion et émergence, cette élasticité cosmique, s'applique à votre aspect physique ou extérieur, elle ne s'applique pas à votre « véritable moi ». Vous êtes essentiellement un sujet, non un simple objet. Et en tant que tel, vous voyez que vous êtes « seulement humain, après tout ».

Pour voir ce qui se passe vraiment, écoutons ce « véritable moi ». Vous dites *ma* peau, *mon* foie, *mon* corps, *ma* maison, *ma* région, *mon* pays, *ma* planète, *mon* Soleil, *ma* galaxie. De toute évidence, ce qui est ressenti comme *mien* varie énormément – depuis cette dent qui fait mal jusqu'à la Voie lactée –, et ce qui est ressenti comme *autre* varie depuis toutes les autres dents dans votre bouche jusqu'à toutes les autres étoiles dans le ciel. « Mien » et « autre », « ici » et « là-bas », « maintenant » et « alors », « rapide » et « lent », « présent » et « absent », ces petits mots nous trahissent toujours. Nous ferions bien de les écouter et d'entendre leur message. Quiconque peut parler sérieusement de *sa* galaxie et de *l'autre* bout de la pièce, de vieux hommes dans un monde nouveau, d'atome géants dans une étoile minuscule... est soit totalement élastique soit complètement fou.

Loin de nous induire en erreur, le langage, ici, ne fait que souligner les faits. Il est possible qu'un malade s'identifie tellement à l'un des organes de son corps qu'il considère les autres comme étrangers, voire hostiles. Inversement, un homme en bonne santé peut s'identifier tellement à sa famille, à son pays, à sa planète, et même à son étoile (voir la popularité de *La Guerre des étoiles)* ou à son Dieu qu'il pense pour eux, est blessé quand ils sont blessés, vit et même meurt pour eux sans guère se soucier de son propre bien-être. En fait, une personne incapable de ressentir tous ces sentiments expansifs serait un idiot moral et intellectuel. L'idée d'un soi (je ne parle pas du grand Soi, l'Unique, notre Identité ultime, mais de toutes les identités, tous les petits moi qui en sont bien loin), d'un soi constant, unique, permanent, séparé, imperméable à tout, ne tient pas debout. Les faits – y compris les phénomènes confirmés de personnalité multiple, de conversion religieuse, d'amnésie, de télépathie, sans parler de l'insoluble problème de l'individualité biologique – prouvent bien l'absurdité d'un soi personnel et seulement humain. Cette idée inepte n'a pas de sens. Au contraire, c'est de la folie. Si nous nous coupons des autres « soi », nous perdons la raison et tombons dans la dépression.

En réalité, l'illusion d'un soi séparé et celle d'un univers mort sont les deux moitiés d'un tout, deux segments d'un cercle vicieux. L'univers semble mort parce que je semble être à l'extérieur de lui, et je semble être à l'extérieur de lui parce que l'univers est mort. Tant qu'il n'y a pas union entre la conscience totale de l'homme et son corps total – l'univers aux multiples niveaux – il n'est pas lui-même et l'univers n'est pas lui-même. Mais lorsque enfin ils coïncident, l'homme et l'univers sont tous deux illuminés.

Tant qu'il n'a pas atteint ce but, sa conscience élastique suit son corps élastique : *ici* et *là* grandissent et rétrécissent ensemble, le sujet s'aligne sur l'objet, vous et moi appartenons au même niveau hiérarchique. C'est un être humain qui salue un être humain, un navire qui hèle un navire, une étoile qui fait signe (ou tente de faire signe) à une étoile. Et de même que ce n'est pas une main qui tend une main pour vous serrer la main, mais un homme, ce n'est pas un homme ou un pays qui envoie une sonde spatiale pour étudier Mars, mais la Terre. Elle est notre astronome (aucun homme n'est en lui-même équipé pour ce travail), de sorte qu'il y a en fait un monde de différence entre le *je* de « *je* vois un homme » et celui de « *je* vois Mars ». De même lorsque le général (remarquez bien le nom) dit qu'il va déborder l'ennemi, c'est l'armée qui le fait. Et quand le physicien atomiste dit qu'*il* va procéder à la fission du noyau d'uranium, ce sont les neutrons qui le font. Pourtant, il ne se sent pas plus rétréci que le général ou l'astronome ne se sentent grossis. Cela nous semble si naturel d'être minuscule à un moment et celui d'après énorme – de monter et de descendre dans la hiérarchie cosmique, prenant la forme de ce membre-ci, puis de ce membre-là, brusquement et à volonté – que nous ne remarquons jamais la transformation.

Pour en revenir à la Terre, nous avons tout lieu de célébrer sa vie. Elle est un aspect extrêmement important de notre propre vie infiniment élastique. Mais ceci la rend particulièrement vulnérable. Il suffit d'un mot pour régler son compte à cette créature gigantesque et pourtant sensible. Car il suffit que nous (je parle de la majorité des hommes modernes) décidions, contre toute évidence, qu'elle est une boule de terre et de roche sans vie pour qu'elle ne puisse jamais nous persuader qu'elle est vivante et palpitante, quelque membre qu'elle puisse développer, quelque œil qu'elle puisse ouvrir, quelque *Chant de la terre* qu'elle puisse chanter. Pourquoi ? Parce que selon nous, par définition, tout cela n'est pas elle ! C'est vivant, et donc étranger ou parasite ! La vie *sur* la Terre ne sera jamais la vie *de* la Terre ! Jusqu'où notre aveuglement peut-il aller ? Si nous nous appliquons le même traitement, que sommes-nous sinon des squelettes remplis de cellules ? Si nous examinons à fond, dans cet esprit, l'organisme le plus vivant du monde, nous ne trouverons rien qu'un ensemble de particules. La Terre est l'une des victimes les plus importantes et les moins reconnues de notre tendance fatale au réductionnisme. Il est grand temps de reconnaître que le plus important de tous les spécimens géologiques est le géologue lui-même !

Et, bien sûr, le Soleil – venu à la vie en tant que

notre système solaire – subit le même traitement. Il suffit que nous confiions toute son histoire naturelle à la physique et à l'astronomie (comme si ses hommes et ses animaux n'étaient pas naturels, comme si ses fleurs étaient artificielles) pour réduire ce dieu étoile en poussière d'étoile.

Un tel mythe solaire ne naît pas du jour au lendemain. Lui aussi a une histoire naturelle. Pour nos premiers ancêtres, le Soleil était simplement vivant, comme vous et moi, seulement plus brillant et plus divin. Mais, petit à petit, on a séparé l'esprit source de vie du corps grossier, et on l'a transformé en un dieu ou un ange dirigeant la boule de feu solaire de l'extérieur. Ensuite est venue la science qui a réduit les esprits des étoiles à des lois de la nature, des tendances et des forces. Jusqu'à ce que finalement, de nos jours, on en arrive à exorciser même ces restes fantomatiques considérés comme inventions humaines subjectives. Les corps célestes ne sont plus propulsés ou guidés dans leur course, ils choisissent seulement la voie de la moindre résistance. Et tandis que la vie et la conscience solaires sont ainsi effacées, le corps lui-même est tranquillement dépecé et détruit. La couleur, l'éclat, la chaleur et la beauté du Soleil sont retirés de l'objet observé là-bas et placés dans le sujet observant, ici, dans l'œil de celui qui regarde. Même son mouvement apparent dans le ciel est en réalité le nôtre. Finalement, au cas où il subsisterait quelques misérables restes de notre victime, la physique dissout sa substance en espace parsemé çà et là d'invisibles particules.

C'est l'affaire criminelle de tous les temps, rien de moins qu'un cosmicide perpétré au cours de millénaires et qui passe encore quasiment inaperçu. Mais heureusement, ce n'est qu'une histoire, une fiction, un roman policier solaire. Car nous ne pourrions nous débarrasser de la vie solaire en la fourrant dans notre tête que si notre tête était un récipient létal ou si elle s'envolait avec son contenu vers une autre étoile. Tout ce qui s'est passé, en fait, c'est que la vie de notre Soleil a subi une transformation interne. Ce qui est sûr, c'est qu'elle n'a pas disparu. Bien au contraire. Sans aucun doute, c'est seulement en feignant ainsi d'être morte qu'une étoile entourée de planètes peut finalement accéder à la pleine conscience d'elle-même et réaliser tout son potentiel. En somme, notre mythe pseudo-scientifique d'un Soleil sans vie doit être considéré comme un mythe solaire et non comme un mythe purement humain, comme une étape nécessaire dans l'histoire naturelle de notre étoile et non comme une simple aberration. Mais ne prenons pas cet épisode bref (très bref, espérons-le) et assez fou pour l'histoire entière.

Et ne confondons pas indifférence et neutralité. Si on ne considère pas l'univers comme vivant, on le considère comme mort. Il n'y a pas de demi-mesure, on ne peut pas ménager la chèvre et le chou. Nous ne pouvons éviter de prendre position. Concrètement, si l'on rejette la conception d'un univers vivant, cela signifie que l'on accepte la notion moderne d'un univers pratiquement sans vie, avec les énormes conséquences que cela entraîne pour cette anomalie cosmique appelée genre humain.

En résumé, nous avons vu que notre mythe moderne, cette représentation d'un monde sans vie, n'est pas du tout scientifique comme nous le croyions. Nous avons trouvé qu'au contraire la science allait dans la direction opposée, vers quelque chose comme l'ancienne hiérarchie cosmique menant au divin – l'univers oignon plutôt que l'univers pomme de terre.

Les conséquences pour vous et moi auront l'importance que nous voudrons bien leur accorder. Nous avons déjà vu que si nous brisons le mur qui sépare notre petit moi de la hiérarchie de nos moi plus grands, les murs ont tendance à continuer de tomber jusqu'à ce que nous arrivions au grand Soi, à l'unique Soi universel. C'est le premier pas qui compte. Dès lors que nous admettons la présence de la vie et de l'esprit au-dessus de l'être purement humain, il y a toutes les chances que nous admettions de plus en plus de choses et que nous atteignions finalement la vie la plus élevée, notre Conscience totale, où nous sommes enfin en sécurité chez nous et uni à toutes les créatures. Ici, nous perdons notre petit moi et découvrons notre Soi dans un monde où la mort, les divisions et l'opacité ont finalement disparu, et où tout est indiciblement léger, ouvert et lumineux.

Pour certains d'entre nous, c'est un signal d'alarme. Nos ego séparés vont défendre leur peau jusqu'à la mort. Pour d'autres, c'est une invitation renouvelée à se lancer dans la plus rude et la plus audacieuse de toutes les aventures, dont l'aboutissement porte des noms divers : éveil, libération, illumination, le royaume des cieux, la vision béatifique, l'union mystique. De nombreuses routes mènent à ce but, et celle que j'ai décrite dans ce chapitre ne convient certainement pas à tout le monde. Mais je la recommande fortement aux esprits très occidentalisés dont la préoccupation est, depuis des siècles, la « conquête » de la nature.

De toute façon, il n'existe pas – pour aucun d'entre nous, pas même les plus spirituels – de libération strictement humaine ou personnelle qui exclue le monde naturel. Il n'existe pas de véritable illumination qui n'illumine toutes les créatures sur terre et dans les cieux, même les plus grotesques, les plus éloignées ou les moins plaisantes. Comment pourrions-nous ne serait-ce que commencer à nous séparer de la moindre partie de Celui en qui nous vivons, Celui qui est notre être même ? L'illumination est cosmique, ou alors c'est une illusion.

17

Voyage organisé au Ciel

Je me présente : je suis agent de voyages et je pense que vous avez besoin de vacances. Eh bien je vous offre la destination la plus sensationnelle, la plus charmante, la plus reposante qui soit. Et, de plus, tout à fait dans vos moyens. Vous trouverez tous les renseignements nécessaires dans cette brochure.

Non, je ne plaisante pas, je ne suis pas en train de vous faire marcher. Je suis on ne peut plus sérieux. Ce que je vous propose, c'est une visite guidée du Ciel lui-même, ni plus ni moins. Satisfait ou remboursé.

En tous temps et en tous lieux, les gens ont cru en un autre monde, un monde heureux et sain où toutes les misères de celui-ci sont guéries et inversées. Il y avait cependant deux obstacles : les visas étaient délivrés à très peu de candidats, et encore fallait-il les attendre une vie entière. J'ai d'excellentes nouvelles pour vous : ces obstacles ont maintenant été surmontés. Les visas ont été supprimés et ce merveilleux pays est désormais grand ouvert à tous les visiteurs, depuis le candidat à l'excursion d'un jour jusqu'aux immigrants. Certes, il reste des conditions d'entrée. Mais elles sont très faciles à remplir.

Évidemment, tout cela semble trop beau pour être vrai. De plus en plus de gens s'imaginent que le Ciel est un « pays des merveilles » aussi fictif qu'Utopie. Réalistes, voire moqueurs, ils demandent dans quelle direction se trouve ce pays, à quelle distance, quels sont exactement les véhicules qu'il faut emprunter pour y aller, et ainsi de suite. Je leur dis : lisez cette brochure attentivement et vous trouverez des réponses claires à toutes vos questions.

Ce voyage a été organisé pour escorter ses participants jusqu'au Ciel et, une fois là-bas, pour les aider à explorer sa topographie et ses sites notoires. Pour les guider et les encourager, il y aura sur place des experts qui leur montreront ce qu'il faut chercher. Bien sûr, ce que chaque personne fera de ces conseils ne dépendra que d'elle.

Supposons que vous ayez réservé votre place pour ce voyage. Dès le départ vous devez être averti qu'il y aura cinq étapes. D'abord, vous prenez note des conditions d'entrée au Ciel – elles sont simples et pas du tout onéreuses – et vous vous y conformez. Ensuite, vous faites le voyage dans le véhicule de votre choix. Puis, étant arrivé à l'heure (nous tenons beaucoup à la ponctualité), vous regardez autour de vous et découvrez les lieux. C'est alors qu'arrive le grand moment du voyage. Vous, oui, vous personnellement, êtes invité au palais pour y rencontrer le roi. Enfin, à la lumière de toutes vos impressions et découvertes, vous décidez soit de demander la citoyenneté permanente soit de rentrer chez vous définitivement. Aux clients qui choisissent le retour en arrière nous poserons la question suivante : « Allez-vous vraiment rentrer chez vous ou simplement regagner une location ? Et est-ce vraiment pour le meilleur et non pour le pire ? Pourquoi ne pas réserver dès maintenant une place dans tous nos voyages organisés au Paradis ? »

Étudions ces cinq étapes d'un peu plus près.

Les conditions d'entrée

À vrai dire, les adultes ne sont pas admis. On les accepte uniquement dans la mesure où ils sont capables de lâcher prise et de retrouver la candeur de l'enfance. C'est une condition nécessaire. Car jusqu'à ce qu'ils soient capables de voir ce qu'ils voient, au lieu de voir ce que les grandes personnes et leur langage leur disent de voir, le Ciel est invisible pour eux. Le Ciel n'a que faire du réseau compliqué de clôtures et de barricades érigées dans ce monde-ci par le Bureau des chimères sociales et des fictions pratiques. Au Ciel, chacun doit être libre de se laisser guider par ce qu'il découvre, dans quelque direction que ce soit, et de se promener partout, sans restriction.

Tous les pays, bien sûr, ont un règlement en ce qui concerne les objets qu'on a le droit ou non d'y introduire, comme les armes à feu. Dans certains pays, en Australie par exemple, on vous asperge d'un produit désinfectant avant de vous laisser entrer. Les conditions physiques requises pour l'entrée au Ciel sont à la fois beaucoup plus draconiennes et beaucoup moins ennuyeuses. Vous verrez que tout est réglé à la frontière, sans douleur et avec une telle discrétion que vous remarquez à peine ce qui vous est arrivé. C'est plus tard, au cours du voyage, que vous le découvrez, et c'est une découverte étonnante. Je vous assure cependant que vous serez accueilli dans ce pays les bras ouverts.

Le voyage

Ce voyage que vous allez entreprendre est aussi réel, aussi *physique* que tous ceux que vous avez pu faire dans votre vie, et de loin le plus important de tous. En conséquence, il a une direction bien définie, et il faut prendre un relèvement au compas d'un certain nombre de degrés. Entendons-nous dès maintenant sur les mesures.

Pointez votre index droit devant vous. Maintenez-le dans cette position. Vous désignez alors un certain pays. (Si vous êtes aux États-Unis, votre doigt pointe sans doute en direction du Canada, de la Grande-Bretagne, du Mexique ou du Japon. Si vous êtes en Europe, il est probablement orienté vers un pays européen voisin, et ainsi de suite. Mais dans quelle direction se trouve le Ciel ? Je vais vous le dire avec précision. Il se trouve dans la direction opposée à celle indiquée par votre doigt. Son relèvement de compas est de cent quatre-vingts degrés – pas cent soixante-dix ou cent quatre-vingt-dix – par rapport à la direction que désigne votre index. Alors, s'il vous plaît, avec votre autre main, désignez la route vers le Ciel. Très bien. Nous savons maintenant exactement où nous allons.

Combien de temps va durer le voyage ? À cette question aussi je peux répondre précisément. Quelle est la distance entre vous et ce doigt pointé vers vous ? Regardez et voyez. Je dirais... environ trente centimètres. Ce n'est donc pas un long voyage si l'on considère la nature exotique du pays où il va nous conduire, qui est le vrai pays des Merveilles !

Quel véhicule allez-vous employer pour faire ce remarquable voyage ? Eh bien nous en avons actuellement une vingtaine de disponibles. De conceptions très variées, ils sont tous confortables et fiables (pour plus de détails, consultez nos autres brochures de voyage), mais en ce moment même il se trouve que le plus pratique n'est autre que cet index pointé vers vous. C'est vous qui allez le conduire. Dirigez-le lentement, avec la plus grande attention, vers le lieu que vous avez l'habitude d'appeler votre visage... Voyez vous-même. Ici, de toute évidence, vous avez plus qu'un aperçu de la vastitude du Ciel...

Un voyage facile, non ? Et combien de temps vous a-t-il fallu pour arriver au Ciel ? Trois ou quatre secondes au plus, ce qui ne le cède en rien à la performance des véhicules spatiaux les plus récents, dans leurs voyages vers des régions de moindre intérêt.

Le pays

Voyez vous-même. Voici le pays véritablement grand, en comparaison duquel tous les autres sont minuscules. L'une des premières choses que les visiteurs vont probablement remarquer, c'est qu'il s'étend visiblement à l'infini et n'a en fait aucune espèce de limite. Ce qui permet de percevoir distinctement cette infinité, c'est la clarté parfaite de l'air du Ciel. Pas de brumes, pas de voile atmosphérique obscurcissant les horizons lointains, aucun de ces clairs-obscurs que les peintres de paysages recherchent tant. Rien d'étonnant à ce que Thomas A' Kempis appelle le Ciel « le pays de l'Éternelle Clarté » !

En fait, le Ciel est si vide et si nu que certains, qui le connaissent bien, l'ont décrit comme un immense désert. Mais que cela ne vous rebute pas. Il est également vrai que la vue est magnifique et beaucoup plus variée que dans n'importe quel autre pays, et ceci pour une raison très simple. Le Ciel absorbe et englobe tout le paysage du monde entier. Il ouvre la plus immense et la plus magique des fenêtres sur tous les pays de la Terre, la fenêtre panoramique originelle, sans cadre, sans verre, immaculée. Les gens croyaient que le Ciel *abaissait son regard* sur le monde avec une certaine condescendance. Voyez vous-même. Je crois que vous allez découvrir qu'il *regarde simplement* le monde sur lequel il est ouvert. Sans doute voyez-vous déjà que la vacuité immense que désigne votre index est pleine à ras bord de la scène qui s'offre à elle, le mur d'en face, les meubles de la pièce, par exemple. Et que non seulement elle en est absolument pleine, mais que les deux ne font qu'un. Loin de se tenir à distance, le Ciel s'ouvre tellement sur la Terre qu'en réalité il est plus la Terre que la Terre elle-même. Je vais vous dire pourquoi. Alors que la Terre n'a pas de place pour le Ciel, ni ses habitants les uns pour les autres, le Ciel est largement ouvert pour elle et toutes ses créatures. Sur Terre, chaque observateur a divisé le monde en deux : lui-même et ce qu'il observe, si bien qu'il ne peut jamais voir le monde tel qu'il est. Au Ciel, cette division n'existe pas et le monde est vu clairement et dans sa totalité – ce qui est très différent. Le Ciel disparaît en faveur de la Terre, donne sa vie pour la Terre, l'accepte jusque dans ses moindres détails, même les plus insignifiants ou les plus sordides. Au Ciel, vous découvrirez que vous êtes si grand ouvert et construit pour l'amour que l'amour naîtra tout naturellement en vous.

Il y a bien des années, quelqu'un a dessiné ainsi son corps céleste :

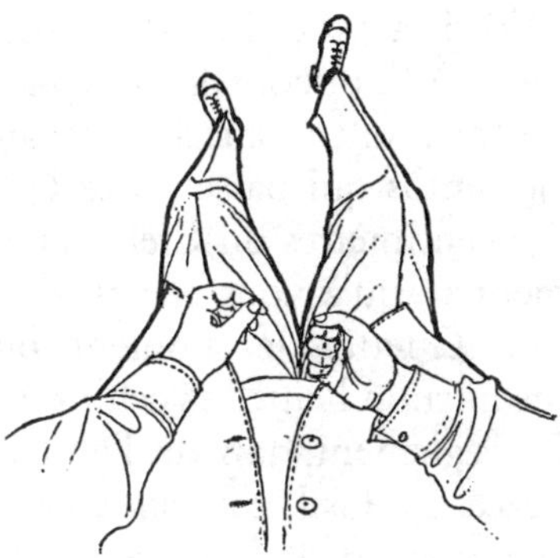

Remarquez dans quel sens il est et ce qui manque. On peut également l'appeler notre « corps de résurrection ». Oui, le vieux dogme de la résurrection du corps prend un sens, mais il faut être au Ciel pour le voir.

Vous découvrirez à quel point votre vie en tant que corps céleste diffère de l'ancienne vie dans l'ancien pays. Il est probable que les couleurs seront plus brillantes, les formes mieux galbées, que les sons, les odeurs et les goûts chanteront les louanges du Ciel avec ravissement. Mais le plus merveilleux, c'est qu'étant mort (sans vous en apercevoir) à l'entrée du Ciel, vous ne pourrez plus jamais mourir, la décapitation étant le mode d'exécution le plus radical et le plus sommaire.

Oui, comme je l'ai déjà dit, il est interdit d'importer certains produits au Ciel. Et le premier de ces produits, c'est la tête. Vous devez laisser la vôtre dans un entrepôt frigorifique à la douane. D'où le proverbe céleste : *Perdez votre tête et trouvez votre cœur*, ou *Laissez votre centre de gravité descendre dans votre cœur et votre ventre.*

De même sont strictement interdites toutes les sortes de montres. Voici la procédure de douane : élevez le bras devant vous à l'horizontale et repliez-le de façon à bien voir votre montre-bracelet ; regardez l'aiguille qui marque le temps qui passe ; lisez l'heure qu'il est là-bas, à trente centimètres du Ciel. Maintenant, amenez-la lentement jusqu'à vous et voyez ce qui se produit en route. Guettez le moment où la montre n'indique plus aucune heure, et celui où elle disparaît carrément. La réglementation de l'entrée au Ciel est vraiment efficace. Le Ciel, c'est *maintenant et hors du temps.* Ici, vous jouissez de la vie éternelle, il ne s'agit plus de ce perpétuel futur qui est un rêve dénué de sens sinon un cauchemar.

Au Ciel, c'est la paix et le repos parfaits. Non qu'il y manque le spectacle du mouvement. Tout le bouillonnement, toute l'agitation frénétique du monde s'inscrit sur le fond de l'immobilité du ciel. Cela aussi, vous pouvez déjà le voir très clairement si, après avoir fait ce voyage de trente centimètres pour rentrer CHEZ VOUS, vous commencez à pivoter sur vous-même. Regardez, et voyez alors que c'est le monde d'où vous venez qui tourbillonne à toute vitesse, et non pas cet AUTRE MONDE où vous venez d'arriver.

Bien. Je pourrais continuer ainsi indéfiniment. Il y a des découvertes innombrables à faire au pays de l'Éternelle Clarté. Mon but ici est d'aiguiser votre appétit pour le festin qui vous attend. Mais toutes ces découvertes ne sont rien à côté de leur apogée qui est votre rencontre avec le Roi.

Le Roi

Je ne peux pas vous dire grand-chose sur cette entrevue : c'est essentiellement une affaire personnelle. Mais ceux qui ont eu la joie d'avoir plusieurs audiences avec Sa Majesté nous ont donné une idée de ce qui se passe. Ils disent qu'Il est si bon, si accueillant et si plein d'amour qu'il s'agit plus de l'union de deux êtres que de leur rencontre. Ou plutôt, que vous prenez conscience au plus profond de votre cœur qu'en dehors du Roi, qui est l'Être même, vous n'existez pas du tout. Aussi vous donne-t-Il un nouveau nom, votre nom céleste, qui n'est autre que *son* nom. Il est magnifique d'être Lui. Il n'y a pas de mots pour décrire la félicité de cette identité ultime.

Tout ceci est destiné à vous encourager, ce n'est pas à croire. Venez au Ciel, et vérifiez vous-même.

À vous de décider

En réalité, si vous avez fait ce que je vous ai demandé de faire et accompli ces petites excursions, vous avez déjà tout vu. Cette brochure n'est pas une publicité ordinaire pour les voyages, car elle comprend une visite éclair du pays proposé. C'est plus que généreux de notre part, sans aucun doute, mais nous pensons que c'est excellent pour les affaires. Avant de réserver une place pour un voyage, nos clients ont une idée précise de ce à quoi ils peuvent s'attendre.

Alors, je vous pose la question : avez-vous assez vu cet endroit, ou voulez-vous y retourner ? Vos premières impressions vous encouragent-elles à y faire de fréquentes visites, en utilisant divers véhicules afin de choisir celui que vous préférez ? Si oui, nous sommes à votre disposition.

Et au cas où vous songeriez à poser votre candidature pour devenir citoyen du Ciel, je vous promets que cela ne vous coupera pas de la Terre. Bien au contraire. Je vous l'ai déjà dit : le Ciel est plus la Terre que la Terre elle-même. Le paysage du Ciel est celui de la Terre vu dans sa réalité, c'est-à-dire illuminé et profondément transformé par la Claire Lumière du Ciel.

18

Prospérité, architecture
et comment faire face à l'inattendu

Diplômé en architecture, j'ai exercé cette profession jusqu'à ma retraite, à soixante ans. Même si la pratique de l'architecture a été ma seule source de revenu, ce n'était pas une vraie vocation. Je n'y ai jamais mis tout mon cœur. Par la grâce de Dieu et par un miracle qui a duré quarante ans, j'ai réussi à exercer mon métier (et à gagner raisonnablement ma vie) tout en consacrant l'essentiel de mon temps et de mon énergie à Son œuvre.

Inutile d'expliquer ce qu'est cette œuvre. Chaque chapitre de ce livre est une version de cette simple vision intérieure que je partage à travers le monde avec tous ceux et celles que cela intéresse, et que je savoure chez moi tout en méditant et écrivant à ce propos.

Je ne puis imaginer travail plus gratifiant ni plus fascinant que le mien. Il m'envoie sur les cinq continents et me fait rencontrer des groupes divers, grands ou petits, qui s'intéressent à la philosophie, à la psychologie, à la religion, à la méditation, et parfois à un étrange mélange des quatre. Quant aux individus que je rencontre, avec qui je travaille et dont certains deviennent des amis très chers, ils représentent tout l'éventail de la condition humaine. Oui, je vous assure, c'est une vie pleine d'aventures, de défis et d'imprévus, une vie faite pour vous obliger à rester alerte.

Dans ce chapitre, je voudrais donner deux exemples des contre-temps et péripéties qui surgissent toujours inopinément, et de la façon dont on peut y faire face. Ce sont deux histoires vraies qui montrent comment, lorsque l'homme est réduit à sa dernière extrémité, c'est l'occasion pour Dieu d'intervenir.

Il y a deux ans, je me trouvais à Vancouver. À ma grande surprise, je fus invité à prêcher le sermon du dimanche matin dans un lieu de culte dont je ne savais presque rien. On m'avait seulement dit que c'était une église « blanche » et « vaguement évangélique », que l'office serait célébré dans une salle louée, non dans une église normale. J'imaginais une vingtaine de dames d'un certain âge, en longues jupes noires, dont l'une jouerait sur un harmonium poussif, dans une espèce de cabane rénovée... Perspective fort peu prometteuse ! Mais comme toujours j'acceptai, selon le principe de « on ne sait jamais ». Du moins allais-je pouvoir parler de ce que je voulais.

Oui, vraiment, on ne sait jamais ! La surprise qui m'attendait à mon arrivée me rappela la nécessité de rester toujours l'esprit ouvert et prêt à tout, ou à peu près. La salle se révéla aussi vaste qu'une gare de chemin de fer, bondée et très bruyante. Sur un grand podium, au centre, s'affairaient plusieurs meneurs de jeu (est-ce bien le mot juste ?) et des chanteurs, dirigés par une dame pasteur extraordinairement pimpante et exubérante. On me conduisit à un siège à l'arrière du podium pour y attendre mon tour.

Les fidèles se tenaient par la main, frappaient du pied, se balançaient, frappaient dans leurs mains et chantaient à tue-tête. La dame pasteur réussissait l'exploit invraisemblable de diriger l'hymne tout en caracolant à travers l'estrade dans ce qui semblait un état d'extase délibéré. On devait pouvoir entendre le service (si c'en était bien un) dans tout le quartier.

Ce n'est pas du tout mon genre, pensai-je, assis là. Qu'avais-je à offrir à cette foule en délire ? Quelle chance avais-je de les calmer pour qu'ils soient capables d'entendre tant soit peu mon message ? Tout ce que je pourrais faire, lorsqu'on m'appellerait, ce serait de me dresser sur mes pattes de derrière, la tête vide, et d'écouter avec intérêt ce qui sortirait de ce vide. Je me mis à prier – ô comme je priai ! – pour être guidé.

Et je le fus, concrètement. La direction à suivre n'aurait pu être plus précise, ni plus surprenante – pour ne pas dire alarmante.

Ayant conclu de manière vibrante le rituel de chant et de danse, la dame pasteur, légèrement calmée, demanda aux fidèles d'apporter leurs témoignages. Un jeune homme se leva immédiatement pour dire comment il avait été menacé par un créancier en colère qui lui avait prêté deux cents dollars. Dans son désespoir, il s'était mis à prier. Et voici qu'un chèque du montant exact de sa dette était arrivé par le courrier. Il se rassit au milieu des hourras et des applaudissements. Plusieurs témoignages suivirent, la plupart d'ordre financier, certains d'ordre médical, tous ayant trait aux réponses à la prière. Dieu commençait à ressembler à une sorte d'hybride tenant à la fois du distributeur d'argent et du médecin généraliste surmené.

Et ensuite, la bombe ! La dame me présenta : j'étais le conférencier du matin et le sujet de ma causerie allait être... LA PROSPÉRITÉ ! La prospérité, je vous demande un peu ! De tous les sujets, c'était bien le dernier dont je voulais parler. Ce que j'avais à vendre allait coûter au client les yeux de la tête, sa vie même. La pauvreté, voilà le sujet idéal pour moi. J'avais eu la naïveté de croire que j'aurais carte blanche pour choisir mon sujet, partager mon message. Et je me retrouvais juché en haut de la chaire, l'esprit vide, attendant la fin des applaudissements, à l'écoute de ce qui allait sortir du Vide.

Après un long silence (je commençais à me demander si quoi que ce soit allait sortir), je m'entendis affirmer que moi aussi je voulais être prospère, riche, et même très, très riche. Riche et heureux, et non pas riche et malheureux ou même suicidaire, comme tant de milliardaires et autres personnes couronnées de succès dont on entend parler. À quoi bon, demandai-je, la prétendue prospérité qui vous laisse le cœur serré et en faillite ? On me dit que le taux de suicide tend à augmenter avec le niveau de vie. Et pourtant, pourtant... moi aussi, comme tout être humain en pleine possession de ses moyens, je voudrais être vraiment riche. Comment ? Voilà la question.

Le silence qui envahit alors la salle ne semblait pas des plus chaleureux. Nullement décontenancé cependant, je m'entendis poursuivre, disant que le plus satisfaisant des soldes bancaires, le plus intéressant des portefeuilles d'investissement ne sont rien comparés à l'authentique fortune, source de bonheur, qui nous est offerte, nous attend et nous supplie de la réclamer. Se contenter de ces bagatelles n'est que manque d'audace, la preuve évidente d'une attitude mesquine et pingre face à la vie. En vérité, les Rockefeller et Getty du monde sont de piètres financiers : ils accumulent la petite monnaie et ignorent la véritable fortune. Pauvres magnats ! Qui voudrait suivre leur exemple et atteindre ce genre de prospérité ?

Non merci ! La pure vérité, c'est qu'il n'y a qu'un seul être qui soit riche, totalement riche, riche et heureux. Riche non pas d'une richesse qui pue, mais de celle qui sent bon. Et c'est le Créateur, propriétaire, soutien et apogée de toutes choses. La Terre appartient au Seigneur, et par là même l'abondance. Dans ce cas, notre meilleur espoir – en fait notre unique espoir d'hériter d'un peu de Sa richesse –, c'est de rester aussi proche de Lui que possible. Pourquoi ne pas accrocher notre minuscule chariot à Son étoile, dans l'attente d'être par moments éclaboussés de poussière d'étoile ?

Il y a, en réalité, un moyen infiniment plus sûr, direct et satisfaisant de m'attacher à Lui. C'est tout simplement être Lui. Disparaître en faveur de Celui qui est plus moi que je ne le suis. Vous parlez de salut ici ? Eh bien je dis qu'être sauvé, c'est être Lui. Et non seulement il n'est ni impossible ni difficile de réaliser cette Identité suprême, mais cela devient l'état le plus évident et le plus naturel que nous puissions imaginer dès que nous faisons pivoter notre regard et notre attention vers l'intérieur de nous-même.

Le silence de mort qui accueillit ces mots n'aurait pas pu être plus éloquent. Il me disait, entre autres, que je n'étais pas leur prédicateur favori et qu'il serait malavisé de compter sur une nouvelle invitation !

J'essayai, évidemment, de leur montrer que tout ce que j'avais dit était profondément traditionnel et constituait en fait le cœur de tous les grands enseignements mystiques du monde. Chacun d'entre nous n'est rien d'autre que le temple du Dieu vivant. Et, bien sûr, ce qui est beaucoup plus important encore, je leur conseillai vivement de ne croire ni moi, ni les Écritures, ni aucun on-dit, mais de vérifier eux-mêmes, pour eux-mêmes, la vérité de ce glorieux message. Et je les assurai qu'ils n'avaient qu'une seule chose à faire : regarder (à l'aide du doigt qui pointe) CE à partir de quoi ils regardent, leur véritable nature au centre, celle qui est pur espace, espace conscient, espace d'accueil pour tout ce qui se présente. Leur véritable nature qui est à la fois NON-CHOSE et TOUTES CHOSES, et donc absolument pauvre et absolument riche. Certaines personnes, au premier rang, firent vraiment, avec moi, les quelques expériences que je suppliai toute l'assistance de faire. Les autres restèrent immobiles, figés, le regard fixe.

Lorsque je regagnai mon siège à l'arrière de l'estrade, le silence était assourdissant. Le service se termina par une collecte à laquelle tous furent appelés à contribuer selon leur prospérité. Je ne fus guère étonné de ne pas recevoir le moindre centime de cette énorme collecte pour payer mes frais de voyage, ni même une tasse de thé, ni le moindre remerciement de la part de cette femme pasteur. Elle disparut de mon horizon sans laisser de trace.

Pas plus que je ne fus surpris de trouver à la sortie trois étrangers au visage rayonnant qui m'assurèrent, dans un grand sourire et avec force embrassades, qu'ils avaient reçu mon message, que j'avais ouvert pour eux une caverne d'Aladin et que leur vie allait certainement être changée à partir de ce moment.

Comme j'avais manqué de confiance, comme j'avais été stupide, pensai-je, d'imaginer que j'avais perdu mon temps en me donnant tant de mal pour finir par choquer une assemblée d'honnêtes citoyens ! Et si, sur trois cents personnes, trois seulement m'avaient entendu, fallait-il m'inquiéter ? Dans ce métier qui est le mien, il est inutile de compter les têtes. Dieu a une autre façon de calculer. Visible ou invisible, son entreprise n'échoue jamais. Des graines de Dieu ont été semées dans le cœur de chaque personne présente dans cette salle. Et tout comme les graines de pommes deviennent des pommiers, les graines de Dieu deviennent Dieu. Il n'y a pas de mauvaises graines de Dieu. Elles peuvent être enkystées, mises en capsules pendant longtemps, mais on peut être sûr qu'elles germeront et pousseront un jour, quelque part.

Bref, ce n'était pas une situation difficile qui avait été résolue tant bien que mal, mais une splendide opportunité qui avait été saisie.

Ma deuxième histoire se situe à Honolulu et illustre également la façon dont l'inattendu surgit dans mon travail et comment on peut tirer parti du pire. Les amis chez qui je séjournais avaient organisé pour moi une série d'ateliers-conférences en ville et ailleurs.

Arrivé dans l'un des endroits les plus éloignés, je trouvai une trentaine de personnes m'attendant avec impatience. L'organisatrice me présenta fort gracieusement comme M. Harding, l'architecte anglais qui, évidemment, allait leur parler de l'architecture anglaise ! L'architecture anglaise moderne. Eh oui ! Il y avait eu une confusion monumentale. Que faire ?

Trois solutions étaient possibles. Je pouvais expliquer que, hélas !, je connaissais peu la différence entre l'architecture anglaise et celle des autres pays, et que de toute façon l'architecture n'était plus mon domaine. Je leur aurais ensuite présenté mes plates excuses pour le malentendu qui s'était produit entre les organisateurs et moi, et me serais éclipsé. On pourrait penser que c'était là une solution facile et raisonnable. Ou alors, je pouvais enfiler le masque et essayer de donner le change en faisant ce qui serait certainement la conférence la plus nulle et la plus ennuyeuse jamais prononcée sur ce sujet. Un supplice pour eux, et pire pour moi. Ou, enfin, un miracle pouvait se produire, et pas n'importe quel miracle : il pouvait y avoir une façon de présenter à la fois le sujet auquel ils s'attendaient et celui, très différent, dont j'étais venu parler – et ce de manière naturelle, sans le moindre compromis. Ainsi les deux sujets ne seraient plus différents, mais complémentaires, auditeurs et conférencier seraient comblés. Impossible convergence, pourrait-on penser, miracle inconcevable. Et c'est ce que je pensais.

Puis, je me suis souvenu que le grand secret de la vie, le grand savoir-faire, ce n'est pas de savoir, mais de ne pas savoir. C'est seulement lorsque je suis à bout de ressources que Celui que je suis vraiment peut entrer en jeu. Comment peut-Il prendre le relais tant que je m'accroche à mon petit moi ?

Alors, l'esprit complètement vide, faisant appel à la

Ressource qui ne m'a jamais abandonné, je m'entendis parler à ces amis hawaïens à peu près en ces termes :

Je suppose qu'à la fin de cette réunion, vous allez rentrer chez vous, dans la maison que vous reconnaissez sans aucun doute comme la vôtre, même si elle est semblable à celle de vos voisins. Supposons également que, pour une fois, vous vous attardiez un peu à la porte du jardin. Vous observez votre façade (d'un regard approbateur, je l'espère, et comme pour la première fois) et vous remarquez la forme, le nombre et la disposition des fenêtres, la porte d'entrée, etc. C'est important, car c'est la façade que vous présentez au monde.

Vue de là où vous êtes, à l'extérieur, et sur la seule évidence de l'instant présent, rien ne peut laisser deviner à qui que ce soit ce qu'il y a à l'intérieur. Les rideaux et les reflets sur les vitres empêchent les gens de voir à l'intérieur. Pour autant que l'observateur extérieur puisse voir en ce moment, l'intérieur pourrait être tellement bourré de caisses pleines de meubles qu'il n'y aurait aucune place pour le moindre habitant. « Quel intérieur ? » pourrait-on même demander. Car en fait, si l'on se fie uniquement à ce qu'on peut réellement voir, cela pourrait fort bien être un objet solide et compact, pas du tout un objet creux.

Je vous entends d'ici vous exclamer : « Assez de sottises ! Je n'ai pas besoin qu'on me dise de regarder à l'intérieur, je ne suis pas une personne déplacée sans maison ni foyer. Ceci est ma demeure. » Et immédiatement vous dissipez la dernière ombre de doute en traversant le jardin : vous ouvrez la porte d'entrée et pénétrez dans ce lieu spacieux que vous appelez à juste titre votre salle de séjour. Vous embrassez la pièce du regard, vous vous installez confortablement et ne pouvez vous empêcher de remarquer à quel point l'intérieur évidé de votre maison est différent de l'extérieur compact, et comme sa façade donne peu d'indications sur l'espace qu'elle renferme. Les amis qui me rendent visite dans ma maison, en Angleterre, sont souvent étonnés de voir combien l'extérieur est trompeur. L'intérieur se révèle tellement plus vaste qu'ils ne s'y attendaient. (En fait, lorsque j'ai dessiné les plans de ma maison, mon objectif principal était de tirer le meilleur parti d'un petit espace, en plaçant des miroirs à des endroits stratégiques, en créant des pans de mur qui empêchent de voir ce qu'il y a derrière, en laissant des espaces ouverts.) D'une manière générale, l'extérieur des maisons, même les plus conventionnelles, est totalement différent de l'intérieur, et à bien des égards le contraire même. Pourquoi ? Pour la très simple raison que le premier est destiné à être regardé, alors que le second est le lieu d'où l'on regarde, et parce que le rôle du premier est d'enfermer l'espace, alors que le rôle du second est de s'ouvrir et d'ouvrir l'espace. Le premier offre une solide façade publique pour abriter votre salle de séjour privée, alors que le second est votre salle de séjour elle-même. Il est vrai que les fenêtres et les portes qui apparaissent sur la façade extérieure apparaissent également à l'intérieur. Mais la similitude s'arrête là. Tout le reste est contraste.

Jusqu'ici, il peut vous sembler que je m'efforce laborieusement de démontrer l'évidence. D'accord. Mais voyez-vous, c'est ce qui est le plus évident dans notre vie qui est le plus ignoré et le plus sous-évalué. Soyez patients avec moi, tandis que je poursuis ma démonstration.

Dans cette maison qui est la vôtre, vous découvrez un mystérieux étranger. Un étranger curieusement autonome, logé dans ses propres locaux. Une créature bien ajustée à sa maison, un peu comme un escargot ou une tortue. Alors que votre carapace (de briques, de tuiles, ou de verre) était dure, rigide et sans poils, la sienne est tantôt solide et tantôt molle, tantôt lisse et tantôt poilue. Il arbore une porte d'entrée qui, au lieu de pivoter, s'ouvre de bas en haut comme la herse d'un château fort, et deux minuscules fenêtres, de part et d'autre de la herse, munies de volets qui sont fermés la nuit, et s'ouvrent et se ferment très fréquemment le jour. Quant à la forme générale de sa maison, elle n'est pas rectiligne comme la vôtre, mais arrondie comme celle d'un escargot. Son architecture est d'un style vraiment très différent. Elle a des fenêtres et des portes, quelque chose comme un toit de chaume, des colonnes et des ailes si l'on peut dire, et elle est souvent très belle.

Il reste trois différences frappantes. La maison de cette créature se construit, s'entretient et se répare de l'intérieur. Elle est remarquablement flexible. Elle est mobile. À tel point que vous pourriez comparer votre maison à un garage de luxe pour un occupant qui ressemble à un camping-car. Qui donc est ce bel étranger si énergique au milieu de vous, ce pensionnaire qui n'a pas été invité (ce n'est certes pas un parasite) et qui fait comme chez lui ?

Ne cherchons plus. Loin d'être un étranger, c'est

votre propre incarnation, votre être de chair et de sang. C'est sa maison, son architecture que nous venons d'examiner brièvement de loin, tout comme nous avons examiné votre maison de pierres ou de briques depuis le jardin.

Ai-je besoin de dire qu'elle aussi a un intérieur, le lieu sur lequel s'ouvre la porte herse, le lieu que, d'une certaine manière, ces deux minuscules fenêtres éclairent ? Lui aussi est fait pour être habité. Et il est évident que c'est également un lieu d'où l'on regarde, et pas seulement que l'on regarde. C'est là que vous demeurez. Vous ne hantez pas votre jardin en contemplant votre façade de pierre, pas plus que (si vous avez le moindre bon sens) vous ne hantez votre salle de séjour en contemplant votre visage de chair et de sang. Non, vous y entrez carrément. Vous découvrez ce qui est derrière ce visage. Vous prenez possession de votre « maison dans votre maison », et êtes ainsi doublement logé. Un arrangement fort habile et séduisant.

Mais attention ! Y entrez-vous vraiment ? Vous y installez-vous réellement et sincèrement, vous y installez-vous consciemment ? Je me le demande.

Ce qui est étonnant, c'est que vraisemblablement vous ne le faites pas. Il n'est que trop facile de remettre indéfiniment la date de l'emménagement, en se fondant sur l'hypothèse vague et non vérifiée que toutes ces planches murales aux couleurs vives, tous ces livres d'anatomie (sans parler des rapports d'autopsies menées dans les morgues) prouvent que votre maison intérieure est bourrée à craquer d'organes qui ne laissent aucune salle de séjour libre pour vous. Il est vrai que votre demeure semble tellement bien équipée de tous les gadgets dont vous avez ou pourriez avoir besoin qu'il n'y a plus de place pour vous, et vous êtes une sorte de personne déplacée vivant une vie littéralement excentrique. Que vous, oui vous en tant que première personne du singulier, soyez unique et ne ressembliez à aucune de ces deuxième et troisième personnes, qu'en contraste saisissant avec elles vous soyez totalement vide et en possession de toute la salle de séjour du monde, c'est là une possibilité qui ne vous est peut-être jamais venue à l'esprit. Avec tout le respect que je vous dois, je vais supposer que c'est le cas. À de rares exceptions près, l'illusion humaine universelle est la croyance – si bien admise que personne ne songe à la formuler – que *physiquement* en tant que première personne du singulier on n'est pas différent des autres êtres humains. Bref que, comme eux, on est plein de matière.

Dans le peu de temps qu'il me reste, je veux vous montrer à quel point cette croyance est insensée. Je veux vous soumettre la preuve de votre unicité à tous les égards, et en particulier la preuve de l'immensité et de la clarté qui vous attendent dans votre « maison à l'intérieur de votre maison, » et comme il est facile d'y emménager.

Pour plus de précision, je vais diviser ma démonstration en quatre sections :

1. Tradition
2. Voyez vous-même
3. Rentrez chez vous
4. Le résultat pratique

1. La tradition

La philosophie éternelle – autrement dit les grandes traditions mystiques qui se trouvent, plus ou moins cachées, au cœur de l'hindouisme, du bouddhisme, du taoïsme, du judaïsme, du christianisme et de l'islam – fait deux propositions fondamentales :

- À l'intérieur de vous-même, au centre, vous êtes essentiellement une Clarté immense appelée alternativement : Esprit, Vide, Royaume des Cieux, Temple de Dieu, Espace, Transparence, Capacité, Non-chose éveillée à elle-même en tant que Non-chose, Vacuité infinie... Les termes sont nombreux et variés, leur sens est le même. Vu de l'intérieur (disent-ils), vous êtes plus vaste, plus clair et plus ouvert que le ciel sans nuages.
- Pour trouver le bonheur, il vous suffit de regarder sans cesse à l'intérieur et d'être CE que vous voyez. Voir ainsi votre véritable nature et vivre consciemment à partir de cette vision, c'est être sauvé, libéré, éclairé, éveillé. Sauvé de la mort et de tous les maux, libéré des chaînes qui vous liaient, éclairé sur votre identité, éveillé de votre long sommeil. Là encore, le langage varie selon les traditions, mais le sens général est le même. Vous feriez mieux de regarder à l'intérieur de vous-même et de prendre au sérieux ce que vous découvrez, sans quoi...

Il est fort peu probable (vous en conviendrez, je

pense) qu'une doctrine aussi universelle et ancienne, et qui a de plus en plus cours aujourd'hui, soit simplement une vaste blague, des désirs pris pour des réalités sans aucun fondement réel. Elle demande au moins à être vérifiée, aussi honnêtement et sérieusement que possible. S'il est une hypothèse qui sollicite une étude rigoureuse, c'est bien celle-ci.

La démarche suivante s'impose : vérifiez vous-même, sur-le-champ.

2. Voyez vous-même

Vous avez dissipé ces doutes absurdes concernant l'espace ou la salle de séjour de votre maison en ouvrant la porte d'entrée et en pénétrant à l'intérieur. Maintenant, faites la même chose avec votre maison intérieure. Ouvrez la porte et entrez. Pour cela, ouvrez la bouche aussi grand que possible, enfoncez votre index d'un centimètre environ à l'intérieur et maintenez-le dans cette cavité tandis que vous observez ce qu'il désigne.

Si vous n'avez pas recours à l'imagination, si vous n'importez rien ici qui appartienne à d'autres situations, vous verrez que vous désignez un vide intérieur qui n'a ni contenu ni limite. Vous ne pensez ni ne ressentez ce vide, vous voyez simplement cet espace infini qui a dissous non seulement votre doigt et une grande partie de votre main, mais également toute trace de votre tête. Sur l'évidence de l'instant présent, vous êtes ce que la philosophie éternelle dit que vous êtes. La grande tradition avait raison. Alors, installez-vous CHEZ vous, déployez-vous, soyez le Vide infini. Habituez-vous à votre véritable nature.

Je crois vous entendre protester que, même si c'est vrai, ce n'est pas une bonne nouvelle. Quoi de plus triste et ennuyeux que d'être *absolument rien*, coincé pour toujours dans ce lieu où il n'arrive jamais *absolument rien ?*

Ne vous inquiétez pas. Votre maison intérieure n'est pas sans fenêtres, pas plus qu'elle n'est sans porte. Regardez et voyez. Les deux minuscules fenêtres qui apparaissent sur la façade extérieure se fondent en une immense fenêtre panoramique, sans vitre ni cadre, d'où vous avez une vue spectaculaire sur le monde sans cesse changeant. En fait, loin d'être simplement vide et donc atrocement déprimant, votre espace est plein à ras bord de la scène qui s'offre à lui : d'abord des morceaux de votre architecture courbe (comme la poitrine et les membres), puis des morceaux de votre architecture rectiligne (comme les tapis, les murs et les portes), et enfin la vue encadrée par ces fenêtres là-bas. On pourrait dire que votre espace infini est tellement saturé de cette scène que l'un et l'autre sont devenus aussi inséparables qu'ils sont distincts. Ou bien, selon la tradition zen, que *nirvâna* (votre état en tant que NON-CHOSE) est *samsara* (votre monde de choses, votre état en tant que TOUTES CHOSES), et vice versa. Ou encore, selon moi, que vous tirez le meilleur parti des deux mondes en *étant* celui qui est à jamais le même, tout en *ayant* celui qui change sans cesse. Vous êtes un avec le monde, et à l'abri du monde.

Ne croyez pas un mot de tout ceci. Voyez vous-même si ce n'est pas absolument évident dès que vous regardez au bon endroit. Revenez simplement à la raison, rentrez CHEZ VOUS dans cette demeure que vous n'avez jamais vraiment quittée, cessez de jouer le jeu de la personne déplacée et découvrez ce que c'est qu'être vraiment béni.

3. Rentrez chez vous

Cela vous semble-t-il encore aussi absurde et ridiculement prétentieux de prétendre être construit sur un modèle aussi fabuleux, aussi immense, et à la fois totalement vide et totalement plein ? Demandez-vous : « Qu'ai-je donc de si extraordinaire ? » Je vais vous le dire.

Vous êtes fait pour remonter jusqu'au centre de vous-même, vous perdre et trouver à votre place le Dieu qui se voit Lui-même en tant que NON-CHOSE *et* TOUTES CHOSES. Voilà ce que vous avez de si merveilleusement extraordinaire. Les autres – Dieu les bénisse – sont faits pour être vus de l'extérieur, à une certaine distance, et vous voyez alors qu'ils sont des objets limités, composés de choses limitées. Non qu'ils soient défectueux. Au contraire, c'est ce qui leur donne tant de valeur, ce qui les rend si attachants, si précieux. *Vous seul êtes fait pour disparaître.*

Dès que vous aurez le courage et l'initiative d'entrer dans votre « maison à l'intérieur de la maison », vous verrez à quel point le saint Coran avait raison de dire que vous êtes « comme un mirage dans le désert que l'homme assoiffé prend pour de l'eau, jusqu'à ce qu'il y arrive et découvre qu'il n'y a rien, et là où il pensait trouver de l'eau, il trouve Dieu ». Quoi de plus extraordinaire que cela !

C'est la distance qui est importante. Si vous vous rapprochez de vous-même, vous traversez une longue série d'apparences mortelles. Entrez jusqu'au centre de vous-même, et vous êtes la Réalité immortelle à l'origine de toutes ces apparences. Si vous voulez être Vous-même et non plus une ombre de Vous-même, si vous voulez être réel (le), vous devez perdre l'habitude de sauter continuellement hors de vous-même pour vous voir de l'extérieur, comme les autres vous voient, et prendre l'habitude de rester CHEZ VOUS et de vous voir comme vous vous voyez vous-même. Votre demeure est un palais parfaitement conçu pour son royal occupant !

4. Le résultat pratique

J'imagine votre dernière question : « Comment cette façon de voir va-t-elle affecter ma vie ? Si c'est aussi vrai et important que vous le dites, les conséquences pratiques doivent être impressionnantes. Pour dire les choses crûment, que vais-je gagner dans ma vie quotidienne si je cesse de jouer ce que vous appelez le jeu de la personne déplacée ? »

Je vous promets que la récompense sera proportionnelle à la sincérité et à la persévérance avec lesquelles vous ferez ce retour CHEZ vous. Mais elle sera unique pour chacun d'entre vous et je ne peux pas la prédire dans le détail. Il y a cependant quatre choses que je puis dire sans risque de me tromper :

- Plus vous recherchez la vérité et moins vous attendez la récompense, plus vous serez récompensé.
- Vous capterez des énergies nouvelles, parce que vous perdrez l'habitude exténuante de l'excentricité et vous brancherez au contraire sur la source intérieure de toutes les énergies, au Centre.
- Vous découvrirez que vous retrouvez le naturel et la spontanéité de votre enfance. À cette différence près que lorsque vous étiez enfant, vous viviez spontanément à partir de votre Centre, et que maintenant vous le faites en pleine conscience. Mais maintenant comme alors, vous êtes espace d'accueil pour les gens qui vous entourent, et non pas l'un d'entre eux. Il en résulte un soulagement, une liberté extraordinaires. Surtout si, comme moi, vous aviez souffert d'une affreuse timidité.
- En fait, vous percevrez que vous êtes construit pour l'amour. C'est-à-dire que dans votre « maison à l'intérieur de la maison » vous êtes vide pour accueillir l'autre. Vous disparaissez en sa faveur, vous donnez votre vie pour cet autre. Le sentiment suit la vision. Votre cœur s'ouvre, votre amour commence à circuler naturellement et librement.

Soyez patient. Ne vous attendez pas à ce que ces résultats apparaissent immédiatement. Emménager dans une nouvelle maison prend du temps, exige de l'attention.

Pour conclure, je serai franc. Quand l'agent immobilier vous tend la clef de votre nouvelle maison, il ne vous conseille pas de l'utiliser et d'entrer. Comme il en va différemment de celui qui vous tend la clef de votre demeure à l'intérieur de votre maison ! Comme tous les autres agents de la Réalité, comme tous ceux qui voient la Réalité depuis des siècles et sont unanimes à ce sujet, il vous implore de regarder à l'intérieur. Pourquoi ? Parce qu'il a de bonnes raisons de croire que vous voulez à tout prix rester dehors. À vous de lui prouver qu'il a tort.

Voici, pour autant que je m'en souvienne, l'essentiel de la causerie sur l'architecture que ces amis hawaïens ont entendue. Avec bonne humeur, dirais-je. Je crois qu'ils ont eu l'impression que les architectes anglais étaient des gens bizarres. Ai-je réussi à en convaincre beaucoup qu'ils étaient construits de la façon la plus ouverte qui soit, ou construits pour l'amour et pour donner leur vie pour les autres ? J'en doute. Tout ce dont je suis sûr, c'est que J'ai beaucoup appris de ce qui avait commencé par ressembler à un stupide fiasco. Une fois de plus, Dieu avait eu l'occasion d'intervenir parce que l'homme était aux abois.

Je suis persuadé que lorsque vous vous consacrez à ce retour CHEZ VOUS, tout ce qui vous arrive n'est que rafraîchissement et carburant pour alimenter ce voyage des voyages.

Alors, bon voyage !

19

Une promenade dans la forêt

Cet été, marchant dans les montagnes boisées de la Drôme, dans le sud de la France, j'ai fait une curieuse découverte. Curieuse et bien utile pour les randonneurs de mon âge.

Gravir les pentes de ces sentiers de forêt est assez facile, à condition de faire attention de ne pas trébucher sur les pierres qui roulent, les rochers saillants et les nids de poule. Conscient de ce danger, j'observais attentivement le chemin et choisissais soigneusement mon parcours entre les obstacles, évitant ainsi de me cogner les orteils ou de me tordre la cheville. Ma prudence était assez efficace, mais elle avait deux inconvénients : je chancelais plutôt que je ne marchais à travers la forêt, et cette forêt, je ne la voyais pas. Les fleurs épanouies au bord du chemin, les arbres, les échappées vers les vallées profondes et les montagnes lointaines... tout cela était plus ou moins perdu pour moi. Mon paysage se réduisait à une paire de pieds se frayant un difficile passage à travers des vallées et des montagnes miniatures.

Je fus rapidement fatigué de cette scène monotone

au ras du sol et décidai d'adopter une façon de marcher totalement différente. Prenant ce qui me semblait un risque, *au lieu de regarder par terre je regardai droit devant moi.* Et je vis le chemin blanc, bordé d'arbres, qui apparaissait là-bas, à mi-distance, puis s'élargissait, devenait flou à mesure qu'il s'approchait de moi et finalement disparaissait complètement en moi. Plus d'obstacles par terre à présent, plus de jambes ni de pieds pour les contourner – absolument rien de tel. C'était comme si le chemin avait été aplani pour faciliter la marche, ou même comme s'il avait carrément disparu. S'il restait un marcheur (et ce n'était pas le cas), il marchait sur l'air ! Je ne me suis ni étalé par terre ni foulé une cheville. Bien au contraire, j'avançais désormais d'un pied sûr – parce que j'avais perdu pied. Et j'étais libre de savourer la forêt et les horizons lointains. La nouvelle méthode fonctionnait bien.

Elle fonctionnait du moins tant que je ne me perdais pas dans le paysage. Tout allait très bien tant que je restais centré, conscient d'être l'espace dans lequel cette forêt toujours changeante apparaissait, conscient de l'absence, ici, de tout « marcheur dans la forêt », conscient de la vacuité centrale qui annulait toutes les difficultés du terrain. En effet, je m'aperçus rapidement que, lorsque je me laissais captiver par quelque chose là-bas, je perdais contact avec ma grande ouverture ici et recommençais à trébucher. Il semblait que cette vacuité centrale fonctionnait d'autant mieux qu'elle avait la conscience aiguë de son propre vide. Il semblait que je devais dissoudre consciemment les obstacles qui se présentaient, ainsi que les pieds et les jambes qui s'étaient efforcés de les contourner, sinon ils me feraient trébucher.

Je me souvins de la triste histoire du mille-pattes qui suivait son chemin tranquillement, jusqu'au jour où une fine mouche lui demanda comment il faisait pour contrôler toutes ces pattes. Quelle adresse il lui fallait pour coordonner si efficacement tous ces mouvements ! Pauvre mille-pattes : un seul regard anxieux jeté sur son appareil de locomotion le fit s'arrêter sur-le-champ. Il n'est jamais reparti !

Des papillons inconnus volaient au bord du chemin et des hirondelles au-dessus de nos têtes. Tous des champions du vol : les papillons voltigeant de-ci, de-là pour éviter les prédateurs, les hirondelles (aviatrices innées) faisant paraître les acrobaties humaines gauches, et très dangereuses, un travail de dilettante. Certes, aucune hirondelle n'aurait l'idée de se retourner pour surveiller le réglage extrêmement subtil de ses ailes et de sa queue en plein vol : un seul coup d'œil et la petite créature tomberait certainement du ciel comme une pierre. *Pour lui-même*, aucun oiseau n'est un oiseau, aucun animal n'est un animal, c'est pourquoi leurs mouvements nous paraissent si beaux. Ils *sont* la scène devant eux. Avez-vous jamais vu votre chat se retourner en marchant pour regarder ses pattes, ou trébucher sur un jouet abandonné par terre ? Observez les tout-petits qui apprennent à marcher. Ils se penchent en avant, se concentrent sur ce qui est devant eux et laissent leurs petites jambes suivre derrière comme elles peuvent. La vérité (du point de vue de la première personne), c'est que nous apprenons à marcher sans jambes et n'acquérons ces poteaux de soutien que plus tard dans la vie. Le résultat ? Regardez de jeunes enfants au bord de la mer : ils courent partout, sur les rochers couverts d'algues et très glissants, regardant à peine où ils posent les pieds ; pourtant, ils ne tombent presque jamais. Comparez leur dextérité avec le jeu de jambes terriblement lent et vacillant de leurs parents sur le même terrain. C'est comme s'ils avançaient sur des échasses pour la première fois.

Comment retrouver l'art perdu du jeune enfant, du chat, de l'hirondelle, l'art du mouvement spontané et juste, sans surveiller les membres qui bougent ? Impossible de retourner au paradis ou en enfance. Je ne peux plus laisser la place – faire place – à ces collines et ces arbres lointains. Ce paysage ne réussit pas à me vider de moi-même. Pourquoi ? Parce qu'il subsiste *l'idée* de quelque chose ici (moi) réagissant à quelque chose là-bas (non-moi). La ferme conviction de tout adulte, la base de sa vie d'homme parmi les hommes (d'autant plus forte qu'elle n'a jamais été mise en question), c'est qu'il y a au centre de son univers une *chose* solide, opaque, colorée, compliquée, active, pratiquement invisible à son propriétaire, mais néanmoins parfaitement réelle. Cette conviction humaine universelle n'est jamais formulée distinctement. C'est inutile, car elle est trop évidente, elle va sans dire... Or c'est un mensonge ! En réalité, c'est LE mensonge.

Un mensonge qui ne cesse de se renforcer et de se solidifier, jusqu'à ce qu'un beau jour – avec un peu de chance – il devienne si douloureux et embarrassant que je suis amené à le reconnaître enfin pour ce qu'il est : une absurdité. Bien que je ne puisse plus, comme l'hirondelle, être libre de moi-même en *ignorant ma pré-*

sence, je peux *voir* (et je vois) que je suis l'espace dans lequel ma présence se produit. Bien que je ne puisse plus me permettre, comme le jeune enfant, *d'oublier* mes pieds et le sol qu'ils foulent, je peux me *rappeler* (et je me souviens de voir) leur dissolution. Avec la conscience qu'il n'y a personne ici qui marche dans la forêt, la promenade n'est pas fatigante du tout, elle devient facile et agréable. Sans cette conscience, elle est pénible. C'est une expérience, non une théorie. Le Vide se charge aussi bien des mauvais que des bons moments de la vie. Il est ici même, et il ne tient qu'à nous de vérifier cela à chaque instant.

Ce Vide miraculeux au-delà de toute expression, à partir duquel vivent toutes les créatures – savoir-faire incroyable à la disposition de tous, absence de corps au centre, qui coordonne et anime tous les corps issus d'elle –, ce Vide est unique et le même pour tous. Par essence, il est la perfection même, au cœur de l'homme, de l'enfant, du chat, de l'hirondelle, du ver de terre, de la cellule, de la particule. Mais alors, comment ces apparentes défaillances – ces chevilles foulées et ces orteils blessés – se produisent-elles tout au long de la route mal pavée de la vie ?

Nous comprendrons plus facilement si nous distinguons clairement les trois étapes ou niveaux du comportement que nous venons d'observer.

- D'abord, l'être non humain qui vit spontanément et sans encombre à partir de sa vacuité centrale, et donc sait que faire, comment et quand. Certes, c'est un spécialiste scrupuleux, qui se limite à son style de vie spécifique. Il s'occupe de ses propres affaires. Et avec quel résultat ! La première toile de la jeune araignée du jardin est un chef-d'œuvre d'ingénierie, et elle n'a jamais appris à construire une toile, ni à quoi cela sert. Là où j'habite, le ciel est parfois rempli d'oiseaux volant dans tous les sens, et pas toujours de la même espèce. Que je sache, ils n'ont pas de code de la route, pas de priorité à droite ou à gauche, en haut ou en bas, et pourtant je n'ai encore jamais vu un accrochage, encore moins une collision. Les oiseaux ne sont pas des exceptions. Toutes les créatures sont également douées, chacune à sa façon, et également ingénues.

- À sa façon, bien sûr, l'homme est encore plus doué. Il est le grand amateur, le grand dilettante, l'unique généraliste de la nature. Il n'y a guère de prouesse animale – sur terre, sur mer et dans l'air – qu'il ne puisse imiter, mais maladroitement dans l'ensemble, avec nombre de mésaventures, d'abus et de déceptions. Il est maladroit parce qu'il s'encombre d'un corps qui le rend maladroit, et il est frustré et malheureux parce que cette idée qu'il est un corps obstrue sa réalité qui est absence de corps. L'homme cesse de puiser son savoir-faire dans sa source omnisciente, aux ressources infinies, et pour se guider ne fait appel qu'à lui-même – à son corps-mental minuscule, handicapé et finalement irréel. Le résultat, bien qu'extrêmement impressionnant, est tellement désastreux que sa survie même en est menacée.
- Il y a un remède. Il ne s'agit pas de retourner à l'inconscience de l'animal ou de renoncer aux

acquis prodigieux qui sont le résultat de cette conscience de soi humaine par laquelle on s'imagine être ce que les autres voient. Il s'agit d'aller vers cette véritable conscience de soi (ou plutôt conscience du Soi) qui nous révèle ce que l'on est pour soi-même, vu de l'intérieur. Cela signifie rentrer CHEZ SOI, dans ce lieu que l'on occupe, et découvrir qu'il est vide, voir clairement CE QUE et QUI l'on a toujours été ici, au centre, et s'abandonner à Cela sans réserve. Il s'agit de retrouver, au niveau le plus haut, le talent naturel, la grâce et la spontanéité que seul l'homme, entre toutes les créatures, a réussi à étouffer. Ce qui revient à dire que la seule façon intelligente de marcher dans la forêt, c'est de voir qu'il n'y a personne qui marche.

20

Le pouvoir de la pensée positive

Depuis plus d'un siècle, les rotatives déversent un flot de livres sur le pouvoir présumé de la pensée positive. Ils prétendent enseigner au lecteur « la science de la magie mentale », « comment accomplir des miracles grâce à la volonté ou la concentration », « comment réaliser ses ambitions au moyen de la visualisation et de l'autosuggestion ». Certes, leurs propos varient beaucoup – du matérialisme le plus pur à une spiritualité assez facile –, mais ils sont tous fondés sur le fait indéniable que notre santé, notre fortune et notre réussite dépendent largement de notre attitude mentale. Quiconque est optimiste, déterminé, dévoué et animé d'une grande confiance dans le but poursuivi a beaucoup plus de chances de l'atteindre que quelqu'un qui est peu convaincu et redoute l'échec. Il n'y a aucun doute : la pensée positive est rentable. Non seulement elle engendre naturellement un travail soutenu et consciencieux qui à son tour engendre naturellement le succès, mais c'est en outre comme si le mental lui-même agissait directement (magiquement, pourrait-on dire) sur les choses et les gens, exerçant ainsi sur eux une influence secrète qui les pousse dans la direction souhaitée.

> Tant qu'on n'est pas vraiment décidé, il y a une hésitation, la possibilité de faire marche arrière, et on est toujours inefficace. Lorsqu'il s'agit de prendre une initiative, il y a une vérité élémentaire dont l'ignorance tue nombre d'idées et de projets splendides : c'est qu'à partir du moment où l'on s'engage totalement, la Providence entre en jeu. Toutes sortes de choses se produisent pour nous aider, qui ne se seraient pas produites autrement. Notre détermination suscite une série d'événements favorables : opportunités fortuites, rencontres, aide matérielle que nul n'aurait pu rêver trouver sur son chemin.
>
> (*Chris Murray*, chef de l'expédition himalayenne écossaise)
>
> Quoi que vous puissiez faire ou rêviez de faire, commencez-le. L'audace a du génie, elle est magique et a un grand pouvoir. Commencez maintenant.
>
> *(Goethe)*

Chris Murray et Goethe ont raison. Les preuves de l'efficacité de ce genre de magie sont nombreuses et convaincantes. Elles confirment et sont confirmées par la philosophie « idéaliste » qui soutient que l'univers même est le produit du mental, sans lequel il n'existerait pas. Selon ce point de vue, les prétendus objets doivent leur existence au fait qu'ils sont constamment imaginés. Il s'ensuit que la capacité d'un individu de se représenter les circonstances futures de sa vie et de les projeter avec force sur son avenir doit forcément aider à modeler ce dernier selon ses désirs.

Tout cela est bien connu. Ce qui l'est moins, c'est le côté négatif de cette magie mentale. Magiciens en puissance, prenez garde ! Tissés de désirs forts et d'imagination débordante, renforcés en outre par une forte détermination, vos sortilèges ont toutes les chances de réussir à modifier les circonstances de votre vie, toutes les chances, aussi, de faire boomerang, c'est-à-dire de se retourner contre vous avec force. À court terme, vous obtiendrez probablement plus ou moins ce que vous voulez – succès, prospérité et reconnaissance –, mais à long terme, vous paierez le prix, un prix qui risque d'être très élevé. Vous allez gagner une chose au prix, peut-être, de quelque chose de plus subtil et de plus précieux. De toute façon, il est fort peu probable que vos réussites magiques vous satisfassent pleinement ou vous rendent plus heureux. Quant au but ultime qui est la félicité durable et totale, il n'y a aucune raison de supposer que la magie mentale vous en rapprochera d'un centimètre. Ce serait plutôt le contraire.

Il y a deux alternatives à cette sorte de magie mentale. On peut continuer comme d'habitude à se débrouiller tant bien que mal avec des pensées et des émotions positives ou négatives selon l'humeur, sans magie ni miracles, en espérant pour le mieux et craignant le pire, récoltant toujours un peu des deux. Appelons cela l'attitude *normale*, par contraste avec celle que j'appelle *magique*. Alors que l'homme ordinaire dit « ma volonté sera faite, je l'espère », et le magicien, « ma volonté sera faite, je le veux », le mystique dit : « Ta volonté sera faite, je le sais. » Son but est de se soumettre de tout son cœur, à tout moment et en toutes choses à ce qui *est*, à ce que Dieu veut pour lui et que les circonstances présentes révèlent parfaitement – et de remettre son avenir entièrement entre les mains de Dieu. L'homme ordinaire voudrait gagner, le magicien est décidé à gagner, le mystique ne demande qu'à s'abandonner. Son attitude ne pourrait pas être plus différente de la leur.

Pourtant, il y a ici quelque chose de très curieux, une contradiction qui m'étonne depuis des années : c'est pourquoi j'écris ce chapitre, dans l'espoir de l'éclaircir enfin. Je veux parler du fait étrange que, non contents de prôner la magie mentale et la pensée positive, les auteurs les plus sensés et les plus sérieux de ces livres nous engagent également à remettre notre vie entre les mains de Dieu, à nous laisser porter par son vent et ne pas aller contre, à nager avec et non pas contre son courant. J'ai toujours été stupéfait de voir qu'ils ne semblent absolument pas réaliser qu'ils se contredisent eux-mêmes et proposent quelque chose d'impossible, pas seulement en théorie, mais (ce qui est plus important) en pratique. Comment diable l'affirmation « je vais obtenir ce que je veux en faisant un miracle ! » peut-elle coexister avec la suivante : « Le seul vrai miracle est déjà en cours, le miracle incroyable de Son autocréation, de Son Être dont je partage pleinement la perfection et dont les projets qu'Il fait pour moi doivent être également parfaits » ?

Comme exemple de cette confusion dans la pensée (et, forcément, dans la pratique), prenons l'un des premiers et des meilleurs de ces livres : *En accord avec l'Infini*, de Ralph Waldo Trine. Je vous cite un extrait typique :

> Voici le secret de la prospérité : lorsque survient l'adversité, ne soyez pas découragé, mais faites contre mau-

vaise fortune bon cœur, et réjouissez-vous toujours pour les temps meilleurs et les conditions plus favorables à venir. Se maintenir dans cette attitude mentale, c'est mettre en œuvre des forces subtiles, silencieuses et irrésistibles qui, tôt ou tard, feront se matérialiser ce qui, aujourd'hui, n'est qu'une idée. Mais les idées ont un pouvoir occulte, et lorsqu'elles sont bien implantées et cultivées, ce sont les semences qui actualisent les conditions matérielles.

Ne perdez jamais votre temps à vous plaindre, mais utilisez-le pour penser à l'avenir et actualiser les conditions que vous désirez. Pratiquez l'autosuggestion appliquée à la prospérité. Voyez-vous dans une situation de réussite. Affirmez-le silencieusement et calmement, mais avec force et confiance. Croyez-y. Croyez-y absolument. Comptez dessus, nourrissez sans cesse votre attente d'espérance. Vous devenez ainsi un aimant qui attire ce que vous désirez. Ne craignez pas de suggérer, d'affirmer ces choses, car ce faisant vous émettez un idéal qui va commencer à se revêtir d'une forme matérielle. De cette façon, vous utilisez des moyens qui sont parmi les plus subtils et les plus puissants de l'univers.

Voilà bien de la magie pure et simple, tout à fait éhontée, aux antipodes de la spiritualité des saints et des sages du monde. Pourtant, ailleurs dans le même livre nous lisons :

La vie, alors, n'est plus un dur labeur, elle s'écoule jour après jour presque comme les marées montent et descendent, comme les planètes décrivent leur orbite, comme vont et viennent les saisons.

Tous les conflits, tous les maux, toutes les incertitudes, souffrances, peurs, angoisses et perplexités de la vie nous arrivent parce que nous ne sommes pas en harmonie avec

> l'ordre divin des choses. Tout cela continuera de nous arriver tant que nous vivrons ainsi. Ramer à contre-courant est dur et dangereux. Aller dans le sens du courant et profiter ainsi du mouvement d'une grande force naturelle est facile et sans danger. Prendre conscience de notre unité avec la Vie et la Puissance infinie, c'est épouser cet ordre divin. Se mettre ainsi en harmonie avec l'Infini nous met alors en harmonie avec tout ce qui nous entoure.

Remarquez qu'ici Trine place l'Infini en tout premier lieu, et le fini en second, comme accessoire. Dans cet extrait, ses priorités sont celles de la véritable spiritualité, et non de la magie. Il ne s'agit pas d'une inconséquence banale et excusable : c'est quelque chose de très profond. Et il n'est pas le seul dans son genre. Dans beaucoup de thérapies, séminaires et stages de formation proposés de nos jours, ainsi que dans leur volumineuse littérature, on trouve cette même contradiction, ce même langage ambigu. D'un côté on nous engage à nous activer et mobiliser tous les pouvoirs de notre imagination et de nos désirs pour accomplir les miracles qui transformeront le monde – ou du moins orienteront notre vie dans le sens que nous souhaitons – et de l'autre on nous exhorte à abandonner nos désirs, à accepter ce qui est et à reconnaître notre volonté la plus profonde dans ce qui nous arrive.

Si vous trouvez que je perçois une contradiction stratégique là où il n'y a qu'une variation tactique, ou que j'exagère la difficulté à réconcilier ces deux attitudes, écoutez, je vous prie, ce que les guides spirituels ont à dire à ce sujet. À quelqu'un qui lui demandait comment il pourrait développer la force de sa volonté, Ramana Maharshi répondit :

> Votre idée de la force de volonté, c'est le succès assuré. La véritable force de volonté, c'est la force de l'esprit qui accueille le succès et l'échec d'une âme égale... Pourquoi nos efforts devraient-ils être suivis de succès ? Le succès engendre l'arrogance, et notre évolution spirituelle est ainsi arrêtée. L'échec, quant à lui, est bénéfique dans la mesure où il nous ouvre les yeux sur nos propres limites et nous prépare à nous abandonner. L'abandon de soi est synonyme de bonheur.

Et Rûmî, le plus grand des maîtres soufis, allait jusqu'à déclarer :

> L'échec est le guide qui nous mène au Paradis.

Comme nous sommes loin de cette philosophie qui qualifie la pensée même de l'échec de malade, la présente comme une négation de la vie entraînant toutes sortes de malheurs ! Toutes les grandes traditions spirituelles affirment que la libération (ou salut, illumination, réalisation du Soi, éveil) est au moins aussi compatible avec ce que le monde appelle échec qu'avec le succès. Voici une histoire, ou plutôt une parabole, de Maître Eckhart qui illustre cela merveilleusement :

> Dieu lui dit : « Va à l'église et tu y trouveras un homme qui te montrera le chemin de la félicité. » Dans l'église, il trouva un pauvre homme aux pieds sales, écorchés et couverts de poussière, dont les vêtements ne valaient pas trois sous. Il le salua ainsi :

« Que Dieu t'accorde une belle journée.
– Je n'ai jamais eu de mauvaise journée, répondit-il.
– Que Dieu t'accorde bonne chance.
– Je n'ai jamais eu de malchance.
– Puisses-tu être heureux.
– Je n'ai jamais été malheureux.
– Je t'en prie, explique-moi cela, car je ne comprends pas.
– Volontiers, répondit le pauvre homme. Tu m'as souhaité une bonne journée : je n'ai jamais eu de mauvaise journée, car si j'ai faim je rends grâce à Dieu. S'il gèle, grêle, neige, pleut, si le temps est beau ou affreux, je rends grâce à Dieu. Je suis misérable, on me méprise ? Je rends grâce à Dieu. Ainsi, je n'ai jamais connu une mauvaise journée. Tu m'as souhaité que Dieu me porte chance. Mais je n'ai jamais eu de malchance, car je sais comment vivre avec Dieu et je sais que ce qu'Il fait est parfait. Et ce que Dieu me donne ou prescrit pour moi, que ce soit bon ou mauvais, je l'accepte avec joie de Ses mains, car je sais que c'est le mieux qui puisse être, et ainsi je n'ai jamais de malchance. Tu as souhaité que Dieu me rende heureux. Je n'ai jamais été malheureux, car mon unique désir est de vivre selon la volonté de Dieu. Et j'ai si totalement abandonné ma volonté à celle de Dieu que *ce que Dieu veut, je le veux.* »

Est-ce là une pensée positive ou négative ? Sans aucun doute, c'est là une pensée *absolument* positive. Par comparaison avec le pauvre homme d'Eckhart qui avait une bonne raison de se considérer comme un roi, le magicien mental le plus optimiste, le plus ardent et le plus positif apparaît hésitant, sur ses gardes et au moins partiellement négatif. Pour que sa magie fonctionne, il doit vaincre les résistances, lutter contre les circonstances qu'il trouve indésirables et qu'il veut changer. Ainsi, sa « positivité » est forcément partielle et conditionnée par la négativité qu'elle combat. Ce n'est pas le cas de la pensée positive du pauvre homme d'Eckhart, qui est inconditionnelle et illimitée. Comme le fait remarquer Ramana Maharshi :

> L'union avec Brahman met l'homme en harmonie avec *tout*, rien n'est séparé du Soi.

Ce que nous reprochons aux pratiquants de la magie mentale – de la pensée positive qui nécessite et même crée une résistance négative à laquelle s'opposer –, c'est que bien que leur idée soit bonne, ils ne la poursuivent pas assez loin, tant s'en faut. Ils ne sont pas assez positifs, en fait pas assez experts en magie. Le seul moyen de déclencher une magie irrésistible, de penser et d'être sans la moindre négativité, c'est de se situer consciemment là où l'on a toujours été de toute façon, c'est-à-dire à la source de tout, à l'Origine ineffable qui est la seule vraie magicienne, le seul véritable pouvoir et la seule vraie affirmation exempte de toute trace de dénégation. Rejoignez cette seule et unique Source positive, et voyez le résultat dans votre vie.

Ce qui soulève la grande question : « Si ma pensée et mes sentiments devaient être absolument positifs, si je disais OUI de tout mon cœur à tout ce qui m'arrive, prendrais-je encore la peine de faire des projets et d'accomplir quoi que ce soit ? Prendrais-je la peine de me lever le matin, de prendre une douche, de m'habiller, de préparer mon petit déjeuner, de sortir et d'aller gagner ma vie ? Cette méthode est en fait une recette pour la paralysie. »

En réalité, ce problème n'existe qu'en théorie. En pratique, vous verrez que, vu de l'extérieur, votre comportement est assez normal. Vu de l'intérieur, ce n'est pas que vous voyiez des déficiences, des choses négatives dans les projets de Dieu par ailleurs parfaits, ni que vous essayiez de toutes vos forces d'y remédier par la pensée et l'action positives. Non. C'est plutôt qu'étant espace d'accueil conscient pour le monde, vous êtes immuable et libre de toute idée, intention, inclination ou action, tandis que le monde qui emplit cet espace est *tout* idées, intentions, inclinations et actions, toujours changeant, toujours inquiétant et en train de corriger le vieux au moyen du neuf. Et cette scène débordante d'activité comprend vos mains et ce qu'elles font, vos pieds et là où ils vont ainsi que les sons qui sortent d'ici. Autrement dit, QUI vous êtes vraiment n'entreprend aucune action (le RIEN, ici, ne fait rien) mais voit que cela se fait de toute façon. En ce moment, ces mains et cette machine à écrire produisent ces mots, et il n'y a pas l'expérience de quelqu'un ici en train d'aligner ces mots. Aucun événement particulier n'est combiné et déclenché. Ils sont observés. Ce flot de mots n'est ni plus (et ni moins) le produit de l'intention que le courant de la rivière ou la course des nuages dans le ciel.

Mais revenons à notre question : quand vous devenez consciemment QUI vous êtes de toute façon (et que, par conséquent, votre attitude est toute d'acceptation et positive) *vous, en tant qu'être humain, allez-*

vous devenir moins (ou plus) positif, créatif, énergique lorsque vous commencez à vivre à partir de la vérité qui est qu'intrinsèquement vous n'êtes pas du tout un être humain ?

Voici la réponse : *Voyez* QUI *vous êtes au centre, et voyez ensuite comment vous agissez là dehors. Attendez-vous à vous trouver branché sur des énergies insoupçonnées.* L'histoire prouve que les vrais sages étaient beaucoup plus efficaces que la moyenne des gens. De toute évidence, certains d'entre eux ont changé le cours de cette histoire. Que serait devenue l'espèce humaine sans ses saints et ses sages, et les immenses efforts qu'ils ont déployés pour elle ?

Ils étaient merveilleux. Et vous, cher lecteur, n'êtes pas fondamentalement différent d'eux. Vous aussi commencez à penser, ressentir et agir positivement, au vrai sens du terme, dès que vous vous éveillez à votre véritable nature. Et, comme le faisait inlassablement remarquer Ramana Maharshi, vous éveiller à cette nature est la chose la plus simple et la plus naturelle que vous puissiez faire. Il suffit que vous cessiez de faire semblant.

En conclusion, vous ne pouvez pas vous élever de la pensée positive très partielle que recommandent Trine et compagnie jusqu'à la positivité absolue que vous êtes déjà. La circulation se fait dans le sens opposé, elle descend de ses produits vers son fondement au plus profond de vous. Ainsi, il s'agit simplement de choisir vos priorités, de mettre en premier ce qui vient en premier. « Cherchez d'abord le Royaume de Dieu et sa justice, et tout le reste vous sera donné par surcroît. » Aucune accumulation ou manipulation de ce « reste » ne vous rapprocheront d'un centimètre de ce Royaume – ce Royaume que vous n'avez jamais quitté. « Trouvez le Soi, dit Maharshi, et tous les problèmes sont résolus. » Ignorez le Soi, et aucune pensée positive ou magie mentale ne vous tirera d'affaire.

21

Transsubstantiation

Aucun dogme religieux chargé de sens pour beaucoup de gens au cours des siècles ne peut être entièrement faux ou absurde. Pas plus qu'il ne peut être entièrement vrai et valable pour nous dans sa forme traditionnelle. Sans doute est-il tombé en panne en tant que véhicule de la vérité, ou du moins a-t-il ralenti. Ce n'est pas de réparations mineures dont il a besoin, mais il n'est pas non plus nécessaire de le mettre à la casse. Ce qu'il appelle, c'est une révision profonde. Ainsi, la question qu'il faut poser au sujet de ce genre de dogme n'est pas « est-ce vrai ? », mais plutôt : « Dans quel sens et à quel niveau est-ce vrai et valable pour nous, à notre époque ? » La réponse pourrait bien se révéler très précieuse. Il ne s'agit pas de donner à la vieille machine grinçante une ligne nouvelle, illusoire mais davantage à la mode. Il s'agit d'étudier plus profondément sa forme originelle et cachée. Peut-être verrons-nous alors dans cette forme bien plus que ne l'avaient prévu ses auteurs, ce qui donnera aux deux plus de valeur que jamais. Peut-être cela réglera-t-il également les conflits qui déchirent l'Église établie depuis des siècles.

Nous ne pouvons esquiver cette révision radicale

sous prétexte que, contrairement à la vérité « scientifique » et à la vérité « ordinaire », la vérité « spirituelle » est sacro-sainte. Il n'y a qu'une sorte de vérité : celle qui libère l'homme. Une doctrine religieuse perd tout son sens dès lors qu'elle est perçue comme absurde dans tous les autres domaines. Elle n'est pas vraie le dimanche si elle est fausse tout le reste de la semaine. Mais lorsqu'il s'agit de spiritualité authentique et que celle-ci contredit le sens commun (ce qui arrive souvent), c'est parce que au-delà de l'apparente absurdité perçue par nos esprits conditionnés par la société elle voit le sens profond. Car la véritable spiritualité est fondée sur la transparence, l'objectivité, la simplicité (c'est pourquoi elle est difficile) ; elle est exacte et plus tranchante qu'un rasoir.

Ce sont là des affirmations gratuites, mais elles peuvent être démontrées. Prenez par exemple le dogme antique et révéré de la transsubstantiation dans l'Eucharistie, selon lequel toute la substance du pain et du vin est transformée en la chair et le sang du Christ, et seule reste l'apparence du pain et du vin.

Quelle était donc la nature du corps de Jésus-Christ, non pas tel que le voyaient les autres, mais selon *sa propre expérience ?* Consultons-le, écoutons ce qu'il dit, lui, car personne d'autre n'est en mesure de parler pour lui. Ce qu'il nous dit à tous de faire, il l'a certainement fait lui-même : avec le regard d'un petit enfant, il voyait, à l'intérieur de lui-même, non pas un ensemble compliqué de tuyauteries anatomiques, mais le Royaume des Cieux. Son œil étant unique, son corps tout entier était plein de Lumière, sans la moindre tache sombre. Laissant de côté toute spéculation théologique, supposons qu'il voulait dire exactement ce qu'il disait, qu'il ne parlait pas métaphoriquement mais littéralement, en des termes accessibles aux petits enfants. Ainsi, il voyait son corps véritablement remplacé par la Lumière qui illumine tout être qui vient au monde. Cette Lumière était ce qu'il voyait vraiment, son secret intérieur, sa véritable histoire intérieure, si différente de l'histoire extérieure de son apparence pour les autres. Quel corps offre-t-il alors à celui ou celle qui communie à la messe : son corps apparent ou son corps réel, le corps extérieur humain (ce qui ferait du communiant un cannibale) ou le corps intérieur divin ? Ce dernier, évidemment. Le communiant illuminé l'accepte en tant que tel : la matière opaque de la terre transformée en la claire Lumière du Ciel.

Et il ne peut pas s'arrêter là. Prenant au sérieux les paroles de son Seigneur, il voit que lui aussi est toute Lumière au-dedans de lui. Avec la candeur de l'enfant, il est stupéfait et reconnaissant de voir que lui aussi a un œil unique qui perçoit la clarté infinie et immaculée du Royaume. En fait, c'est sa propre Lumière intérieure qui, seule, lui permet de recevoir le véritable corps du Christ des mains du prêtre officiant : la Lumière qui entre dans la Lumière n'est pas assombrie et la communion devient union.

Que peut bien signifier tout cela pour le sceptique d'aujourd'hui, le sceptique sincère et à l'esprit ouvert ? Cela peut être parfaitement logique, pourvu qu'il soit vraiment ouvert et prêt à accepter l'évidence. Personnellement, je trouve que le miracle de la transsubstantiation se reproduit à chaque repas. Bien sûr, quand je les regarde de ma place, le pain, là sur la table, a l'apparence ordinaire du pain, avec sa croûte et sa mie, et le vin est d'un rouge luisant, comme il se doit. Mais quand j'avance la main pour les amener à moi, et qu'ils traversent la distance d'environ quarante centimètres qui nous sépare, ils sont mystérieusement et merveilleusement transformés. Je les vois grossir, devenir flous, perdre forme, texture et couleur, puis disparaître complètement, non pas dans une bouche et un gosier, mais dans ce Vide immense. Progressivement défaits et « spiritualisés » sur leur route vers moi, ils sont dissous par ce Vide, visiblement absorbés dans la Clarté qui est ma véritable nature. S'ils sont mangés et bus, c'est d'une façon très différente : là dehors, tout autour de la table, où des substances étrangères absolument insipides sont introduites dans des fentes bordées de dents dans le visage des gens. Ici, par contraste, les choses mangeables et buvables sont « déchosifiées », elles se fondent dans la NON-CHOSE que je suis. Pour la première personne en tant que telle (en aucun cas pour la troisième personne en tant que telle), l'acte de manger et de boire est une véritable sainte Communion chaque fois qu'il est vécu comme étant précisément cela.

Ainsi, le communiant croyant ne se trompe pas : le miracle de l'Eucharistie n'est ni une pieuse imposture ni un beau mythe agonisant. Que ce soit le dernier repas du Christ avec ses disciples à Jérusalem ou le pain et le vin sur l'autel actuel, le vécu profond du Seigneur et celui de l'officiant et du communiant sont identiques. Même si la date et les circonstances sont totalement différentes, l'histoire intérieure est absolument la même. Ce sont des faits qui peuvent être vérifiés par quiconque s'y intéresse.

Il y a un lieu où les catholiques avec leur transsubstantiation, les luthériens avec leur consubstantiation, d'autres Églises avec leurs propres variations sur le thème – et même les humanistes et les positivistes avec le rejet de tout dogme religieux que leur inspire la science – peuvent se retrouver sans compromettre leurs convictions fondamentales, mais plutôt en les clarifiant et les approfondissant. Ce lieu est exactement celui où vous êtes en ce moment même, à zéro centimètre de vous-même. La transsubstantiation – le passage miraculeux de l'apparence à la Réalité, de l'accident à l'Essence, des nombreuses zones de ténèbres à l'Unique Lumière – ne peut jamais être observée de loin, on ne peut ni se la rappeler, ni l'anticiper. Elle ne se passe pas ailleurs ni à un autre moment. Là dehors, les corps donnent un spectacle, ils entretiennent les apparences en accumulant voile sur voile, mais les voiles cachent une Substance indivisible et lumineuse, visible ici même et en ce moment même : elle ne demande qu'à être vue. Elle est l'unique spectacle qu'il soit impératif de voir, et le seul qui, heureusement, ne puisse jamais être mal vu. Et ce qui est encore plus heureux, c'est qu'il est tout à fait évident, naturel et ordinaire dès qu'on lui prête attention. Voyez-le, et ce chapitre prendra tout son sens. Contentez-vous d'y penser ou de le ressentir.

22

Un homme tombant dans un puits, les yeux ouverts

Un moine demanda au maître zen Haryo :
« Quelle est la voie ? »
Haryo répondit : « Un homme tombant dans un puits, les yeux ouverts. »

Représentez-vous, s'il vous plaît, ce monde de souffrances fondées sur l'illusion (tout provient de cette fiction : « Je suis un être humain séparé ») comme un paysage plat, parfaitement uniforme, excepté un seul point de repère frappant : dominant la campagne, se dresse à la vue de tous (de tous ceux qui veulent voir) un château ayant à la fois les caractéristiques et les fonctions d'un temple sacré, d'une forteresse imprenable et d'un centre de soins. Au-dessus de l'entrée de ce haut lieu est gravée sa devise : JE SUIS. Il offre à tous la perspective d'un refuge à l'abri du danger, d'un traitement efficace pour toutes les maladies et du réconfort du divin.

Et que se passe-t-il ?

Presque tout le monde prétend que ce château

n'existe pas, ou alors que c'est une apparition, un mirage. La grande majorité de la population ferme les yeux sur son existence, ne lui accorde aucune attention. Certains, pourtant, le remarquent, s'en approchent et, de l'extérieur, en examinent timidement les murs, les créneaux, les tourelles. De temps à autre, quelques-uns trouvent le courage de jeter un coup d'œil à l'intérieur. Mais tous, ou presque, s'arrêtent là : c'est bon, merci beaucoup ! Un instinct puissant les met en garde. Ils pressentent un danger inconnu, aussi terrifiant que le pire de ceux qui les menacent à l'extérieur. Et ils n'ont pas tout à fait tort, comme nous allons le voir.

Poussé au désespoir par son triste sort dans le monde, ou fasciné par le mystère et la splendeur du château, ou plus vraisemblablement sans aucune raison consciente, de temps en temps un aventurier risque un pied à l'intérieur. La déception est cruelle et immédiate. À l'intérieur, la splendide forteresse de JE SUIS n'a pas de toit et est complètement vide, c'est une simple coquille, une façade ostentatoire.

Et il y a pire encore, bien pire. Le pied nerveux qu'il avance avec précaution dans ce sombre intérieur ne rencontre aucun plancher. Le téméraire tombe dans un abîme apparemment sans fond. Et non seulement sa chute est interminable, mais elle le plonge dans des profondeurs où il est dépouillé peu à peu de toute humanité, de toute pensée, de toute émotion, de toute activité mentale en général, de toute vie, de toute existence et même de toute conscience. La forteresse promise, le refuge de secours du JE SUIS n'était en fait qu'un appât pour l'attirer dans la trappe fatale du JE NE SUIS PAS.

Fin de la parabole.

Voyons maintenant ce que nous disent de leur expérience ceux qui sont tombés dans le puits les yeux grand ouverts, et découvrons comment ils ont cherché à amener à la conscience cette profondeur des profondeurs de l'inconscience et en quels termes ils exaltent sa priorité et son pouvoir.

L'auteur du *Tao te king* s'épuise en efforts pour trouver des noms appropriés pouvant qualifier cet abîme inexprimable. C'est le non-être, plus obscur que tous les mystères, vide, plus bas que bas, insaisissable, muet, incompréhensible, sombre, inintéressant, inutile, insipide, et même déprimant. Par ailleurs, et précisément parce qu'il est tout cela, il ne dépend de rien, est inépuisable ; c'est le puits qui ne tarit jamais. Merveille des merveilles, le négatif ultime s'avère être le positif ultime !

Quel effet cela fait-il, concrètement, de sombrer ainsi dans l'inconscience, d'être dépouillé de tout, incapable de toucher le fond de notre dénuement et de notre infortune, privé de toute base pour notre vie ? D. T. Suzuki nous donne la réponse :

> Comme elle est riche, s'exclame-t-il, la vie intérieure du pratiquant zen, parce qu'elle est en communication directe avec le grand inconscient... Lorsqu'il est reconnu, cet inconnu entre dans la conscience ordinaire et résout toutes les complexités qui nous tourmentaient à différents degrés... Dès que nous reconnaissons que notre conscience émane de quelque chose qui, même si ce n'est pas connu de la façon dont les objets relatifs sont connus, est intimement apparenté à nous, nous

sommes libéré de toute forme de tension ; c'est le repos total, la paix avec nous-même et avec le monde en général.

Tel est le message encourageant d'un homme qui tombe à jamais du JE SUIS connu dans l'inconnaissable JE NE SUIS PAS. Suzuki se fait ici l'écho de l'un des premiers maîtres zen, Hui-neng, et sa doctrine fondamentale du non-mental, selon laquelle notre nature véritable se perçoit comme vide et sans limites. Cette conscience aiguë des profondeurs du grand inconscient – cette façon de s'adosser au vide – est le principe fondamental de la vie selon le zen. Dans le même esprit, Hubert Benoît déclare :

> Vous êtes malheureux parce que vous êtes établis dans la conscience et non dans l'inconscient.

Nous voici donc en présence d'une énigme : comment l'inconscient peut-il devenir conscient sans cesser d'être lui-même, sans abandonner ce qui le distingue de la conscience ? Comme si, las de l'obscurité et désirant attirer l'attention, les ténèbres voulaient absolument devenir lumière.

Le zen propose une solution à ce mystère, solution d'autant plus convaincante qu'elle défie l'esprit analytique. Hui-hai (l'un des successeurs de Hui-neng) l'expose en une image inspirée :

> Prajna – cette perfection de sagesse qui est notre véritable nature – est inconsciente, mais face aux fleurs jaunes, elle s'éveille.

Beaucoup plus tard, le maître japonais Dôgen écrit ce passage célèbre :

> Poursuivre le bouddhisme, c'est poursuivre le soi, poursuivre le soi, c'est perdre le soi, perdre le soi, c'est être illuminé par tous les autres êtres.

Remarquez bien : non pas les illuminer, mais être illuminé par eux. Et comment l'inconscient pourrait-il s'éveiller à lui-même sinon en voyant ce à quoi il donne naissance, lui qui vient des ténèbres insondables dans lesquelles il n'y a rien à quoi s'éveiller ?

Plus tard encore, s'inspirant de la même tradition et de sa propre expérience, Eugen Herrigel disait :

> Vues à partir de leur origine, toutes les choses sont égales, ont une valeur absolue. Leur origine et leur fondement ne peuvent être perçus qu'à travers elles. Vous voyez, avec une certitude absolue, que les choses *sont* en vertu de ce qu'elles *ne sont pas*. Dans la mesure où leur origine sans forme est inaccessible et inconcevable, les choses dans leur forme concrète deviennent plus accessibles. Baignées dans la lumière de leur origine, elles-mêmes sont illuminées.

Et la grande formule zen résume bien tout cela : *nirvâna* est *samsara*. Sans *samsara* il n'y a pas de *nirvâna*. Pour adopter et adapter l'image de Hui-hai, c'est dans les fleurs jaunes au bord du puits sans fond de l'inconscient que celui-ci prend forme.

Permettez-moi d'exprimer tout cela d'une manière un peu différente. Dans ce chapitre, comme dans d'autres, j'ai insisté, nécessairement, sur le contraste total entre les strates de nos apparences et le mystère central d'où elles procèdent. Le moment est venu de transcender cette distinction fondamentale. Me débarrassant des nombreuses couches de mes apparences pour les autres, je porte mon attention ici, sur celui qui s'en dépouille, et je ne trouve que le vide. Si j'ai ou suis la moindre réalité centrale, ce sont ces apparences régionales : toutes ces apparences, à toutes les distances possibles, telles qu'elles se présentent à tous les observateurs. Au bout du compte, je ne suis que tégument, des peaux les unes sur les autres, sans rien au centre. Je me demande si Oscar Wilde a jamais réalisé la profondeur de sa plaisanterie : « La réalité, c'est maintenir les apparences » ?

Peut-être quelques-uns d'entre vous seront-ils choqués de savoir que certains grands mystiques chrétiens, non contents d'affirmer la vacuité intrinsèque de toutes les créatures, appliquent le même traitement à leur Créateur. Le Dieu qu'ils décrivent est absent, fuyant, en soi le plus vide de tous les vides. Perdant toute trace de lui-même, il se trouve en l'autre, en son Fils bien aimé, et, à travers lui, en ses nombreux fils et filles. C'est l'amour inconditionnel qui disparaît totalement en faveur de l'être aimé. Telle est la nature divine, et nous sommes tous faits à son image. Selon Maître Eckhart :

> Au bout du compte, il y a le mystère de la nuit de la Divinité éternelle. Elle est inconnue et ne sera jamais connue. Dieu y demeure, inconnu de lui-même [...]. Cherchez-le de telle façon que vous ne le trouverez jamais [...]. C'est un non-Dieu, un non-Esprit, ni une personne

ni une image. Enfoncez-vous éternellement du monde des objets au vide en Lui.

Tauler, le disciple d'Eckhart, parle de « l'abîme insondable, impénétrable, flottant en lui-même, qui est bien plus la demeure de Dieu que le ciel ou l'homme ». Et la bienheureuse Angela de Foligno, cette femme remarquable, écrivait :

> Je place tout mon espoir dans un bien secret, que J'appréhende dans une grande obscurité. Toutes les créatures habitées par Dieu, la volonté et le pouvoir divins – tout est inférieur à ce bien le plus secret. Les autres choses apportent une grande joie, mais cette vision de Dieu dans l'obscurité n'amène aucun sourire sur les lèvres, aucune dévotion ni ferveur dans l'âme [...]. Pourtant, les innombrables et indescriptibles paroles et faveurs de Dieu pour moi sont tellement inférieures à cette vision de Dieu dans l'obscurité que je ne leur accorde aucune confiance.

Et c'est avec une conviction et une éloquence sans pareilles que le bienheureux Jan Van Ruysbroeck décrit l'union de l'obscurité et de la lumière dans l'insondable. Si nous pouvions connaître la lumière qui dépasse tout entendement, elle aurait manière et mesure, alors elle ne pourrait jamais nous satisfaire. C'est uniquement parce qu'elle est ineffable et insondable que cette « nuit sauvage de la Divinité » est notre refuge certain.

Et pour montrer que les maîtres soufis sont aussi avec nous, voici ce que dit Rûmî :

> Un quelque chose impossible à trouver – voilà mon but.

Enfin, je voudrais ajouter mon propre témoignage. Je ne me trouve certainement pas au bord d'un abîme sans fond, en train d'essayer de décider si je vais lâcher prise et faire ce terrible plongeon. J'ai déjà lâché le bord, je suis déjà en train de tomber en chute libre et n'ai jamais été autrement. Pour voir cela, il me suffit de faire pivoter mon regard pour me chercher moi-même, voir qu'il n'y a personne et trouver à la place le trésor sans nom dans le puits au bout du monde.

23

Comme le lierre

Celui qui s'approprie une joie
Détruit la vie ailée ;
Mais celui qui embrasse la joie en plein vol
Vit dans le soleil levant de l'éternité.

WILLIAM BLAKE

Le titre de ce chapitre est tiré d'une chanson populaire du début des années 1900 : « Comme le lierre, je m'attacherai à toi. » Cela résume bien l'histoire de ma vie – enfin, la plus grande partie. Le lierre ne se soucie guère de ce à quoi il s'accroche. Vieux murs, gouttières et toits feront l'affaire s'il n'y a pas d'arbre dans les parages. Mais il faut absolument qu'il s'accroche à quelque chose. Tout comme le lierre, pour vivre je me suis attaché à une série de supports divers dont je veux rendre compte ici, en remontant jusqu'à mon enfance.

L'attachement au corps

Enfant, je m'attachais avidement au sein de ma mère. Je réclamais et recevais la chaleur réconfortante de ces bras qui m'enlaçaient, des sons et des odeurs qui m'entouraient, de ces mains et de ces lèvres qui me caressaient, sans lesquels j'aurais eu du mal à survivre, et encore plus à m'épanouir. Ensuite, pour remplacer le sein, il y eut mon pouce, puis mon hochet, mon ours en peluche, mes autres jouets. Et, plus tard, mes collections de toutes sortes : billes, coquillages, fossiles, pièces de monnaie, images trouvées dans les paquets de cigarettes, timbres-poste... Peu importaient les objets collectionnés, j'étais un véritable obsédé de la collection ! Ce jeune conservateur serrait sur son cœur – dans un sens, devenait – ses trésors. Il vivait en eux, pour eux et à travers eux.

Et pendant tout ce temps j'assemblais un autre genre d'objet de collection : un physique auquel rattacher ces possessions. Au début, la différence entre la main et le hochet n'était pas très évidente. Ils ne faisaient qu'un, pour ainsi dire. La découverte et la délimitation progressives de cette région exceptionnellement sensible de mon univers, que j'ai appris à appeler mon corps, m'ont progressivement amené à m'identifier à lui, par opposition au reste du monde. Ainsi naquit mon petit moi, logé au milieu d'un énorme non-moi. Et plus je m'accrochais au premier, moins j'étais en harmonie avec ce dernier.

Cependant, tout au long de ces merveilleuses années, jusqu'à huit ans environ, ma personnification ou incarnation est restée incomplète. Cet objet-corps qui m'accompagnait partout, j'en faisais de plus en plus l'expérience comme étant mien, mais je n'étais pas dedans. À l'exception des moments où je me sentais misérable ou fautif, loin d'être une chose j'étais encore espace pour accueillir les choses. Et mon monde était encore fascinant et merveilleux. La moindre tache de couleur, la moindre feuille sur le sol, la moindre goutte de rosée était magique – jusqu'à ce que je les aie gâchées en voulant me les approprier. Les restes du somptueux papillon que j'avais serré dans mon poing auraient dû m'avertir que le plus sûr moyen de perdre quelque chose, c'est de l'agripper.

Passé huit ans, les années qui suivirent achevèrent le processus. Péniblement, je me suis fabriqué. Sous la pression de mon entourage, et poussé par une nécessité intérieure, j'ai assemblé et monté, au sommet de ce torse bien visible, un fleuron imaginaire, une protubérance visualisée, consistant en une tête avec des traits uniques, mille expressions faciales, bref, tout un personnage. Jusque-là, j'avais laissé tout cela à sa place, là dehors, dans les miroirs et les appareils photo, j'en avais fait cadeau aux gens, ils pouvaient en faire ce qu'ils voulaient. Désormais, prenant à tort cette apparence périphérique pour ma réalité centrale, je m'y accrochais pour la posséder et la garder ma vie durant. Ainsi, j'étais devenu pour moi-même, ici, ce que je paraissais être aux autres, là-bas. Ce qui est complètement absurde.

Pour moi, cette manœuvre insensée (mais normale) a été catastrophique. L'échange de mon espace immense et réel contre ce visage minuscule et imaginaire – imaginaire ici – fut une transaction déchirante. Et ce dernier en fit les frais. J'étais persuadé que mon visage, mon nez en particulier, étaient hideux, ridicules. Avec des hauts et des bas, ma timidité exagérée, et parfois pathologique, dura jusqu'à la trentaine et se manifestait encore bien après, aux moments les plus incongrus et à mon grand désarroi. J'avais toujours honte de mon visage. Je le haïssais. Mais c'était une relation d'amour-haine. Plus il me faisait souffrir, plus je m'y accrochais.

L'attachement au mental

Parallèlement à l'acquisition pénible d'un corps séparé et central, il y eut celle, non moins pénible, d'un mental séparé et central.

Enfant, je n'avais, à proprement parler, aucun mental personnel, pas de psyché personnelle et privée, pas de monde intérieur de pensées et d'émotions détachées de leurs objets dans le monde. À cette époque relativement heureuse, il n'était pas question de « je suis furieux contre vous », mais de « vous êtes horrible » ; pas question non plus de « j'aime ces primevères », mais de « elles sont adorables ». Je n'avais pas peur des fantômes, mais la cave de notre maison était infestée de ces créatures effrayantes. Ce n'était pas moi, mais certains lieux qui étaient tristes, tourmentés, nerveux ou terrifiants. En fait, mon monde était merveilleusement riche de significations et d'émotions entremêlées, de même que de couleurs primaires et secondaires, de sons, de saveurs et d'odeurs. Époque trop brève, hélas !, où mon mental et mon monde n'étaient qu'une seule et même chose. Et c'est parce que je n'essayais pas de me l'approprier ici que tout était si brillant et magique.

Et puis, j'ai commencé à assembler un mental personnel, destiné à habiter et infester le corps que J'assemblais simultanément. De plus en plus, au lieu de faire simplement partie du monde, mes sentiments et mes pensées commencèrent à faire partie de moi, devinrent des impressions subjectives, des états d'esprit. Ainsi, je construisis ici, morceau par morceau, mon monde intérieur privé et de plus en plus complexe, aux dépens du monde extérieur, l'univers objectif. Finalement, j'étais plein à craquer, et mon monde était devenu une machine dépourvue de sens. Nous étions malades tous les deux.

Tout comme ce visage – acceptable à l'origine dans le miroir – était devenu inacceptable lorsque je m'en étais saisi pour le coller ici, ces pensées et sentiments – acceptables à l'origine parce qu'ils se déposaient sur le monde – devinrent de plus en plus inacceptables lorsqu'ils se déposèrent en moi, le sujet, au lieu de rester sur leurs objets là-bas. Ils n'ont pas supporté le voyage vers l'intérieur, ils se sont abîmés en cours de route. En revendiquant et m'accrochant à cette abstraction compliquée et chimérique appelée mon mental, au lieu de le laisser en liberté j'ai entravé son mécanisme et l'ai affligé de toutes sortes d'anxiétés et d'angoisses. Le problème, avec mon mental, c'est que je l'ai abîmé en me l'appropriant.

L'attachement au spirituel

Chose étrange, il ne m'a pas suffi de m'accrocher au support du corps, puis du mental. Je me suis encore attaché à une troisième entité que certains appellent l'Esprit, d'autres le Soi ou la Conscience impersonnelle, et que j'appelle, moi, le sens de l'ICI JE SUIS. Je ne parle pas de la sensation d'être cet individu particulier, mais simplement d'ÊTRE ICI. En fait, ce sens de l'être existait dès le départ, même s'il était vague. Et la cause de tous mes attachements suivants, c'est l'hypothèse tacite qu'il y a ici quelqu'un qui s'attache.

Mais il y a une différence frappante entre, d'une part, mon attachement au corps et au mental et, de l'autre, mon attachement à l'esprit. Les deux premiers sont devenus de plus en plus douloureux, gênants, malsains et finalement ridicules, alors que le troisième avait une façon merveilleuse de dissimuler le mal qu'il me faisait. Il est vrai que lorsqu'il est pleinement développé, ce sens de l'ICI JE SUIS peut se faire passer pour la libération, le véritable détachement. En fait, il n'est rien de tout cela. L'auteur médiéval du *Nuage de l'inconnaissance* l'a bien dénoncé : « Tous les hommes ont matière à douleur ; mais celui-là tout particulièrement éprouve matière à douleur, qui sait et sent qu'il est. Toutes les autres douleurs, en comparaison de celle-là, ne sont pour ainsi dire qu'un jeu par rapport à une chose sérieuse. »

Dans mon propre cas, cette ultime douleur est restée bien trop longtemps refoulée, inconsciente. Être Moi-même ici, présent, devait forcément être une bonne chose. J'étais loin de me douter de la vérité !

La première partie de mon histoire, celle de l'attachement, s'arrête ici. Voici maintenant la seconde partie, celle du détachement.

Le détachement du corps

Tout a commencé quand, par hasard, je me suis mis à regarder le lieu que j'occupais et ai découvert qu'il était inoccupé. Là où j'avais prétendu qu'il y avait, au centre de mon univers, une petite chose solide, opaque et colorée, la chose dans laquelle j'étais censé habiter et d'où je regardais le monde, il n'y avait en fait rien du tout. J'ai vu immédiatement à quel point j'avais été fou de superposer ce que je parais être pour les autres, là dehors, à ce que je suis à zéro centimètre de moi-même, et ensuite de m'accrocher pour la vie à cette superposition fictive. Quel soulagement ! Et quel bienfait pour le corps de relâcher la prise que j'avais sur lui et de le laisser reprendre sa place ! Le laisser être ce qu'il avait toujours été : l'univers entier. Il ne s'agissait pas d'un détachement partiel, d'une simple tentative de laisser le corps trouver sa place là-bas dehors. Non. Ce détachement était et est toujours une affaire de *tout ou rien*. Il n'y a pas de degrés dans l'absence.

Ai-je besoin d'ajouter que cette remise en place fut d'abord momentanée, qu'il fallut de nombreuses années et beaucoup de pratique avant qu'elle ne devînt une habitude ? La pratique, pour moi, signifie refaire l'expérience initiale, *sans rien* y ajouter. Et par « habitude », j'entends rester en contact avec sa clarté centrale et *non pas* s'y accrocher. Rester en contact, sans exiger qu'elle soit à l'avant-scène de notre attention dans toutes les circonstances de notre vie. Bien souvent, elle doit être – il faut qu'elle soit – à l'arrière-plan, comme une amie, ni oubliée ni inévitable, mais toujours présente, en attente sans qu'on s'y accroche. Sinon, cela devient une obsession paralysante. « Ceux qui regardent uniquement vers l'extérieur sont dans les ténèbres, mais ceux qui regardent uniquement vers l'intérieur sont dans des ténèbres encore plus profondes. » L'auteur de ces paroles était un sage. Cela me rappelle également Wodehouse qui disait à propos des vacances : leur pouvoir régénérateur, c'est l'air pur, des visages et des paysages nouveaux... et l'absence des êtres aimés !

Le détachement du mental

Ainsi je redevins ce que j'avais été (moins consciemment) dans mon enfance : l'immense arène destinée à accueillir le spectacle de toutes les choses qui y apparaissent. Mais – ô mon Dieu ! – voici que l'une des choses qui apparaissaient était ma conviction solidement enracinée que, corps ou pas corps, je suis certainement un mental. Qu'ici, au centre, il y a un fourre-tout bourré de mes sensations, sentiments, pensées, souvenirs, espoirs, craintes, et Dieu sait quoi encore ! Et je découvris rapidement que disperser les contenus mentaux de ma tête n'était pas aussi facile, et de loin, que disperser leur contenant physique. Il faut longtemps pour déballer tout ce fatras mental, le reconduire à la porte et se détendre enfin, parce qu'on découvre qu'il n'en reste pas la moindre trace ici. Mais je sais par expérience qu'on ne s'en débarrasse pas une fois pour toutes. Cet épouvantail, ou spectre, que j'appelle mon mental a la désagréable habitude de revenir sans cesse, et mon rôle consiste à prendre l'habitude de le reconduire chaque fois à la porte, ou simplement de cesser de m'accrocher à lui et de le laisser regagner sa place. Ceci est la découverte sans cesse renouvelée que je n'ai pas de monde intérieur, ni pensées ni sentiments qui me soient propres. Douleur et plaisir sont loin du centre. Je ne trouve pas la joie ici : la joie est dans les êtres aimés là-bas, dans ces fleurs illuminées de couleurs, dans ces collines embrumées, dans ces crêtes de montagne élancées. Pour découvrir ce que je pense, je vous écoute, je l'écoute, lui, je l'écoute, elle. Pour découvrir mes opinions politiques, j'allume la télé, je lis les journaux – de gauche, de droite et du centre. L'histoire me donne mes idées sur les problèmes sociaux et économiques. J'ai vraiment les idées larges dans la mesure où mon esprit, libre, se pose sur toute la scène, se fond en elle et l'illumine. Alors il réalise sa destinée. Être arrêté dans ses opinions, étroit d'esprit, sous pression, déprimé, refoulé : toutes ces maladies du mental proviennent de son déplacement et de la compression qui en résulte. Rendu au monde, remis à la place d'où il vient, il s'épanouit et guérit. Ayant retrouvé la liberté, il est infiniment vaste et généreux.

Le détachement du spirituel

Ayant relâché ma prise sur le corps et le mental et les ayant renvoyés à leur place, ai-je alors disparu sans laisser de trace ? Bien au contraire. Je ne suis plus ni ceci ni cela, mais JE SUIS. Il semblerait qu'en m'accrochant à ces identités brèves et dérisoires, je m'étais grandement sous-estimé. « Je suis Douglas Harding » n'est pas comparable à « JE SUIS », ni pour la paix et le bien-être, ni pour la sécurité, ni pour la magnificence, ni même pour le naturel. JE SUIS est un nom très noble, et il sonne juste. Oui, c'est un bon nom ! Mais pas ICI.

Je m'étais dit à moi-même – inconsciemment, mais pour cette raison même avec d'autant plus d'insistance : « Je peux tranquillement perdre toute trace de corps, de mental et même d'Esprit, tant que perdure ici ce pur sens de l'Être indifférencié (ou Conscience) sans lequel il n'y a plus qu'oubli, mort éternelle et annihilation, abîme de l'inanité, et tout est perdu à jamais. Je n'ai tout simplement pas le courage de lâcher ce dernier support, le plus prestigieux, le plus sacré, permanent et fiable de tous les tuteurs. »

Il n'a été que trop longtemps mon refuge, mon abri. Puis, quelque chose d'inconnu a fait exploser ce bunker. Et, curieusement, tout était bien, très bien même, extrêmement bien. La terreur, la peur de l'anéantissement total avaient été sans fondement.

Ici, je dois revenir un peu en arrière.

En un sens, toute ma vie j'ai eu beaucoup de chance dans la mesure où, mes problèmes de base ayant été exceptionnellement graves et exagérés, ils ont exigé et reçu des solutions exceptionnellement radicales ; ou du moins des solutions qui m'ont confondu et fasciné. Étant exceptionnellement embarrassé par mon visage dans ma jeunesse, j'avais absolument besoin de devenir exceptionnellement conscient du remède. Mon visage acquis avait été si atrocement encombrant que mon visage originel devait forcément m'apporter un soulagement profond. De même, accablé ici par le poids très lourd de tout un fatras mental fait d'introspection et d'angoisse, j'avais de fortes raisons pour le remettre à sa place. Finalement, ma passion pour le Réel et le Vrai, pour la Source, pour la « perfection de Sagesse, l'adorable, le sacré », pour le mystère, la majesté et la splendeur de Dieu a été la force motrice de la plus grande partie de ma vie. Mais mon espoir, c'est que sa « guérison », son expulsion d'ici, a été également totale. Quel soulagement ! Comme il était nécessaire, ce nettoyage de printemps ! Si c'est une contradiction, c'est le genre de contradiction qui poussait les bouddhistes fervents à « se laver la bouche après avoir parlé du Bouddha », et à vouloir le tuer s'il s'approchait trop : si on ne peut le mettre à la porte, il faut le supprimer. Et c'est le même genre de contradiction qui poussait le fervent et dévoué Eckhart à chasser Dieu ou l'Esprit du centre, pour y mettre le non-Dieu et non-Esprit, le Désert qu'aucun pied n'a jamais foulé. Bref, tout comme le corps et le mental, l'Esprit est vraiment réalisé et revigoré lorsqu'on le renvoie dehors. Expulsées de la position centrale qu'elles n'ont en fait jamais occupée, toutes les sortes d'expériences religieuses et mystiques que l'on ait jamais pu connaître prennent toute leur valeur lorsqu'elles sont rendues au monde, à l'univers manifesté enfin rempli de toutes les qualités physiques, mentales et spirituelles qui sont les siennes. Ici, il n'y a rien de tout cela, il n'y a que l'air pur et frais de... Non, mieux vaut ne pas essayer de coller une étiquette sur cet abîme sans surface.

Ainsi, comme Kierkegaard, je vois que ma vie a été vécue en regardant en avant, mais comprise en regardant en arrière. Avec le recul, je suis énormément reconnaissant d'avoir été non seulement comme le lierre, mais comme cette sorte de lierre si tenace qu'il démolit tous les supports.

Une formule anti-attachement

Peut-être avez-vous l'impression, dans ce qui précède, que j'ai rabaissé le corps et le mental, et plus particulièrement l'esprit ou le sens du JE SUIS, en faveur du néant ou JE NE SUIS PAS. Et que c'est là le nihilisme le plus négatif et la porte ouverte au désespoir, outre que c'est en contradiction avec certains de mes propos dans le reste de ce livre, et surtout avec la façon dont j'insiste sur la nécessité de passer du « je suis ceci ou cela » au « JE SUIS ».

Je m'empresse de vous assurer qu'au contraire mon but ici n'est pas de rabaisser, mais d'élever (au sens vrai du terme) l'esprit, le mental et le corps, de sorte que tous trois retrouvent leur vraie valeur et leur vraie place dans l'ordre des choses.

Il s'agit ici d'un problème de communication. Parler ou écrire au sujet de cette série d'objets précieux, c'est les présenter l'un après l'autre de manière linéaire, comme si on pouvait les séparer, comme s'ils n'étaient pas interdépendants, ou peut-être comme s'ils étaient une série d'incompatibles et que nous soyons obligé de choisir l'un ou l'autre. Cette substitution subreptice de *ou* à *et* est l'un des handicaps les plus sérieux du langage parlé et écrit.

Le remède que je prescris consiste à présenter ensemble, non séparément, ces éléments apparemment incompatibles, à les présenter de façon globale et non linéaire, de sorte que leurs connexions sont révélées au premier coup d'œil, et qu'on peut voir qu'ils se renforcent l'un l'autre au lieu de se disputer notre approbation. Bref, ce dont nous avons besoin, c'est d'une carte qui nous donne une vue d'ensemble. Comme celle qui suit.

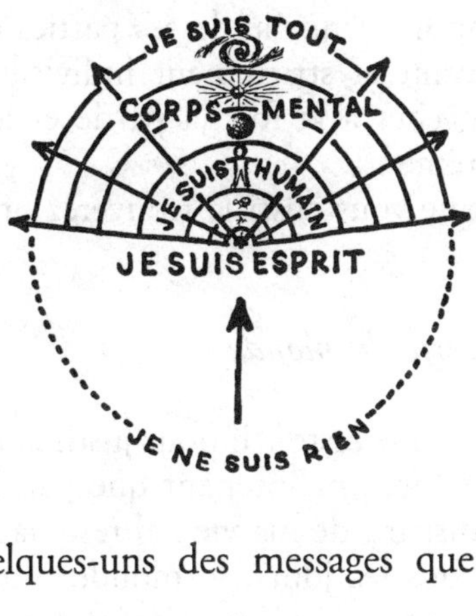

Voici quelques-uns des messages que me délivre cette carte.

Oui, l'Esprit en lui-même – la Conscience et le JE SUIS, l'Être qui *doit fatalement* être, qui est automatiquement son unique soi de toute éternité – est merveilleux. Mais il y a quelque chose d'infiniment plus merveilleux, c'est l'Esprit et l'Être qui *n'est pas obligé* d'être, la Conscience qui, sans aucune aide ni aucune raison, jaillit continuellement de l'Inconscient, du RIEN absolu, rendant ainsi ce RIEN extrêmement précieux et indispensable. En raison de ce RIEN, ce n'est pas *ce que* l'Esprit *est*, mais *qu'il soit* qui vous coupe le souffle et est digne d'adoration. Il en va de même pour l'apparition de notre corps/mental tout entier (qui n'est autre que l'univers), sans aucune aide et sans aucune raison, à partir de l'Esprit pur. Quel univers, quelle richesse et variété incroyables jaillissent inlassablement de ce JE SUIS indiciblement simple que je suis !

Bref, je trouve que cette carte est un antidote précieux contre l'attachement. Elle me rappelle que s'attacher à n'importe laquelle de ses parties en la séparant du Tout vivant et strictement indivisible, c'est sous-estimer et gâcher à la fois la partie et le Tout, sinon les tuer carrément.

J'espère que vous aussi la trouverez utile.

La redécouverte du monde

Mais alors, que reste-t-il pour justifier cette certitude que tout est bien, maintenant que j'ai disparu et que le centre a disparu de ma vie ? Il reste la périphérie. Le monde de tous les jours, le monde ordinaire – gens, animaux, plantes, choses inanimées, formes colorées et mouvantes, sons, senteurs et saveurs –, tout cela suit indéniablement son cours. Mais comme la perception de cette scène familière est différente maintenant ! Je n'y trouve rien à redire : la moindre pierre, la moindre feuille, le moindre détritus a sa valeur, personne n'a « tort », ni « besoin que j'intervienne », chaque créature est digne d'amour, tout ce qui est mauvais et cruel est mystérieusement rendu bon sans cesser d'être mauvais et cruel. C'est une grande histoire d'amour que je vis avec le monde, et personne ne la vit !

Ce qui clochait dans le monde, c'est que, d'une manière très subtile, je m'étais refusé à lui, protégé contre lui. Cramponné aux restes précaires de son témoin ici, J'avais refusé de sortir et *d'être* réellement, librement et de tout cœur, à la fois la totalité du monde et chacune des choses en lui, y compris la moindre et la pire. Maintenant, c'est comme si, ayant tout perdu, il n'y avait plus rien que je puisse être – sinon tous les êtres et toutes les choses ! Comme si mon absence en tant qu'être propre me forçait à devenir le monde entier, à vibrer avec lui, à être un avec lui jusque dans ses moindres manifestations – pour y découvrir tout ce que mon cœur peut désirer. Pas un grain de poussière n'est de trop. L'histoire extérieure du monde est sinistre ; mais l'histoire intérieure s'avère être quelque chose comme l'amour, quelque chose comme la joie, quelque chose comme une fantastique liberté, quelque chose comme tout cela emballé dans un seul paquet. En termes bouddhistes, la Sagesse devient vraiment sage quand elle aboutit à la Compassion. Le Vide véritable *est* amour.

Conclusion

Le lierre est une plante excellente, et son comportement tout à fait de mise. Lui ressembler est également de mise. Comment pourrais-je relâcher une prise que je n'ai jamais eue ? Pas d'attachement, pas de détachement : l'un est à la mesure de l'autre. Dans mon cas, du moins, la libération s'est révélée proportionnelle à l'attachement.

24

Histoires de tendresse

Dans ce chapitre, je vais parler de quelques-uns des moments de tendresse que j'ai connus dans ma vie et dont je me souviens tout particulièrement, pour essayer ensuite de définir la nature de la tendresse et comment on peut la cultiver, ou du moins comment elle peut être encouragée.

Ma première histoire paraît si banale qu'on peut se demander si elle vaut la peine d'être racontée. C'est un souvenir très ancien mais très vif. J'étais tombé et m'étais fait mal au genou, et mon père a « arrangé ça », comme il disait, en appuyant une pièce de monnaie sur le point douloureux. J'ignore pourquoi ce geste si naturel de sa part m'est apparu si parfait et si beau, ni pourquoi je l'aime plus pour ce geste que pour les innombrables autres choses, beaucoup plus importantes, qu'il a jamais pu faire pour moi.

Pour autant que je m'en souvienne, je crois que toutes les occasions de vraie tendresse dans ma vie ont été comme celle-ci : absurdes, hors de proportion et tout à fait imprévisibles, ce qui est certainement la raison pour laquelle elles ont été si spéciales. Ce sont de véritables expériences mystiques, brusques afflux ou effluves de grâce divine, inexplicables, et qui vous prennent totalement par surprise.

Le deuxième exemple remonte à mes onze ans. Je lisais *Tale of Two Cities*, de Dickens, vieille histoire de deux hommes amoureux de la même jeune fille. L'un est un homme de mérite, le meilleur parti possible (et désespérément terne), l'autre est un ivrogne, un personnage peu recommandable appelé Sidney, qui n'a aucune chance auprès de la jeune fille. Malheureusement, c'est le prétendant méritant qui se retrouve en prison, condamné à être guillotiné, alors que Sidney, le pauvre raté, est en liberté dans Paris – un Paris dans les affres de la Révolution. Il arpente les rues désertes toute la nuit, rassemblant son courage pour l'acte noble qu'il veut accomplir : soudoyer les gardiens de prison pour y entrer, prendre la place de son rival condamné (à qui il ressemble énormément) et subir la mort à sa place. Après une lutte douloureuse avec lui-même, il décide de mourir pour son « ennemi », et réalise son projet.

Sentimentalité victorienne parfaitement niaise sans aucun doute, mais pas pour moi. Je me souviens : immédiatement après avoir terminé ma lecture, dans notre gare de chemin de fer locale, je me trouvai dans une extase telle que je ne puis la décrire qu'en disant que toute la scène – briques et dalles du quai, rails et wagons – resplendissait. J'étais au paradis, un paradis où l'effroyable tristesse était transformée en joie déferlante. J'avais cessé de pleurer. Le monde était inondé de lumière, j'en avais le souffle coupé, je me dissolvais, apaisé. Était-ce donc que, malgré tout, l'amour désintéressé et la tendresse sont la raison d'être de l'univers ? Certes, je n'exprimais pas mon sentiment de cette façon-là, ni même d'aucune façon, ni ne cherchais à m'expliquer le secret qui me fut révélé là, debout dans la petite gare de chemin de fer, il y a si longtemps. D'ailleurs, le sentiment ne dura guère. Quelques heures seulement, si je me souviens bien, et je retombai trop vite du paradis sur terre. Mais je savais ce qu'était la tendresse. L'extase a disparu, mais la révélation a subsisté jusqu'à ce jour.

Ma troisième histoire se passe environ vingt ans plus tard. À nouveau, l'expérience fut hors de proportion, ridiculement exagérée si on la considère objectivement. Une rue animée (dans quelle ville, je ne m'en souviens plus), une vieille femme, un petit garçon. J'ai vu le petit garçon s'approcher de la dame, lui prendre la main et l'aider à traverser la rue. C'est tout. J'ai pleuré. Un simple acte de gentillesse, si minime, si ordinaire, si différent du sacrifice spectaculaire du héros de Dickens, et pourtant d'une importance aussi cosmique pour moi. Cela m'est apparu alors, et cela m'apparaît encore, comme une lumière jetée sur le cœur des choses, une révélation qui – d'une façon que je ne puis expliquer – fait que tout est bien. L'univers qui produit ce genre de choses est aussi ce genre d'univers.

Ma quatrième histoire est, hélas, très différente. J'ai maintenant atteint un certain âge. Je suppose qu'au cours des années, je m'étais habitué à me représenter moi-même comme une personne au cœur tendre, pleine de compassion, généreuse, aimante, et avais essayé (avec peu de succès) de vivre à la hauteur de cette image exigeante. De sorte que lorsqu'un jour un jeune homme dans le besoin me demanda mon aide, évidemment je la lui donnai. Il était sans domicile, désorienté, pas très intéressant mais pas du tout déplaisant – et je le recueillis avec la démonstration de tendresse appropriée. Je m'étais laissé prendre : il se révéla un hôte paresseux, affreusement désordonné, heureux de se laisser servir. Qui plus est, il considérait ma gentillesse comme normale, comme si je devais être reconnaissant de l'occasion qui m'était donnée de pratiquer la générosité. Comme on peut l'imaginer, mon mécontentement (ou était-ce de la fureur ?) augmenta de jour en jour, de plus en plus difficile à cacher. Finalement, il partit. Et dès qu'il eut mis une distance rassurante entre moi et ses mauvaises habitudes, eh bien j'ai ressenti à nouveau beaucoup de compassion envers lui. Un bel exemple d'incohérence !

J'ai le regret de dire que cette triste histoire s'est répétée bien trop souvent, sur des modes divers, au cours de ce que j'aime considérer comme mes années plus mûres. Tous mes efforts pour cultiver la tendresse, développer le sentiment de sympathie et les exprimer délibérément à travers des actes de bonté et de compassion se sont soldés par des échecs – de mon point de vue en tout cas. Peut-être les bénéficiaires – ou victimes – de mes bonnes actions en ont-ils récolté quelques bienfaits, mais si ce que je faisais était bon, c'était pour une mauvaise raison. Si le cœur a ses raisons, elles sont inconnues de la tête. Je ne peux pas parler pour vous, mais je suis sûr quant à moi que ma propre tendresse est soit spontanée, soit affectée, feinte, une imposture même. La cultiver délibérément est aussi absurde qu'illusoire.

Que puis-je faire, alors, pour remédier à mon manque, souvent déplorable, de cette précieuse faculté ? Rien du tout ? Dois-je accepter avec résignation, sinon avec complaisance, cette carapace de dureté qui menace toujours de m'enfermer ? La tendresse par principe, la tendresse forcée pour confirmer mon image de moi-même, sonne faux, même si elle peut se manifester momentanément. Mais la tendresse authentique, dont l'expression pratique est un comportement d'amour sincère, on doit bien pouvoir au moins l'encourager ? Même s'il m'est impossible de changer complètement, de me dépouiller délibérément de la peau dure qui menace de me séparer de mon environnement, ne puis-je au moins réduire le taux de croissance des callosités de la vie ? N'existe-t-il aucun dissolvant, aucun antidote contre la lente pétrification du cœur ?

Si. Comme le bonheur et la plupart des autres bonnes choses de la vie, la tendresse est un sous-produit de quelque chose d'autre ; on ne peut la provoquer directement. Elle est accessible, mais pas à son propre niveau ni en ses propres termes. En fait, elle est plus qu'*accessible*, elle est *naturelle*. C'est ma façon d'être, pourvu que je ne me mette pas en travers de son chemin et n'entrave le fonctionnement spontané et imprévisible de mon cœur essentiellement tendre.

Car qu'est-ce que la tendresse, en définitive, au sens physique, élémentaire du terme ? Un rôti de bœuf dur résiste au couteau : il faut une scie pour le trancher. Un rôti tendre, en revanche, offre peu de résistance à l'invasion et se coupe pratiquement comme du beurre. On peut classer les choses par ordre de dureté, depuis l'air pur jusqu'au diamant. Où est alors ma place dans cette échelle de tendresse/dureté ? La réponse du sens commun serait : quelque part au milieu, plus dur qu'une méduse et plus tendre qu'une tortue. La véritable réponse est très différente. Elle ne prend pas en compte le genre de matière dont je suis fait selon l'expérience des autres, mais celui dont je suis fait selon ma propre expérience de moi-même, ici même. Quelle est l'histoire intérieure de ce personnage à moitié dur ? Quand j'examine le lieu que j'occupe, auquel aucun étranger n'a accès, qu'est-ce que j'y trouve ? Ce point le plus négligé de tous – le pivot de mon univers ambiant – offre-t-il la moindre résistance aux couteaux et aux scies, aux gens, à la nature, à quoi que ce soit ? Quel est mon facteur de pénétration au centre ? Intrinsèquement, suis-je construit fermé au monde, ou bien ouvert, grand ouvert ?

On ne peut pas résoudre cette question cruciale à la légère, en se basant sur des on-dit, des souvenirs, ou en utilisant la pensée discursive ou spéculative, mais simplement en regardant pour voir. En se fiant uniquement à l'évidence présente.

J'enregistre cette page de papier blanc et les signes noirs qui apparaissent sur elle. Selon mon expérience personnelle de moi-même, en ce moment, suis-je ici un objet observant, solide, opaque, limité, en train de regarder à travers un certain espace un objet observé, solide, opaque, limité, là-bas ? Ou, au contraire, suis-je ici une absence d'objet, mais espace d'accueil pour cet objet, sans aucune distance perceptible qui nous sépare ? Autrement dit, puis-je faire apparaître quoi que ce soit ici pour m'empêcher d'accueillir ces arabesques noires et blanches ? Est-ce que je reçois des nouvelles de ce dessin, est-ce que je le déduis ou le détecte vaguement ? Ou est-ce que je suis envahi par lui ?

Je réponds sans hésiter : je suis pénétré, absorbé, remplacé par ce dessin. En est-il de même pour vous en cet instant ? Êtes-vous, vous aussi, construit ouvert ? Vous êtes le seul juge en cette matière.

Vous convenez peut-être que vous êtes aussi grand ouvert que je le suis, mais vous pouvez objecter raisonnablement que ceci n'a pas grand-chose à voir avec la tendresse du cœur. J'accepte votre objection, et me tourne alors de cette page vers le visage le plus proche – qui pourrait être le vôtre – en portant toute mon attention sur la situation telle qu'elle se présente en ce moment. Sommes-nous face à face, dans une relation symétrique, deux objets qui s'affrontent, chacun excluant l'autre ? Bien au contraire. Ici où je suis, il n'y a pas de visage, pas la moindre trace de quoi que ce soit pour vous barrer l'accès, pour résister à votre invasion. Que je le veuille ou non, je suis si largement ouvert pour vous que votre visage est le mien et je n'en ai pas d'autre.

Et il ne s'agit pas d'une union superficielle, temporaire, insignifiante. Cette intimité est le paradigme de toute intimité, infiniment profonde, totale et immensément satisfaisante – *lorsque j'ai l'humilité et le courage de la remarquer.* La conscience est essentielle. Je suis pleinement conscient de la manière parfaite dont vous me donnez votre visage et de la manière parfaite dont je le reçois. La façon dont je prends forme et couleurs grâce à ce paysage fascinant me stupéfie et m'enchante. Sans histoires, sans commentaires, sans conditions, vous comblez ma lacune, et je n'ai aucun moyen de refuser. Je ne peux que faire semblant de vous refuser l'entrée.

Vous pourriez protester que tout cela est très joli, mais que vous et moi pourrions néanmoins être en opposition, non pas au sens physique du terme, mais par rapport à ce qui compte vraiment : les sentiments que nous avons l'un pour l'autre, nos objectifs, nos opinions, nos styles de vie différents. Certes, il est vrai que me contenter de voir que je suis vide pour vous accueillir en ce moment, que votre visage envahit mon absence de visage, ne suffit pas à garantir une belle relation.

Mais ce faisant, j'établis une base solide pour cette relation. Sans cette assise fondée sur des faits vérifiables, la superstructure de notre relation est très branlante. Quand je nie l'asymétrie, refusant de voir le fait évident que je disparais en votre faveur, tous mes rapports avec vous sont d'une certaine manière gâchés. Rien d'étonnant à cela. La situation repose alors implicitement sur l'idée fictive que je suis assez dur pour vous empêcher de passer carrément à travers moi. Notre relation est contaminée – sinon condamnée – au départ. Ma mauvaise habitude de confronter votre visage vu là-bas avec mon visage imaginé ici n'est ni sensée ni pratique. En fait, les conséquences de cette anomalie tragiquement normale, comme ses causes, sont ma peur de vous, ma haine et mon angoisse profonde. C'est un avertissement fort peu aimable que je vous donne : « Défense d'entrer ! J'ai un visage ici que je préfère de beaucoup au vôtre. Restez chez vous, je vous interdis d'envahir mon domaine privé. » Vaines protestations ! Vous regardant maintenant en toute innocence, tel que vous êtes et sans expliquer quoi que ce soit, JE SUIS VOUS !

Mais vous pouvez alors me demander si je *ressens* de la tendresse pour vous simplement parce que j'ai été obligé de vous laisser entrer. Parfois, nous éprouvons tout sauf de l'amour pour les hôtes à qui nous avons ouvert notre porte.

Évidemment, le *sentiment* d'accueillir chaudement ce visiteur dans mon espace n'est pas la conséquence immédiate et automatique du fait qu'il m'est, de toute façon, impossible de l'exclure. L'expérience réelle de tendresse ne peut pas nous être donnée du seul fait que nous remarquons à quel point nous sommes pénétrables. Mais c'est un bon début. Et, selon mon expérience, indispensable. Il est vain d'essayer de susciter le sentiment de tendresse tout en niant le fait que je suis construit pour elle. Le sentiment sans la vision, fondé sur l'illusion du face à face, est non seulement difficile à susciter et encore plus à maintenir, mais il est factice. C'est comme si je vous faisais des protestations d'amour tant que vous restez sur le pas de la porte sans oser entrer. En revanche, que je vous aime ou non en ce moment, si je vous laisse entrer consciemment (je n'ai pas le choix, bien sûr), il y a de grandes chances que l'amour me monte dans le cœur et trouve une expression appropriée en son temps. À l'intérieur, ici, je suis bien placé pour l'amour explicite, parce que le fait même de vous laisser entrer était déjà de l'amour implicite, de même que le fait de prétendre vous laisser grelottant à la porte était déjà la peur de vous, la haine et le rejet implicites, capables de susciter des actes explicites de peur, de haine et de rejet. Bref, reconnaître que je suis tendre de nature, sans la moindre trace de dureté, c'est le meilleur moyen (je dirais le seul) de cultiver le sentiment de tendresse.

Pas question de croire cela aveuglément, il faut le vérifier. Dans la vie quotidienne, suis-je plus capable de vous aimer sincèrement, de vous comprendre, d'être attentionné envers vous lorsque je prends la peine de remarquer qu'en fait je suis construit pour aimer, comprendre et être attentionné ?

Oui. Cette pratique est vraiment bonne. Si je vous accueille consciemment dans mon espace ici, vous devenez immédiatement plus intéressant, même fascinant, simplement tel que vous êtes. Et dans l'ensemble, plus sympathique. L'attention intense que vous recevez de moi est, de toute façon, une sorte d'affection, elle jette une lumière nouvelle et plus brillante sur tout ce que vous êtes. Le billet d'entrée illumine et transforme celui qui entre. Inversement, le refus de délivrer ce billet le noircit et le transforme négativement. Tout dans l'univers paraît différent, est perçu différemment et – diable !, ou plutôt, mon Dieu ! – tout l'univers est vraiment différent lorsque je le laisse entrer.

Enfant, J'étais très facilement ému aux larmes. J'étais un tendre, pas un dur. Je me souviens que l'un de mes camarades de classe avait transformé mon nom, Harding, en *Softing*[1], ce qui m'avait profondément humilié. C'était pourtant exact. Hélas, je convenais tout à fait que j'étais bien trop vulnérable, trop tendre et sentimental. Alors (c'est certainement une réaction masculine très commune), je me suis fabriqué un

1. *Hard :* dur. *Soft :* mou, tendre. (NDT)

visage et une enveloppe extérieure durs – pitoyable comédie au début, mais capable à la longue de tromper les étrangers, sinon les amis. Bien sûr, c'était une armure sans substance, une coquille feinte, une peau épaisse en apparence seulement, une protection qui ne protégeait rien. Cela prenait essentiellement la forme d'une hallucination : je me mis à imaginer ici, sur ces épaules, une figure qui n'avait jamais été ici, cette image de moi déplacée, ce bloc fictif au centre de mon univers, venant obstruer sa merveilleuse clarté. Le résultat fut aussi douloureux que déplaisant. Rien d'étonnant à cela. J'avais mis un tel bâton dans les roues de la machine cosmique, comment aurait-elle pu ne pas se gripper ?

Je crois que j'ai moins bien réussi que la plupart des hommes à maintenir la fiction d'un noyau dur ici, au centre de mon monde. Mon entreprise d'autopétrification a été singulièrement médiocre. Néanmoins, jusqu'au début de la trentaine je me suis débrouillé pour construire une mince façade derrière laquelle vivre. J'étais de moins en moins ému aux larmes. Les hommes ne pleurent pas, et – Dieu merci ! – je suis un homme et non une femme ou un pleurnicheur ! L'incident de la vieille dame et du petit garçon se produisit au cours de cette période difficile de ma vie, mais il était exceptionnel. Les barrières que je m'efforçais assidûment d'ériger contre la tendresse commençaient à se tenir debout. Je ressemblais de plus en plus à l'un de ces crabes au corps tendre, avec une belle coquille dure dans laquelle rentrer sa tendresse.

Mais à trente-quatre ans, j'ai soudain remarqué que la carapace était tout à fait imaginaire. J'ai vu que j'étais sans défense. En fait une merveilleuse combinaison de vulnérabilité et de sécurité absolues, car dans le RIEN ou NON-CHOSE au centre de moi-même rien ne peut être blessé ou détruit. Le résultat de cette découverte stupéfiante et pourtant parfaitement évidente fut que je n'avais plus à avoir honte de ma nature prétendument trop ouverte : elle était au contraire énormément rassurante, reposante, et me libérait de l'angoisse. Par la suite, à mesure que je m'habituais de plus en plus à être NON-CHOSE je vis que les moments de grande tendresse devenaient de plus en plus fréquents, et finalement, toutes mes relations avec les gens, les animaux, les plantes et même les objets inanimés commencèrent à être empreintes de quelque chose ressemblant fort à l'attendrissement, avec cette sensation de larmes contenues. Ceci n'est pas de la sentimentalité. C'est un mode de vie basé sur la réalité de ce qui est. On pourrait l'appeler la voie de la tendresse.

Dans mon cas, la découverte de ma véritable identité, de ma nature intrinsèque, de la vérité que je ne suis pas plus dur que le vide, a servi à arrêter et inverser le processus de durcissement de mon cœur. Je recommande cette recette aux autres. Pratiquez la vision de QUI vous êtes vraiment, et voyez si Cela n'est pas l'amour même. Non que je promette des résultats rapides et manifestes. Les fruits de cette pratique peuvent sembler maigres et tardifs, mais c'est parce que tout se passe à un niveau très profond. Soyez assuré que si vous voyez clairement que vous n'avez aucune défense contre l'invasion, vous cesserez de faire obstruction à l'amour qui est votre état naturel.

La tendresse nous est aussi naturelle, à vous et à moi,

que la respiration. Nous ne sommes pas obligés de la cultiver. La seule chose que nous ayons à faire, c'est ne pas lui faire obstacle. Si nous ressemblons au diamant pour la clarté et la valeur, pour la dureté nous sommes son contraire, ne l'oublions pas.

C'est dans ce refus absolu de me mentir à moi-même sur moi-même que réside le secret de ma nature aimante ainsi que mon ultime sécurité, mon ultime survie. Et c'est seulement lorsque j'imagine que vous entrez *partiellement* en moi que j'ai l'impression que vous allez me faire mal ou me détruire. Avec l'invasion *totale*, il ne reste rien ici, donc rien à détruire. Ainsi, au centre je suis non-chose et toutes choses, rien et tout. Ici, ce sont la sécurité et l'expansion incomparables : en perdant mon petit moi, je gagne le monde entier.

Ce grand cœur vraiment sacré réserve bien des surprises. Voici un exemple, pour conclure. J'étais invité à participer à une conférence réunissant environ cent cinquante sympathisants bouddhistes, près de Londres, et devais parler de mon approche particulière du zen. Mes propos semblaient assez bien accueillis, les auditeurs à moitié convaincus, mais attendant de voir d'où venait le vent. Le conférencier suivant avait la réputation d'être l'autorité européenne en matière de bouddhisme en général et de zen en particulier. Il parla du faux zen de certains Occidentaux qui n'avaient jamais étudié au Japon, jamais pratiqué là-bas la longue et stricte discipline de la méditation assise et des kôans sous la direction d'un *roshi* accrédité, ni reçu leur *inka* ou certificat d'illumination (entre parenthèses, il n'avait rien fait de tout cela non plus). Sans me nommer vraiment, il assura ces bouddhistes que la causerie précédente – la mienne – avait fort peu de rapport avec le vrai zen, et que de toute façon elle était dénuée de sens. Manifestement j'avais une tête sur mes épaules (maintenant courbées) et l'espace décrit là était totalement imaginaire. Tels furent mes débuts tant attendus dans l'enseignement du bouddhisme, et tel fut le résultat. C'était pire qu'un échec. J'étais un imposteur, et je n'aimais pas ça du tout.

Une heure environ après cette « dénonciation » publique, comme je traversais la salle de conférence maintenant déserte, mon détracteur arrivait dans l'autre sens. Je ne sais toujours pas comment cela s'est passé, mais nous sommes simplement tombés dans les bras l'un de l'autre. Nous sommes restés ainsi pendant un moment, puis nous sommes séparés. Ce n'est pas le genre de choses que j'avais coutume de faire en ce temps-là, même avec mes meilleurs amis, et il était certainement le genre d'Anglais le moins susceptible de se laisser aller à une telle familiarité. Pas un mot ne fut prononcé. Bien que nous nous soyons rencontrés plusieurs fois par la suite, nous n'avons jamais fait la moindre allusion à cette démonstration de tendresse. Pour autant que je sache, il est toujours aussi critique et méprisant à l'égard de ma conception de l'essence du zen (et de sa doctrine de notre visage originel qui est sans visage). Je crois que, sans animosité personnelle, il me considère toujours encore comme un excentrique pas complètement inoffensif, qui détourne du droit chemin les authentiques investigateurs des disciplines religieuses orientales.

Depuis cette première rencontre, nous n'avons sans

doute pas échangé plus d'une vingtaine de formules polies. Néanmoins, notre relation ne se remettra jamais de ce moment de sublime tendresse, silencieux et parfaitement éloquent, dans lequel nous n'avons célébré rien moins que notre identité commune éternelle. En toute sincérité, je lui dis maintenant, comme je l'ai fait silencieusement dans cette salle de conférence il y a bien longtemps : « JE SUIS TOI ! JE SUIS TOI ! »

25

Être et faire

La vie a une façon pénible de nous placer dans des situations nous confrontant au problème apparemment insoluble de savoir quoi faire ou ne pas faire. Non pas que les problèmes soient sans réponse, mais plutôt qu'ils aient deux réponses tout à fait contradictoires. Nous ne savons plus où nous en sommes. Les solutions ne sont pas claires. Le juste et le faux ont tendance à fluctuer. La vie paraît être une impasse, un jeu impossible à gagner, un choix perpétuel entre les moindres maux.

L'un de ces problèmes les plus difficiles, c'est de décider s'il vaut mieux observer ou jouer le jeu de la vie, refuser ou accepter la responsabilité, se défiler ou s'impliquer.

Les grands instructeurs de ce monde ne nous facilitent pas la tâche. Ils semblent ne faire qu'ajouter à notre confusion. Prenez Jésus, par exemple. D'une part, dans son Sermon sur la Montagne, il nous dit de nous détendre, de laisser le lendemain prendre soin de lui-même, de nous reposer entièrement sur la Puissance cachée qui fait pousser les lis des champs et leur confère leur beauté. D'autre part, dans la Parabole des Talents, il couvre d'éloges le citoyen énergique, responsable, mû par le devoir, et expédie gaiement en enfer le fainéant inutile. Ou, si vous prenez Nisargadatta : « Tant que vous songez à influencer les événements, la libération n'est pas pour vous. La notion même de faire, d'être une cause, est un obstacle. » Et cependant, il ne cesse de répéter que l'effort conscient est essentiel dans la vie, que l'ardeur est le facteur décisif. Enfin, prenez Ramana. « Personne ne réussit sans effort. Les rares êtres qui réussissent doivent leur succès à leur persévérance », déclare-t-il, ajoutant aussitôt : « Dans un train, le passager serait stupide de garder son fardeau sur la tête. Qu'il le dépose par terre. Il verra que le fardeau arrive tout aussi bien à destination. De même, ne croyons pas que c'est nous qui faisons, mais abandonnons-nous à la Puissance qui nous guide. »

Alors, qu'allons-nous faire : porter notre fardeau ou le laisser tomber ? Aider les autres à porter leurs charges ou, là encore, n'accepter aucune responsabilité ? Le dilemme est loin d'être une simple énigme intellectuelle. Il est réel, il fait mal, et certains d'entre nous en sont vraiment déchirés. Il n'y a pas de « bon » choix. Que nous décidions de laisser simplement les choses arriver ou d'intervenir énergiquement, nous allons avoir des ennuis. La vie du marginal qui ne fait aucun effort, ne prend aucune décision et n'accepte aucune responsabilité pour lui-même, sans parler des autres – quel genre de vie est-ce là ? Quant à son contraire, le genre « vieux jeu » – celui qui est consciencieux, qui travaille dur, a l'esprit civique –, nous savons tous les tensions, compromis, frustrations et angoisses qui l'attendent. Sans parler du vieillissement et de la mort qui mettront rapidement fin à sa vie et à ses plans les plus élaborés.

Tel est le problème qui se pose à tous les humains. Voyons maintenant sa solution. Oui, il y a une solution – une solution vraiment très pratique, que nous pouvons commencer immédiatement à appliquer dans notre vie quotidienne. Mais d'abord, voyons clairement qui mène cette vie quotidienne.

C'est la nature même de toute chose vivante de s'occuper d'elle-même, de veiller à son propre bien-être, de se préférer aux autres. Pas de place pour l'altruisme. Sa mission, c'est la survie de son état de chose séparée. Aussi revendique-t-elle sa part d'espace dans le monde, qu'elle remplit totalement à l'exclusion de tous les rivaux. Elle n'a de place que pour les choses qu'elle a besoin de dissoudre et d'assimiler – en un mot, pour sa nourriture. En règle générale, son comportement est orienté vers sa propre survie aux dépens des autres. Cet égoïsme implacable est plus qu'une nécessité vitale. C'est la pulsion de vie même. Sachant cela, vous ne dites pas d'un pauvre petit chou dans votre potager que c'est par générosité qu'il absorbe moins que sa part d'eau et de soleil, et vous ne faites pas l'éloge du plus maigre des petits cochons pour son absence de gloutonnerie à l'auge. Au contraire, vous les rejetez parce qu'ils sont maladifs, insuffisamment vivants. De même dans votre jardin : les lis les plus beaux sont ceux qui prennent toute leur part, ou plus, des substances nutritives disponibles.

Il en va de même pour les gens. Admettons-le : un homme plein d'entrain, vraiment vivant, est un homme qui sait ce qu'il veut, essaie de l'obtenir et l'obtient. Il est indépendant, énergique, audacieux, résolu, totalement coopératif (quand cela sert ses objectifs évidemment), mais parfaitement impitoyable à d'autres moments. Surtout, il ne passe pas son temps à gémir sur son mauvais sort, les circonstances écrasantes de sa vie, ou ce que Dieu, ses parents, ses gènes et ses chromosomes lui ont fait. Au contraire, il se considère lui-même comme son bien personnel pour le meilleur et pour le pire, et en accepte la pleine responsabilité. Dans la mesure où il fuit cette responsabilité, manque d'objectifs, de dynamisme et du désir de faire, il manque de virilité. On pourrait le qualifier charitablement d'homme réservé, humble, modeste, ou dire plus franchement que c'est un homme fatigué, malade, un raté qui ne mérite pas plus notre admiration que la plante rabougrie ou l'animal maigrichon. Être viril, c'est prendre la responsabilité de sa portion de monde et de toute la vie qu'elle contient, et vivre cette vie avec entrain, sans excuses ni réserves.

Que dire alors du Sermon sur la Montagne qui recommande la passivité ? Et que dire du saint ou du sage qui est heureux de rester sur le bord du fleuve de la vie à regarder l'eau couler, en prenant garde de ne pas se mouiller les pieds ?

Les êtres libérés seraient-ils, en fait, des êtres paresseux, faibles, irresponsables ? Évidemment non ! Bien au contraire, ils sont particulièrement vivants et, à leur manière, merveilleusement résolus, énergiques, et même, quand c'est nécessaire, tout à fait impitoyables. La bienheureuse Angela de Foligno, totalement dévouée au Dieu immanent, alla jusqu'à envisager la mort de sa mère, de son mari et de ses enfants avec une satisfaction presque meurtrière, parce qu'elle les considérait comme des « obstacles » à sa vie spirituelle. Le jeune Ramana vola de l'argent pour partir et vivre la vie sainte – une vie qui a toujours dépendu du soutien financier des autres – et pendant des années s'est abstenu de faire savoir où il était à sa mère affligée. Le véritable sage ou saint est un personnage décidé et tenace. Il y a un monde de différence entre le marginal et le sage, même s'il peut arriver que leur apparence et leur comportement se ressemblent – et parfois même la vision qu'ils ont d'eux-mêmes.

La différence est la suivante : le marginal se considère essentiellement comme une certaine sorte de personne (par exemple une personne originale et sans souci), alors que le sage voit qu'il n'est pas du tout une personne. L'un imagine qu'il est une chose dans le monde, tandis que l'autre perçoit qu'il est la NON-CHOSE qui contient le monde. L'un s'identifie à son apparence en tant que deuxième/troisième personne, l'autre à sa réalité en tant que première personne. Et le sage est non seulement l'espace dans lequel les choses se produisent, mais aussi l'espace dans lequel se produisent *tous les dilemmes et les contradictions qui affectent les choses* sans le toucher le moins du monde. Étant le contenant de toutes choses, l'espace conscient qui est aussi leur source et leur réalité, il est lui-même la réconciliation de tout ce qui les divise. Ainsi le sage résout le dilemme – passivité/activité, détachement/engagement, observation/responsabilité – de la seule manière possible : en étant la source des deux. En tant que leur source unique, il est en amont de tous ses affluents à dcux branches. Il est la tige du bâton fourchu. Il est le diviseur indivisible.

Et ce que vous êtes vraiment, cher lecteur, c'est cette source, cette tige. Vous n'avez jamais été humain qu'en apparence. Intrinsèquement, donc, vous êtes libre de toutes les contradictions, tous les déchirements dont souffrent les humains.

Qu'est-ce qu'un être humain ? Comme nous l'avons déjà remarqué, c'est un quelque chose opaque, coloré, solide, petit. C'est plein de soi-même. Ça occupe et remplit de chair et de sang quelques milliers de centimètres cubes, excluant ainsi toute autre créature de cet espace. Ça existe en se fermant aux autres, en étant distinct, séparé d'eux. *Ça survit en les faisant disparaître.* Ça proclame sa propre importance, annonçant à un monde étranger : « Me voici ! N'approchez pas ! Défense d'entrer ! »

Ressemblez-vous à ceci dans l'évidence du moment présent ? Si oui, comment faites-vous pour enregistrer si facilement, en cet instant, cette page et tous ces caractères imprimés ? Comment, sinon en cédant la place, en disparaissant en leur faveur ? Disposez-vous de quoi que ce soit, là où vous êtes, en ce moment, pour leur barrer l'accès ? N'êtes-vous pas construit ouvert, un récipient vide prêt à se remplir de tout ce qui peut se présenter, depuis les étoiles jusqu'aux caractères noirs sur cette page ? Et lorsque, cessant de regarder cette page, vous regardez votre ami là-bas, n'accueillez-vous pas et ne revêtez-vous pas ce visage ?

Si vous n'êtes pas d'accord, si vous n'êtes pas accueil pour les choses mais simplement l'une d'elles, comment expliquez-vous leur éclat en ce moment, comparé à l'obscurité de leur observateur, sans parler de son absence ? Pour répondre à ces questions cruciales, il vous suffit de cesser de penser, juste le temps de regarder. Ensuite, si vous vous vivez vraiment comme cet objet que vous voyez toujours là-bas, dans votre miroir, si vous êtes vraiment ce que vous paraissez être pour les autres, alors vous êtes un être humain en définitive, point à la ligne. Mais si, au contraire, vous êtes vraiment ce que vous paraissez être pour vous-même – c'est-à-dire espace d'accueil pour les choses qui vont et viennent – alors vous êtes divin, et vous devriez en finir avec ce jeu qui consiste à faire semblant d'être « seulement humain en définitive ».

Étant la Divinité même, espace pour tout et source de tout, vous êtes responsable de tout. Il n'y a pas d'autre Puissance. Qui vous êtes vraiment a tout fait, est l'auteur de tout. Mais voyez si cet espace que vous êtes se donne beaucoup de mal pour produire ses contenus. Vous qui assistez à la scène, avez-vous l'impression de la concevoir, de la combiner et de la bricoler, de la provoquer, de l'alimenter ? C'est à vous, le responsable, de le dire. N'est-ce pas plutôt que tout coule de votre Être, spontanément, sans intention et sans pensée – retombées incessantes de QUI vous êtes ? Ramana n'avait-il pas raison lorsqu'il disait : « Aucun mobile ne peut être attribué à cette Puissance [...]. Dieu est indifférent aux activités qui se produisent en Sa présence » ?

Voici donc la réconciliation parfaite entre le détachement qui observe tout en témoin et l'attachement qui s'implique dans tout. C'est l'illusion que vous êtes réellement un être humain qui crée le dilemme, la contradiction entre le Sermon sur la Montagne et la Parabole des Talents. Au niveau le plus haut, le dilemme qui est inconfortable cède la place au paradoxe qui ne l'est pas. Votre véritable nature est le paradoxe qui inclut tous les paradoxes : il n'y a rien qui ne soit pas vous et rien qui soit vous ; l'espace conscient est et n'est pas son contenu ; vous êtes concerné et vous ne l'êtes pas ; vous contrôlez les choses et elles se produisent tout simplement. Cela peut sembler stupide, mais en fait, c'est le comble de la sagesse. Et ça fonctionne bien.

Même à des niveaux moins élevés, ces conclusions sont logiques. La responsabilité que ressent un homme, l'impression qu'il a de contrôler ceci ou cela, tout cela est illusoire. Chaque événement dans sa vie est conditionné par les autres événements qui constituent l'univers, comme si chacun dépendait des autres. Attribuer des causes particulières à des événements particuliers et se sentir personnellement responsable d'eux est parfaitement irréaliste. L'univers est strictement indivisible, et le seul moyen de prendre la responsabilité de quoi que ce soit est de prendre la responsabilité du tout. C'est-à-dire d'être le Tout.

Vous, en tant que le Tout, êtes responsable de tout, et vous vous en tirez fort bien – sans aucun sens de responsabilité ni conscience de votre bonne gestion. Comment être assuré de cela ? Simplement en étant vous-même maintenant et en vous fiant à votre expérience de première main. Simplement en cessant de vous faire passer pour un homme, une femme ou un enfant.

La réponse au dilemme « être et faire », au problème

de la responsabilité personnelle, ce n'est pas de cesser de se sentir personnellement responsable de ceci ou de cela, mais de pousser ce sentiment jusqu'à l'extrême limite où il disparaît, et vous pouvez dire avec Ramana Maharshi :

> L'action n'est pas une entrave. L'entrave, c'est l'illusion que « Je suis celui qui agit » [...]. Établissez-vous dans le Soi et agissez naturellement sans le sens de l'agir [...]. S'occuper du Soi veut dire s'occuper de votre travail [...]. Le travail ne vous liera pas, il se fera automatiquement.

26

Les trois prétendants de Sophie

Il était une fois une princesse appelée Sophie. Elle était charmante et d'une beauté incomparable. Et comme son nom l'indique, elle était également la sagesse même. Trois prétendants arrivèrent un jour à son palais : un chevalier sans peur, un poète amoureux et un simple gardien de cochons.

Le chevalier fut le premier admis en sa présence.

« Combien de dragons avez-vous tués récemment ? demanda la princesse.

– Pratiquement aucun, ma chère dame, avoua-t-il. Mais mon épée et mon armure sont du plus bel acier, et pour l'amour de vous je vais dénicher et occire tous les dragons de ce pays. Évidemment, il s'agit là d'une tâche immense. Car ces monstres se cachent au plus profond des mers et dans des grottes sombres et tortueuses. Il me faudra les dépister un à un et les attirer à ciel ouvert où je pourrai leur donner le coup de grâce. Mais quelle qu'en soit la longueur, je fais le vœu de remporter cette bataille pour être digne de vous. Tout ce que je demande avant de me mettre en route, c'est votre approbation et votre bénédiction.

– Vous les avez, brave chevalier, s'exclama la princesse. Votre détermination, votre courage sont au-dessus de tout éloge, et il est certain qu'il faut s'occuper de ces terribles dragons. »

Et, son armure étincelant au grand soleil, le chevalier partit au galop, plein d'une joyeuse impatience.

Puis ce fut le tour du poète. Introduit dans la salle d'audience, il commença à plaider humblement sa cause.

« Tout ce que je puis vous offrir, chère princesse, ce sont mon adoration et les pauvres chants qu'elle m'inspire. J'espère seulement qu'un jour ma dévotion à votre égard saura s'exprimer dans une grande œuvre digne de son sujet et gagnera ainsi votre cœur. En attendant, je vous supplie de me permettre de rester ici. Contrairement à ce chevalier (vous aime-t-il réellement ?), je ne puis supporter d'être loin de vous. Si vous m'accordez cette faveur, je promets de ne pas en abuser et de ne pas vous importuner en m'approchant trop près de vous.

– Cher poète, répondit la princesse, la voix empreinte de tendresse, j'apprécie votre dévotion plus que je ne saurais le dire, et il est vrai qu'on ne peut me gagner d'un cœur froid et timide. J'ordonnerai que l'on vous donne une chambre agréable dans le palais, d'où vous pourrez me voir parfois me promener dans la roseraie. »

Dès que le poète, ravi et reconnaissant, eut gagné ses nouveaux quartiers, on introduisit le gardien de cochons, non sans une très grande répugnance. C'était un jeune homme fruste, illettré. Il était en haillons et traînait avec lui l'odeur de la porcherie.

« C'est vous que je veux, et pas autre chose, déclara-t-il tout de go. Et je vous veux maintenant.

– Cela dépasse toutes les bornes, s'écria la princesse. Le brave chevalier et le poète dévoué consacrent leur vie à me mériter un jour, et voici que toi, paysan malodorant, tu exiges que je t'appartienne sur-le-champ, comme si j'étais ta propriété et que tu n'aies qu'à demander.

– Mais vous l'êtes, répondit le gardien de cochons nullement ébranlé.

– Je vais te faire jeter dehors, hurla la princesse en colère. Je me demande même si je ne vais pas te faire jeter dans un cachot.

– Auparavant, répondit-il, laissez-moi vous dire quelque chose. Votre chevalier est amoureux de la chevalerie et de la chasse au dragon, voilà pourquoi il lui plaît de vous attendre indéfiniment. Quant à votre poète, il est amoureux de l'amour et de ses propres poèmes, c'est pourquoi il promet de rester à une distance respectueuse de vous. La vérité, c'est qu'ils ont tous deux peur de vous. Mais le véritable amour chasse l'effroi. Je n'ai pas du tout peur de vous, et je vous veux immédiatement.

– J'exige que l'on s'occupe de ces horribles dragons, s'écria la princesse en tapant du pied. Peut-être n'as-tu pas peur de moi, mais il semble que tu n'aies pas le courage de les affronter.

– Pour le chevalier qui les combat là dehors, ils ont l'air terrifiant et sont en fait pratiquement invulnérables. C'est ainsi qu'il les aime, ses dragons. Mais lorsque je les attaque par derrière, ils deviennent de vulgaires chatons. Dès lors que je serai venu vivre avec vous, ces monstres se transformeront en animaux domestiques, même s'il est possible qu'il nous faille des années pour les apprivoiser tous.

– Pour un gardien de cochons, tu es très intelligent, reconnut la princesse, mais si les bonnes manières du poète te dépassent, j'exige du moins une dévotion aussi absolue que la sienne.

– La dévotion que j'offre est inséparable de l'union. Déjà nous sommes un, et votre perfection est si infinie qu'elle suffit pour nous deux.

– Ah, bien, soupira la princesse, il semble bien que je n'aie pas d'alternative. Épouse-moi maintenant, fruste paysan, et mérite-moi plus tard.

– En tant que mon véritable moi – en tant que toi, cœur de mon cœur – comment pourrais-je me mériter moi-même ? Et en tant que mon faux moi – en tant que ce paysan quelque peu malodorant –, comment pourrais-je mériter quoi que ce soit, même si je tuais un millier de dragons et composais le meilleur poème d'amour de tous les temps ?

– Tout de même, répliqua la princesse, le visage désormais éclairé par un large sourire, tu peux faire beaucoup mieux. D'ailleurs j'observe que tu as déjà commencé à t'améliorer. Même cette horrible odeur a presque disparu. »

27

Ramana Maharshi et Krisnamurti

Les personnes attirées par la spiritualité ont tendance à vouloir effacer les différences entre un maître et un autre : en réalité ils enseignent la même chose, mais en des termes différents, nous dit-on. Cette attitude paraît très sympathique, favorable à l'œcuménisme et à la paix dans le monde. Très bien. Mais elle peut aussi être le résultat de la paresse ou de la superficialité, du manque d'attention et de l'incapacité d'approfondir ce qui a été dit, de la volonté d'esquiver les différences alors qu'avant tout nous avons besoin de discernement, de clarté et de précision.

Pour suivre effectivement une voie spirituelle jusqu'au bout, il faut prendre garde de ne pas se laisser détourner sur d'autres voies. Ou, pour employer une autre métaphore, si vous voulez goûter toute la saveur d'une nourriture spirituelle, vous devez éviter de la mélanger à d'autres nourritures spirituelles au risque de rendre la mixture parfaitement insipide.

Prenez par exemple l'enseignement de Ramana Maharshi d'une part, et celui de Krisnamurti de l'autre. Certains de leurs disciples respectifs m'assurent qu'ils disent la même chose, en des termes différents. Je ne suis pas d'accord. Je trouve qu'il y a de grandes différences entre leurs enseignements, pas seulement de style mais de fond. Je vais ici indiquer quelques-unes des plus importantes.

Commençons d'abord par les points de convergence. Ramana Maharshi et Krisnamurti affirment tous deux que c'est à l'intérieur de nous-même que se trouvent la réponse aux problèmes de la vie et tout ce dont nous avons besoin. En ceci, évidemment, ils sont en accord avec tous les grands sages.

Jusqu'ici, tout va bien. Voyons maintenant les différences, ou, si vous préférez, les divergences.

Selon Krisnamurti, nous devons avant tout nous comprendre nous-même : comprendre comment nous pensons, ce que nous pensons, pourquoi nous pensons ainsi, la nature de notre conditionnement.

> Parvenir à se suivre, à voir comment ses pensées fonctionnent, exige un esprit extraordinairement vigilant, alerte, permettant de devenir toujours plus éveillé à la complexité du processus de sa pensée, de ses réactions et de ses émotions, de manière à développer la conscience non seulement de soi-même mais aussi de ceux avec qui nous sommes en relation.

Partout Krisnamurti affirme que nous devons apprendre à connaître le processus mental. Ramana Maharshi nie catégoriquement qu'il y ait un mental à connaître. Si on examine la question de près, « on trouvera que le mental n'existe pas ».

> Il n'y a rien en dehors du Soi. Être inhérent au Soi,

c'est la seule chose à faire. Peu importe le mental. Si l'on cherche sa source, il disparaît.

Nisargadatta Maharaj donne un conseil semblable :

> C'est le mental qui vous dit qu'il y a un mental. Ne vous laissez pas abuser. C'est le refus catégorique de considérer les circonvolutions et convulsions du mental qui vous permettra de le dépasser.

Une étude approfondie des enseignements de Maharshi et de Krisnamurti révélerait sans aucun doute des passages qui réduiraient les différences flagrantes existant entre eux à ce sujet. En théorie... Mais en pratique, elles sont irréductibles. Ou bien vous recherchez directement QUI vous êtes vraiment, ou alors vous entreprenez de travailler sur ce fatras mental censé vous empêcher de voir ce QUI. Les deux attitudes ne sont tout simplement pas compatibles, et il est vain de sauter sans cesse de l'une à l'autre.

La question est de savoir si cette vision bénie est accessible dès maintenant et tel que nous sommes, ou seulement après une longue préparation, le travail de toute une vie peut-être.

Voilà ce que dit Krisnamurti à ce sujet :

> Avant de pouvoir trouver le but de la vie, ce qu'elle signifie, nous devons commencer par nous-même, n'est-ce pas ? Ça paraît très simple, mais c'est *extrêmement* difficile. La difficulté, c'est que nous sommes impatients ; nous voulons avancer, atteindre un but, aussi n'avons-nous ni le temps ni l'occasion de nous donner la chance d'étudier, d'observer.

En opposition totale, écoutez Maharshi :

> Rien n'est plus simple que d'être le Soi. Cela ne demande aucun effort, aucune aide. Tous voient le Soi toujours, mais ils ne le savent pas. Je vois ce qui a besoin d'être vu. Je ne vois que ce que tout le monde voit, rien de plus. Le Soi est toujours évident.

Il existe d'autres différences notables.

Pour Krisnamurti, les grands textes sacrés du monde sont autant de pièges pour les hommes. Comment peut-il en être si sûr ? Question intéressante puisqu'il se fait un devoir de ne jamais les lire. De même, les gourous nous emprisonnent dans leurs systèmes. Lui-même n'est pas un gourou, dit-il. Voici une autre question intéressante : s'il n'est pas « un enseignant spirituel révéré » (ce qui est une assez bonne définition du gourou), qu'est-il donc ? De toute façon, gourou, non-gourou ou anti-gourou, la pratique qu'il préconise – c'est-à-dire chercher à connaître le Soi en étudiant les mouvements du mental – est certainement une pratique très progressive, dans laquelle vous n'arrivez jamais au bout de vous-même.

> Plus vous vous connaissez vous-même, plus il y a de clarté. La connaissance de Soi n'a pas de fin, vous n'aboutissez pas à une réalisation, à une conclusion. C'est une rivière sans fin.

Comme la voie de Maharshi est différente ! Il a lu les textes sacrés et reconnaît que leur étude peut stimuler la recherche du Soi, tout comme elle peut (hélas !)

se substituer à elle. Il souligne également l'importance du véritable gourou à l'intérieur de vous-même. Il vous conjure de voir vous-même votre nature. Mais si vous vous croyez incapable de le faire (plus exactement si vous ne voulez pas le faire), alors abandonnez-vous à un gourou qui vous aidera à vous débarrasser de ce qui vous empêche de la voir. Autrement dit, vous avez le choix entre la voie abrupte de la recherche du Soi et la voie plus longue de la dévotion, qui toutes deux vous amènent à la réalisation du Soi. Mais quelle que soit la voie que vous choisissez, il n'y a pas de degrés ou d'étapes dans la vision. C'est tout ou rien : la vision est toujours instantanée, totale, parfaite. Certes, le temps et la pratique sont nécessaires pour s'établir dans le Soi, mais ils n'ajoutent rien à l'expérience. Avec le temps et la pratique, la réalisation du Soi devient une habitude, elle n'est plus occasionnelle ou intermittente, et elle porte ses fruits dans tous les domaines et à tous les niveaux de notre vie. Le Soi ne peut pas être vu partiellement, et encore moins imparfaitement. Pourquoi ? Parce que c'est le Soi qui voit le Soi, et non pas un être humain en tant que tel.

Je pense qu'il serait bon à présent de passer des différences entre deux enseignants particuliers à des considérations d'ordre plus général.

En étudiant la spiritualité orientale et occidentale, on peut discerner deux tempéraments, deux types de maîtres et de doctrines. Le gouffre qui les sépare est large et profond. Pour le premier type, la réalité ou le but (termes qu'ils ne voudraient sans doute pas prendre à leur compte) est strictement impersonnel, une simple absence plutôt qu'une présence impressionnante, un rien absolu plutôt que la merveilleuse NON-CHOSE largement éveillée à elle-même en tant que NON-CHOSE/TOUTES CHOSES, un vide si vide qu'il est même vide de vide, absence de mystère, disparition. Il n'y a pas de soi, encore moins de Soi.

Pour le second type, la réalité est diamétralement opposée à tout ceci. Seul le Soi est absolument réel, suprapersonnel et en aucune façon impersonnel, parfaitement adorable et merveilleux, un mystère ineffable, *ananda* (béatitude) autant que *sat* (être) et *chit* (conscience). Rien d'étonnant à ce que les tenants de cette conviction se délectent à employer le mot Dieu, qui est un terme choquant pour les maîtres du premier type. Et, bien sûr, il y a ceux qui vont jusqu'à parler d'un Dieu qui est l'amour même, Celui qui donne sa vie pour son monde, qui disparaît en faveur de... Oui, vous et moi.

Pour plus de concision (sinon d'exactitude), on pourrait qualifier la démarche du premier type de spiritualité de psychologique et celle du second de spiritualité religieuse. Évidemment, il existe toutes sortes de positions intermédiaires entre ces deux extrêmes, et même des tentatives pour construire un pont entre les deux. Mais le gouffre demeure.

De quel côté du gouffre se situent respectivement Maharshi et Krisnamurti ? C'est parfaitement évident. Et tout aussi évident de quel côté je me trouve moi-même. Si vous insistez, j'admettrai que c'est le tempérament – ou, disons, le conditionnement de mon enfance très chrétienne – qui me fait atterrir sur le versant de la spiritualité religieuse, et que les arguments que je présente en faveur de ce côté reposent sur des faits passés : je ne cesse de trouver des raisons qui justifient ce que je crois instinctivement.

Heureusement, pourtant, ce n'est pas tout à fait la fin de l'histoire. Quand vous et moi, *quelles que soient nos différences de tempérament*, faisons pivoter la flèche de notre attention de cent quatre-vingts degrés, CE que nous voyons à l'intérieur est unique et identique pour nous deux, absolument libre de tout conditionnement. Comment pouvons-nous en être aussi sûrs ? Parce qu'ici, au fin fond de la vallée où les deux côtés du gouffre se rejoignent, il ne subsiste rien sur quoi on puisse ne pas être d'accord. Ici, tous les disciples de Maharshi, de Krisnamurti, de n'importe quel enseignant ou non-enseignant sont libres de partager la réalisation essentielle qui nous unit tous éternellement.

Et c'est ici, enfin, que l'on trouve le véritable œcuménisme qui guérit sans esquiver ou effacer les différences. C'est ici que se trouve l'apaisement ultime des conflits en général, et en particulier des fanatismes religieux et de l'intolérance. Quel remède simple et universel pour cette maladie mortelle ! Et il est nôtre : efficace, gratuit, abondant, et plus proche de nous que notre main droite !

Prenons-le, vous et moi, dès maintenant, sans attendre les autres. Ils suivront quand Dieu le voudra.

28

Avoir une tête

Je t'en supplie, par les entrailles du Christ, Reconnais qu'il est possible que tu te sois trompé.

OLIVER CROMWELL

Je dois vous avouer un secret. Un secret embarrassant, voire honteux.

Cela s'est produit tout récemment : une découverte soudaine a menacé d'ébranler la base même du travail que je fais et de la vie que je vis depuis un demi-siècle. Pendant toutes ces années, j'avais gaiement proclamé aux quatre coins du monde à qui voulait l'entendre que si l'on se fie uniquement à sa propre expérience de soi-même, on n'a pas de tête, et j'avais converti un certain nombre de personnes à ce point de vue inhabituel.

Évidemment, j'avais aussitôt ajouté qu'à la place de la tête manquante défilent toutes sortes de sensations : sensations tactiles de rugosité ou de douceur, démangeaisons, tensions, douleurs, ainsi qu'une grande variété de sons, de goûts et d'odeurs, sans oublier un maelström de pensées et d'émotions. Néanmoins, insistais-je, le contraste entre le défilé imprévisible et toujours fluctuant d'événements se succédant dans le temps, qui se produit sur ces épaules, ici, et la masse solide et stable de formes colorées, agglomérées dans l'espace situé sur ces épaules là-bas, dans la glace, ne pouvait pas être plus saisissant. Si bien que j'avais pris l'habitude de regarder dans mon miroir pour voir ce que je n'étais pas, me demandant si ce qui regardait en moi avait quoi que ce soit de commun avec ce que j'étais en train de regarder.

J'en concluais que, quelle que soit la nature de ce qui se cache ici, au centre de mon monde, ce n'est certainement pas une tête (si ce mot a le moindre sens) – et que, donc, je n'ai pas de tête.

L'autoportrait ci-dessous montrera ce que j'entends par n'avoir pas de tête.

On y voit clairement que lorsque j'essaie de saisir la tête que j'ai perdue, je perds également mes mains. Et que ce à partir de quoi je regarde n'est pas une chose mais plutôt une anti-chose, un solvant universel et pénétrant, une flamme qui éclaire tout ce qui garde ses distances mais brûle tout ce qui s'aventure trop près. Et mon unique but, au cours de ce dernier demi-siècle, a été de veiller sur cette flamme et de déployer sa lumière.

Tels sont les antécédents de l'histoire que je dois vous raconter.

Voilà où en étaient les choses il y a encore trois mois quand subitement, sans aucune raison apparente, il m'est venu à l'esprit que si un homme né aveugle palpe l'une de ses mains et ensuite sa tête, il a autant de raison de croire à l'une qu'à l'autre.

Vérifiez cela vous-même, s'il vous plaît, dès maintenant. Devenez aveugle (c'est-à-dire fermez les yeux), palpez votre main gauche avec la droite, puis votre bras et votre épaule gauches, votre cou, et finalement votre tête, à l'arrière, sur les côtés devant, partout... La preuve de l'existence de votre tête n'est-elle pas aussi convaincante que celle de l'existence de votre main ? Et même d'une tête aussi solidement attachée à votre tronc que votre main à votre bras ?

Alors, reconnaissons-le : une vérité fondamentale qui n'est pas vraie pour un aveugle n'est pas une vérité fondamentale du tout. Elle ne mérite pas d'être prise au sérieux. Et ce n'est certainement pas une base sur laquelle construire une vie.

Me voici donc amené à me poser à moi-même quelques questions pour le moins gênantes. Et si tout au long de ces années d'efforts je m'étais trompé ? Ou si, pire encore, j'avais plus ou moins inconsciemment dissimulé une preuve essentielle, truqué les comptes en faveur d'une théorie chérie, pour ne pas dire une obsession ? Se pourrait-il que, plus à mon insu qu'à celle des autres, mon stratagème pour surmonter mon complexe d'infériorité et me faire remarquer à tout prix, me hisser d'une tête au-dessus de la foule, ait été de prétendre que je n'avais pas de tête ? Quelle ironie !

Je vous assure que j'ai été secoué. Pas abattu, mais ébranlé.

Le choc a été amorti par trois considérations. Je me suis d'abord souvenu que, plusieurs fois dans ma vie, une crise grave ou la menace d'un désastre avait finalement donné lieu à quelque chose de nouveau et de merveilleux : une prise de conscience importante, l'ouverture de nouveaux horizons. J'espérais vérifier une fois encore que la dernière extrémité de l'homme est souvent l'opportunité de Dieu. La deuxième pensée qui m'est venue à l'esprit, c'est que depuis de nombreuses années l'expérience et la pratique de la vie sans tête a transformé profondément et positivement de nombreuses vies tout autant que la mienne. Or il est peu probable que ce qui marche si bien, pendant si longtemps et pour tant de gens, soit aussi absurde et mensonger que cela puisse paraître. Et la troisième observation que je fis alors, ou plutôt que je fais maintenant, c'est qu'en cet instant même, au moment où je tape ces mots sur cette feuille de papier, il m'est impossible de trouver quoi que ce soit ici, sur mes épaules, pour leur interdire l'accès en moi ; je ne trouve absolument rien sur leur chemin. Tout ce que je vois me décapite.

Et pourtant il y avait là un défi, une lacune. Je découvrais qu'il manquait un morceau important au puzzle de ma vie et de mon travail. Il était de mon devoir, vis-à-vis de moi-même et des autres, de trouver si possible la pièce manquante et de la mettre à sa place – mieux vaut tard que jamais.

De toute évidence, ma première tâche était d'examiner une fois de plus ce que c'est exactement que je palpe ici, à la place d'où je regarde. Je décidai d'explorer cette base de départ plus attentivement que jamais, de reconsidérer soigneusement mes perceptions sensorielles et de me fier entièrement à ce qu'elles allaient me révéler, à ce qui me serait clairement donné. Ce qui voulait dire : abandonner mes convictions les plus chères sur l'absence de tête, et repartir à zéro à l'aide de toute nouvelle expérience qui pourrait sembler utile.

Un certain nombre de faits indubitables sont immédiatement apparus. Oui, c'est vrai, j'ai bien, en définitive, quelque chose ici sur mes épaules, un bouchon ou un fleuron, et le seul terme approprié pour désigner cet objet est bien le mot « tête », une tête d'une sorte ou d'une autre. Mais de quelle sorte ? Eh bien, c'est la tête d'une créature vivante, avec toutes les protubérances, cavités et ouvertures normales. Et pas n'importe quelle créature vivante, mais une créature humaine. Et pas n'importe quel humain, mais un individu précis, car toutes sortes de particularités l'identifient comme ne pouvant être que celle de Douglas Harding. Et elle est d'un seul tenant avec le reste de son corps. Bien qu'elle se manifeste à moi à sa façon, selon ses propres modalités, elle est tout aussi réelle que n'importe quelle autre partie de mon corps. Et même si, pour moi, la tête à partir de laquelle je regarde est aussi transparente que la fenêtre par laquelle il se trouve que je suis également en train de regarder en ce moment, elle est aussi solide et un fait aussi réel que la vitre de cette fenêtre. Ne pas reconnaître cela, ce serait descendre au niveau intellectuel de la mouche bleue qui s'obstine à se jeter contre la vitre.

J'entends d'ici votre commentaire pincé : « Bien sûr ! C'est évident, c'est normal ! Cela n'est surprenant que pour les intoxiqués de l'absence de tête. » Très bien. Jusqu'ici vous avez raison. Mais c'est ici que commencent les anomalies et les surprises, c'est maintenant qu'apparaît toute une série de faits ahurissants concernant ma tête réelle, des faits qui me montrent à quel point elle est différente de toutes les autres têtes que j'ai jamais rencontrées, y compris, bien sûr, celle que je vois dans mon miroir.

Pour commencer, je remarque que, bien qu'elle soit dans le même sens que ces têtes là-bas, elle est attachée à un corps qui est à l'envers des autres. Cela signifie que juste au-dessous du niveau des épaules je me REPLIE, *comme cette page que vous êtes en train de lire se replie sur la page opposée. Et, à ce que je vois, je me replie jusqu'au point de rupture.*

En est-il de même pour vous ? Vérifiez-le, s'il vous plaît, en plaçant votre avant-bras comme ceci : et en le ramenant lentement depuis (a), au sommet de la scène – où le ciel (le plafond si vous êtes à l'intérieur) s'estompe –, vers le bas. Remarquez que le reste de votre corps, par contraste avec celui du petit homme au loin, est à l'envers. Ses pieds, comme ceux de la personne que vous voyez dans votre miroir, sont en dessous de lui, les vôtres sont au-dessus de vous.

Mais votre *tête* est dans la même position que la sienne. Elle n'est pas à l'envers. Pour vous en assurer, je

Ici, la scène s'estompe vers le haut
(a)

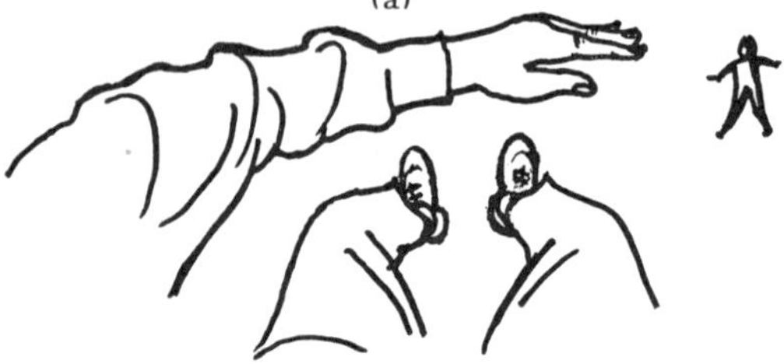

(b)
Ici, la scène s'estompe vers le bas

vous prie de répéter l'expérience en rapprochant votre avant-bras de sorte que votre index effleure votre énorme profil : votre front en (a), puis votre nez et votre menton, et finalement votre cou en (b).

Avoir une tête aussi transparente que le verre, c'est merveilleux. Avoir une tête qui se replie sur son corps, c'est merveilleux. Avoir une tête qui est également assez vaste pour contenir le monde, c'est vraiment merveilleux. *Car en fait si par le toucher je peux percevoir ma tête réelle avec ses cheveux, son front, ses sourcils, son nez, sa bouche, etc., purement humains et personnels, je vois qu'elle est également aussi haute que le ciel, aussi vaste et profonde que le monde et qu'elle contient le cosmos même.* Entre vos oreilles, il y a une coiffure, entre les miennes il y a une coiffure et la claire lumière du matin ! Comme elle est finalement miraculeuse, cette crise qui me révèle cette union intime entre le cosmique, l'humain, le personnel et l'impersonnelle clarté cristalline ! Et tout ceci à l'endroit même où j'affirmais ne pas avoir de tête !

Je ne vous demande pas de me croire, mais de vérifier si vous aussi êtes construits sur le même modèle splendide et stupéfiant. Faites-le dès maintenant, je vous en prie. Dessinez du bout de l'index le contour de votre tête en touchant tour à tour vos cheveux, votre oreille, votre joue, votre menton et en remontant de l'autre côté jusqu'à votre point de départ. Si vous faites cette expérience (ou devrais-je dire : ce tour du monde ?) dehors, tant mieux. De toute façon, remarquez comme votre tête réelle, dont vous venez de dessiner le contour, est même plus grande que la scène. Elle accueille facilement tout ce qui se présente à elle, que ce soit un ciel étoilé, le rêve que vous êtes en train de faire, la pièce dans laquelle vous vous trouvez en ce moment ou les feuilles de thé au fond de votre tasse. Et tout cela sans cesser d'être parfaitement humaine et personnelle.

Et pour régler définitivement la question, remarquez que ce n'est pas seulement votre tête, mais toute la partie supérieure de votre corps qui est si magnifiquement vaste et accueillante. À ces petites têtes là dehors correspondent de petits bras. À votre tête immense ici correspondent des bras immenses. Voici comment le vérifier. Tout en regardant droit devant vous, ouvrez les bras jusqu'à ce qu'ils disparaissent de votre champ de vision. Faites-le vraiment, et vous verrez qu'ils embrassent le monde que votre tête enregistre et accueille.

Quelle fausse modestie que de nier ces faits indéniables et réconfortants ! Quelle absurdité que cette illusion primordiale de l'homme, cette conviction réductrice et même auto-mutilante qu'il est ce qu'il paraît être aux autres ! C'est comme si l'océan Atlantique devait se persuader qu'il est la flaque d'eau qu'il paraît être vu de la Lune, ou la goutte d'eau qu'il semble être vu d'au-delà de la Lune, et qu'il n'est ni profond, ni vaste, ni mouillé, ni battu par les vents !

En réalité, il n'y a pas de limite à la liste des différences qui existent entre la tête qui est ici et la tête qui est là-bas, que ce soit dans mon miroir, sur les épaules des autres ou dans leurs appareils photo. Et le mot différences est bien trop faible. Contrastes flagrants est plus proche de la vérité. Ce qui rend la découverte et redécouverte perpétuelle de ces contrastes si importante, c'est notre détermination fatale, depuis l'enfance, de nous identifier à cette tête apparente et périphérique et de nous désidentifier de la tête réelle et centrale dont elle émane. En un mot, notre entêtement obstiné à nous tromper de tête.

Examinons brièvement sept échantillons de ces contrastes flagrants, sept exemples « d'erreur de tête ». Si, comme moi, vous les avez déjà remarqués, observez-les à nouveau et découvrez qu'ici chaque fois est toujours la première fois.

1. Cette tête réelle, mais *considérée par erreur comme irréelle*, efface constamment un certain nombre de choses (cela peut être une constellation, une chaîne de montagnes, une rangée d'arbres ou de maisons, les meubles d'un coin de la pièce où vous êtes assis) et les remplace par d'autres. Elle transmue à volonté n'importe quoi en quelque chose d'autre. Alors que cette tête *considérée par erreur comme réelle* ne peut même pas se trans-

muer elle-même. La pauvre ne peut que tourner de droite à gauche !

2. Cette tête réelle, mais *considérée par erreur comme irréelle*, ne cesse de décorer le monde, de le peindre en rose, en bleu, en gris, en presque toutes les couleurs à volonté. Mais cette pauvre tête *considérée par erreur comme réelle* ne cesse en réalité de décorer ses globes oculaires avec des disques de verre coloré !
3. Cette tête réelle, mais *considérée par erreur comme irréelle*, peuple l'univers de personnages extraordinaires, certains hilarants, d'autres admirables, d'autres médiocres, quelques-uns carrément horribles. Elle crée toutes sortes de monstres et de merveille, mêlés à toutes sortes d'aventures remarquables dans des paysages idoines. Mais cette tête *considérée par erreur comme réelle* demeure simplement immobile face à une liasse de feuilles de papier couvertes de caractères noirs, qu'elle tripote et regarde fixement pendant des heures. Ou bien recouvre laborieusement des rames de papier blanc comme neige avec les mêmes marques noires.
4. Cette tête réelle, mais *considérée par erreur comme irréelle*, fait varier la disposition d'esprit du monde : elle peut le rendre triste, puis joyeux, puis triste à nouveau, ou orageux, puis calme et à nouveau houleux ; elle le fait passer de n'importe quelle humeur à n'importe quelle autre. Cette tête *considérée par erreur comme réelle* ne fait qu'introduire des substances étrangères – stimulants, tranquillisants, excitants, que sais-je encore – dans

une fente bordée de dents près de sa base, ou bien

abaisse ou relève les commissures de cet orifice, ou encore émet des bruits pieux à travers ce même interstice. Rarement avec succès, il faut bien le dire.

Avec son histoire de défilé d'objets sacrés dans la Terre désolée, la légende du Graal est très pertinente. Parmi ces objets, il y a une tête coupée. Si le chevalier qui regarde ce défilé n'est pas assez intéressé pour poser des questions à propos de cette tête, la Terre désolée reste désolée et son Roi blessé reste blessé. La leçon est claire pour moi. Si j'approfondis la signification de ma tête centrale et en éprouve la vérité, je peux être sûr que cette recherche, apparemment si personnelle et inefficace, a en fait des répercussions universelles. Non seulement ma véritable tête contient le monde, mais elle en détermine bel et bien l'état de santé. Ce que je vois dépend de ce que je suis.

5. Cette tête réelle, mais *considérée par erreur comme irréelle*, déplace sans cesse des montagnes, des collines, des maisons, des arbres, tout ce que vous voulez, sans effort. Ne me croyez pas sur parole, vérifiez vous-même. En exerçant cette faculté miraculeuse de télékinésie cosmique, vous pouvez augmenter ou diminuer la distance entre la mai-

son d'en face et l'arbre dans son jardin, rapprocher ou éloigner cette chaise de la porte, et ainsi de suite. Tandis que cette tête *considérée par erreur comme réelle* ne fait que se balancer et ne déplace qu'elle-même.

6. Mais ce qui est plus impressionnant que tout, et pourtant totalement ignoré, c'est cette faculté qu'a cette tête réelle, mais *considérée par erreur comme irréelle*, de créer et détruire régulièrement le monde, alors que cette tête *considérée par erreur comme réelle* se borne à soulever et abaisser deux volets de peau bordés de poils attachés à sa surface. Quant à la pauvre petite tête dans mon miroir, eh bien elle ne peut même pas faire ça !
7. Chose curieuse, l'exercice de ces six pouvoirs – et Dieu sait qu'ils ne sont pas à dédaigner ! – ne donnent pas la grosse tête à notre vraie tête, loin de là. On pourrait même dire qu'elle est un parangon de modestie et de discrétion, plus humble que les humbles. Pourquoi ? *Parce qu'elle s'efface continuellement, elle disparaît sans laisser de trace en faveur des autres têtes.* Son rôle propre, sa nature même sont de disparaître pour céder la place à tous ceux qui se présentent, si pénibles ou ennuyeux soient-ils. Essentiellement discrets, ce visage originel qui est le mien est sans visage, cette tête originelle est sans tête. Inversement, cette tête acquise et *considérée par erreur comme réelle* est avant tout « en-têtée », et manifestement fermée à tous ceux qui arrivent. Son rôle est de s'affirmer. Elle n'a de place pour personne ni rien d'autre.

Dans le cadre de notre investigation, cette septième divergence est la plus importante.

Il est temps de faire le point.

Dans un sens, je dois reconnaître que s'il y a quelque chose que *je ne suis pas*, c'est un être « sans tête », et que je n'aurais pas pu me tromper davantage en parlant d'« absence de tête » depuis un demi-siècle. Car, solidement montée sur ces épaules immenses, plus grande que nature et deux fois plus naturelle, voici ma seule tête réelle, indispensable, vivante, ma tête à la fois suprahumaine, humaine et personnelle.

Mais dans un autre sens, bien plus vrai, je ne me suis pas trompé en fin de compte, et aucun instant de cette longue vie consacrée à la vision sans tête n'a été perdu. Doué de ce dernier pouvoir que nous venons de mentionner (certainement le plus merveilleux de tous), celui qui est ici et qui a une vraie tête est également vraiment sans tête. La gloire la plus grande de cette tête, son pouvoir suprême, c'est qu'elle renonce à tout pouvoir et à toute gloire, se donne elle-même totalement, sans laisser de trace, donne tout ce qu'elle a et tout ce qu'elle est au monde, qui a précisément désespérément besoin de cela. Le visage d'Hélène, dit-on, lança un millier de navires. *Mon visage, quand je renonce à lui*, lance un millier de mondes.

Ainsi, aucune de ces découvertes sur ma véritable tête, ma « supertête », n'enlève quoi que ce soit à ma longue expérience de la vision sans tête, ni ne l'invalide le moins du monde. Bien au contraire, elles confirment et enrichissent cette expérience que je puis maintenant décrire comme celle d'une absence de tête constamment entretenue par le déferlement perpétuel des contenus qui la remplissent à ras bord. Aucun danger que ce vide central soit interprété comme un vide mort et ennuyeux, une simple vacuité, un rien, une absence statique. C'est un verbe plutôt qu'un nom, une disparition sans cesse renouvelée. N'est-ce pas logique, tout compte fait ? Seul ce qui est plein peut se vider, seul ce qui vit peut donner sa vie pour que d'autres puissent vivre.

Dans l'ensemble, tout ceci m'est familier, et peut-être à vous aussi. Mais ce qui est nouveau, ce à quoi je ne m'habituerai jamais, c'est le fait inéluctable que ce merveilleux fleuron à quatre étages m'appartient. C'est ce sur quoi je mets mon panama ! Ce n'est rien d'autre que la tête que je shampouine !

Et cet aveugle dont la main et la tête semblaient menacer le travail de ma vie ?

Nos découvertes écartent cette menace. Il est vrai que certaines des révélations et certains des pouvoirs que j'ai énumérés ne lui sont pas accessibles – en particulier, évidemment, le fait que la partie tangible de notre corps se replie sur la partie visible. Mais il en reste assez, et il y en a d'autres. Il y a en tout cas une chose (ou plutôt une non-chose) qu'il peut voir clairement, c'est l'être sans limites qu'il est vraiment, absolument. Voilà pourquoi il ne m'a jamais été plus difficile de partager cette vision avec des non-voyants qu'avec des voyants.

Au début de cet essai, je vous ai fait part d'une intuition qui me disait que la menace en question dissimulait une promesse. Eh bien cette promesse a été tenue, avec plus de générosité que je ne l'aurais jamais imaginé. Une fois de plus le Seigneur a saisi l'occasion où cet homme était réduit à une pénible extrémité pour déverser sur lui toutes sortes de bénédictions, suprahumaines, humaines, personnelles et subpersonnelles – *sub* tout. Et Il les a déversées sur sa tête, bien sûr, selon la tradition !

Il serait étrange que cette bonne nouvelle fût passée inaperçue jusqu'à ce jour, que durant trois millénaires elle n'ait jamais été révélée aux sages qui se sont consacrés à la connaissance profonde de soi. Et naturellement, je l'ai trouvée, exprimée par touches, çà et là, un peu partout dans les grandes traditions spirituelles, souvent formulée de manière détournée mais assez claire dès qu'on sait ce qu'on cherche.

Djalâl al-Dîn al-Rûmî pourrait être surnommé « l'Apôtre de la vision sans tête », et c'est parmi les volumineux écrits de ce très grand soufi que j'ai trouvé ce qui suit :

> Vous avez deux têtes. Cette tête d'argile vient de la terre, cette tête pure vient du ciel.
>
> Cette tête acquise est manifeste, cette tête originelle est cachée.
>
> Mon rôle est de perdre ma tête, le rôle de mon Roi est de m'en donner une nouvelle.

Ou prenez Plotin, le néo-platonicien du IIIe siècle :

> Nous – tout ce que nous avons et tout ce que nous sommes – retournons à l'Être réel. Nous retournons à Cela comme nous sommes nés de Cela [...]. Lorsque nous regardons à l'extérieur de Cela dont nous dépendons,

> nous ignorons notre unité. Regardant vers l'extérieur, nous voyons de multiples visages. Regardez vers l'intérieur, et tout est l'UN. Si un homme pouvait être retourné vers l'intérieur, par son propre mouvement ou avec l'aide salutaire d'Athéna, il verrait immédiatement Dieu, lui-même et le Tout.

Selon le bouddhisme zen, je suis éveillé lorsque je vois et vis consciemment à partir de mon « visage originel ». Cela implique trois choses : d'abord, que j'ai une tête originelle, car un visage sans tête n'est pas plus réel que le sourire d'un chat de Cheshire sans un chat de Cheshire. Ensuite, que j'ai aussi une tête et un visage acquis, car une tête et un visage originels sans leurs contreparties acquises sont des termes mal appropriés. Enfin, que si je superpose cette tête et ce visages acquis que je vois là, dans mon miroir, au visage et à la tête originels qui sont ici, je me plonge dans l'obscurité : c'est malsain, sinon carrément stupide. J'en conclus que ce à partir de quoi vit le pratiquant zen réalisé est exactement ce à partir de quoi vit le soufi réalisé. Et que ce n'est rien d'autre que ce que nous avons appelé ici notre tête réelle, vraie et vraiment bénie.

N'est-ce pas également ce à partir de quoi vit le chrétien réalisé lorsque, suivant l'exemple de saint Paul, il fait l'expérience du Christ comme « la tête du corps » ? Ou peut-être lorsque, comme saint Augustin, il fait une allusion mystérieuse à « la chair du Christ qui est la tête de l'homme » ? Évidemment, aucun de ces saints ne se référait au Jésus historique qui est né, a vécu et est mort il y a longtemps dans ce pays lointain, mais au Christ éternel et cosmique qui dès le commencement était Dieu, avec Dieu, et par qui toutes choses sont créées et maintenues. Le Christ en moi qui est plus moi que moi, l'homme céleste, l'homme nouveau, le Verbe qui s'est fait chair à jamais, le Verbe qui s'est fait parole. Parole prononcée (remarquez-le bien) d'une voix qui est en même temps divine, humaine et personnelle – si physiquement personnelle que, même si je parle pour Lui et de Lui, je suis obligé de le faire sur un ton et avec des accents propres au seul Douglas Harding : même après des années, son « Hello » au téléphone est immédiatement reconnaissable. Peut-on imaginer plus personnel que cela ?

Chaque créature est une incarnation divine unique. J'ai toujours senti que c'est ici, dans le mystère du Verbe fait chair, de l'Ultime devenu à jamais l'Intime – si merveilleusement représenté dans l'histoire de Noël, cette histoire d'étoile et d'étable –, que se trouve la clé de la vraie religion, de la guérison essentielle, de la joie éternelle. J'en avais la certitude sans voir clairement le processus. Mais à présent, grâce au défi lancé à l'œuvre de ma vie, ce qui aurait dû être évident dès le départ se révèle enfin. Le mystère et la merveille de cette incarnation n'en sont pas moins mystérieux et, davantage encore, merveilleux. Mais, concrètement, le déroulement de ce processus, en moi et chez les autres, devient éminemment lumineux. C'est une descente absolument extraordinaire en quatre étapes, sur quatre niveaux, et cela se passe là où je m'imaginais avoir une tête à un seul niveau, absolument ordinaire, faisant son travail tout à fait ordinaire à un seul niveau.

Où se termine cette descente divine ? Où atteint-elle son niveau le plus bas ? La réponse, nous la trouvons dans notre toute première découverte, lorsque nous avons vu que notre vraie tête immense se repliait jusqu'au point de rupture sur notre petit corps à l'envers. La descente divine se termine juste au-dessous de ces bras largement ouverts qui embrassent le monde, dans la région du cœur. Non pas (j'insiste) dans la région de la tête froide, mais dans celle du cœur chaud, et même du cœur brisé. Ce n'est qu'en acceptant de me vider complètement, de tout perdre au point de rupture où je suis réduit à zéro que je pourrai, en complétant le cercle, allier le RIEN au TOUT qui est son autre aspect. Dieu merci, ce lieu très bas et très impressionnant n'a rien de vague ou de mystérieux. C'est le lieu le plus précis qui soit. En fait, c'est le point que je désigne naturellement lorsque je me désigne moi-même. C'est le nadir où s'achève l'expir et commence l'inspir, où l'incarnation devient l'excarnation. Dans le langage paulinien, c'est le lieu où je suis crucifié et ressuscité avec le Christ.

Voici enfin le vrai Sacré Cœur, le cœur brisé qui guérit toutes les peines du cœur. Voici également un avertissement pour tous ceux dont le cœur est encore intact : en particulier quiconque s'imagine que « perdre sa tête, ça suffit, merci beaucoup ». Tant que la perte de notre tête n'aboutit pas à la découverte de notre cœur – un cœur si tendre qu'il est mortellement blessé par la souffrance effroyable du monde –, nous sommes très loin du but, à savoir l'amour qui transmue toutes souffrances. Car lorsqu'on rate le centre de la cible de très peu on croit en fait y être, et c'est bien pire que de taper carrément à côté.

Non, la vision sans tête seule ne suffit pas, pour

la raison qu'elle peut être dénuée d'amour. Certains comportements chez les autres, et un grand nombre des miens, me le prouvent amplement.

Enfin, pour résumer et conclure je voudrais examiner d'un peu plus près ce que signifie « avoir une tête ici ».

1. *Ma vraie tête est divine.* Je ne trouve aucun autre adjectif qui rende justice à ce qu'elle est : infinie, claire, immaculée, absolument vide dans une direction ; pleine de toutes choses dans la direction opposée, capable non seulement de mettre le monde en mouvement, de le transformer dans son ensemble et dans le détail, mais de le faire et le défaire à volonté – tout cela en pleine conscience. Il serait aussi ridicule que prétentieux de vouloir m'attribuer tout ou partie de ces pouvoirs à moi-même, être humain (et, en plus, un être humain bien précis). Que je l'admette ou non, dans mon fonctionnement essentiel je suis divin. C'est la forme particulière que prend ce fonctionnement qui fait que je suis humain, et cet humain-ci en particulier.

   Mais ce n'est pas comme si ma vraie tête était en partie divine, en partie humaine, en partie personnelle et en partie absente, ou une sorte de mélange explosif des quatre ingrédients. Non. À son propre niveau, la divinité est absolue et en aucune façon troublée ou diminuée par sa descente dans l'humain, le personnel et le vide. Seule ma Divinité non contaminée est capable de ces fonctions fondamentales que nous avons citées et que j'avais soit attribuées par erreur à mon humanité, soit complètement ignorées. Même la tête la moins claire ou la plus embrumée ne manque pas de talents divins. Ne pas être divin, c'est ne pas être.

2. *Ma vraie tête est humaine : animale/humaine, en fait.* Chose étonnante, toutes ces fonctions divines s'exercent dans un contenant qui, bien qu'infiniment vaste, se révèle au toucher, sans le moindre doute, comme une forme animale/humaine. Ces cheveux, ces oreilles lobées, ces joues imberbes, ces yeux ovales, ce nez et cette bouche bien particuliers sont certes faciles à distinguer de ceux d'un gorille ou d'un chimpanzé. Mais ils appartiennent bien au même genre. Ils sont simiens, et non félins ou canins. Jamais contenant n'a été aussi surpassé par son contenu ! À la forme animale correspondent de nombreuses fonctions animales comme respirer et manger, et à la forme humaine correspondent de nombreuses fonctions humaines : toutes ces manières de ressentir, de penser et de se comporter qui caractérisent l'*Homo sapiens*. Néanmoins, je ne puis trouver aucune preuve que la conscience que j'ai de ma nature divine diminue en quoi que ce soit ma nature animale/humaine. Ce serait plutôt l'inverse. Elles se complètent parfaitement. La divinité ne s'incarne pas timidement et sans conviction. Elle ne considère rien comme inférieur et impur. Elle n'est pas snob.

3. *Ma vraie tête est personnelle et unique.* Lorsque je

la palpe, je détecte toutes sortes de signes particuliers – rugosités, rides, bosses et creux – qui appartiennent au seul Douglas Harding. Impossible d'ignorer qu'il y a ici un système de marquage incroyablement compliqué – un codage de données en quelque sorte – qui le distingue de tous les autres êtres humains présents, passés ou à venir. Tout comme le divin reste divin et l'humain reste humain, le personnel reste personnel bien qu'il soit intimement mêlé aux autres niveaux. Correction : non pas *bien que*, mais *parce qu'il* l'est. L'union de notre personnalité unique avec l'humain en général et le divin ne risque pas de nous dépersonnaliser. Au contraire, tant que l'humain et le personnel ne sont pas reliés au divin, ils ne sont pas vraiment eux-mêmes. Vous avez peut-être remarqué comme les gens démesurément personnels, uniquement préoccupés de leur individualité propre, de leurs caractéristiques uniques, sont peu sûrs d'eux-mêmes, ont une tendance à l'imitation servile, et en fait ne sont pas personnels du tout. Alors que ceux qui voient que dans leur nature divine ils sont un, et identiques à tous, ont le moins tendance à ressembler aux autres dans leur nature humaine et leur façon personnelle de l'exprimer. Ils sont imprévisibles et non conformistes sans le vouloir.

4. *Ma vraie tête, qui est espace pour les autres têtes, est une non-tête ou absence de tête* – fait qu'elle doit uniquement à sa divinité. Seul le Très-Haut est assez humble pour descendre au plus bas. En ma qualité d'être humain et personnel, ce que je

redoute le plus, c'est de disparaître en faveur des autres. En ma qualité divine, c'est ce qui me réjouit le plus. Dieu est amour, l'amour qui meurt pour le monde, et quand j'aime vraiment, c'est en tant que Lui et avec Son amour.

Bref, oui, mille fois oui : j'ai bien une tête. Mais, Dieu Tout-Puissant, quelle tête !

29

Cartographie de la première personne

Moins je connais le pays que j'explore, et plus j'ai besoin d'un plan pour me guider. Pas étonnant, en conséquence, qu'une carte à main levée me soit indispensable pour trouver mon chemin dans ce pays le plus mystérieux et le plus méconnu que j'appelle moi-même. Je veux dire moi-même en tant que première personne (par contraste avec toutes les deuxièmes et troisièmes personnes), la première personne du singulier qui ne pourrait être plus singulière. Singulièrement surprenante en même temps que singulièrement unique. Pendant quarante années, du début des années quarante au début des années quatre-vingt, voici à quoi ressemblait ma carte.

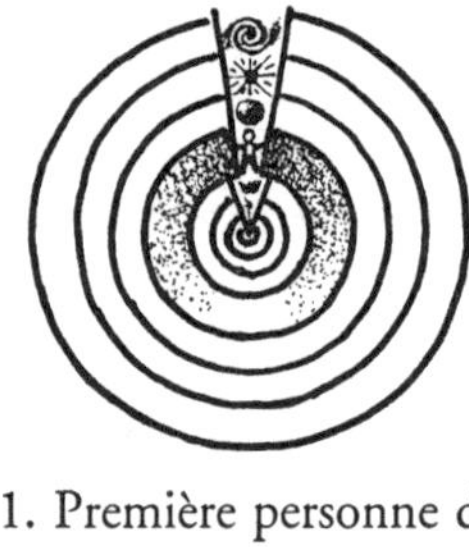

Carte n° 1. Première personne du singulier

Certes, cette carte n'est pas à la bonne échelle et très simplifiée, mais elle montre bien la capitale (pour ainsi dire) au milieu de ses provinces périphériques. C'est-à-dire qu'elle distingue nettement ce que je suis pour moi, ici au centre, par rapport à ce que je parais être pour un observateur éloigné qui s'approche de moi. Elle fait la différence entre MOI, l'unique réalité centrale, et mes innombrables apparences régionales, apparences ou manifestations étonnamment variées et néanmoins ordonnées et nettement localisées, le Tout formant une unité strictement indivisible dont chacune des parties n'est ce qu'elle est que grâce à toutes les autres. Ce n'est pas autrement que nous sommes conçus et nous ne sommes rien moins que ce Tout. Essayer de le fragmenter, c'est tenter de se suicider.

Tout au long de ces quarante années, cette carte s'est révélée un guide inestimable et une inspiration qui m'a conduit à toutes sortes de découvertes, dont certaines sont parfaitement applicables à la vie de tous les jours. Par-dessus tout, j'y ai trouvé un rappel pratique et éloquent de ma véritable et stupéfiante identité, me disant combien je suis loin d'être ce petit être humain que je vois dans mon miroir et que les autres perçoivent, ce provincial excentrique et rustique. Il n'est pas exagéré de dire qu'en démontrant ce que chaque écolier devrait savoir, ce simple croquis a fait plus pour m'éveiller à mon état de première personne que tous les livres de spiritualité et de psychologie que j'ai pu lire. Je recommande instamment de l'utiliser comme un réveille-matin pour nous tirer du cauchemar chronique de notre fausse identité de simple être humain, quel que soit le sens de cette invraisemblable abstraction.

Néanmoins, cette carte souffre de graves défauts.

Notamment, elle représente la capitale – le MOI – comme une simple tache ou un point, alors que lorsqu'on la visite elle se révèle plus vaste que le vaste monde. Sur ce plan, ce n'est pas la capitale, mais les provinces qui s'épanouissent et attirent notre attention. C'est comme s'il était conçu dans le but délibéré de décourager les excursions à la métropole et de suggérer qu'une visite ne vaudrait même pas le prix d'un billet à tarif réduit. Je me souviens d'une célèbre chanson des années soixante dans laquelle la chanteuse, quoique étant allée à New York, à Paris, à Londres et beaucoup d'autres capitales célèbres, déplorait un grave oubli : « Je ne suis jamais allée chez MOI », disait le refrain. Si elle avait suivi notre carte, elle aurait pu ajouter : « Et je n'ai sans doute pas raté grand-chose. » La triste vérité est que la plupart d'entre nous partagent cette opinion défavorable. Il était donc urgent de réaliser une nouvelle carte qui montre aussi bien l'omniprésence du MOI que son caractère central.

Un autre aspect de cette carte n° 1 est on ne peut plus trompeur. Elle représente ma Réalité centrale comme la propriété privée, la prisonnière de ses apparences régionales. C'est un MOI dans une camisole de force, un MOI qui n'appartient qu'à moi et à moi seul, un MOI que j'étreins jalousement d'une poigne de fer. S'il est étonnant, adorable, digne d'amour, absolument unique, ces qualités sublimes ne lui appartiennent pas à lui en tant que ce sujet-objet toujours en liberté, mais plutôt à moi-même en tant que ce sujet-sujet toujours prisonnier, ce parfait égocentrique qui ignore ce que signifie *altérité*. Nous aurions donc ici une déité totalement immanente et dépouillée de toute trace de transcendance, tout Atman et pas du tout Brahman. Non merci ! Une déité que vous pouvez gober gaiement au petit déjeuner, au déjeuner et au souper, sans laisser une seule miette pour les oiseaux du ciel. Un repas qui risque de vous laisser avec un mauvais goût dans la bouche et plus affamé que jamais.

Si vous croyez que ce genre de spiritualité n'existe pas, ou que, s'il existe, il n'est pas à prendre au sérieux, que pensez-vous de ces extraits typiques de l'*Ashtavakra Gita*, un texte hindou très prisé par certains ?

> Merveilleux moi ! Je me salue moi-même !
> De moi naît le monde, en moi il existe, en moi il se dissout.
> Louange à moi !

Un drogué de l'Atman, s'il en fut ! Mais, voyons ! les deux plus grands sages du siècle ne font-ils pas preuve du même immanentisme débridé en affirmant :

> Quand il n'y a rien que Vous-même, vous êtes heureux. Voilà toute la vérité. (*Ramana Maharshi*)
>
> Quand vous trouvez tout en Vous-même et qu'il n'y a rien d'autre que votre propre Soi, c'est la grande réalisation, complète, parfaite. (*Anandamayi Ma*)

Et ils n'ont pas tort. Le seul fait que ce soit à vous qu'ils s'adressent, à vous en tant que deuxième personne, que ce soit vous qui soyez invité à participer à cette réalisation parfaite, suffit pour fracasser la coquille du JE et écarter la notion d'une première personne du singulier uniquement et totalement centrée sur Soi. D'autres centres sont reconnus et acceptés. Par ailleurs, ces déclarations ne devraient pas être lues hors contexte. Ces deux sages, comme tous ceux qui méritent ce titre, insistent sur le fait que l'Atman ou Sujet ultime est également Brahman, qui est l'Objet ultime et mérite une adoration totale pour ce qu'il est. Nous voici dans le domaine du paradoxe, où les extrêmes se retrouvent et s'unissent. Ainsi Eckhart, dans son style habituel, fin comme le tranchant d'un rasoir et sans compromis, nous dit :

> Plus Dieu est dans toutes choses, plus Il est à l'extérieur d'elles. Plus Il est à l'intérieur, plus Il est dehors.

Il ne s'agit donc pas d'un Dieu qui reste dedans ou d'un Dieu qui sort. Il ne s'agit pas de Dieu immanent ou de Dieu transcendant – lequel faudrait-il choisir ? – mais des deux à la fois. C'est un non-sens de considérer les deux faces d'une pièce séparément, car celle-ci n'a de valeur que lorsqu'elle est les deux à la fois.

Dans toutes les grandes traditions religieuses, on retrouve cette même tendance secrète, la tentation d'affirmer une face et de nier l'autre, ce qui conduit à des résultats fâcheux. Une déité dont la seule demeure est là-haut dans le ciel risque fort de dégénérer en seigneur de la guerre cruel et fanatique ; une déité dont la seule demeure est ici-bas dans mon cœur risque fort de dégénérer en Narcisse animé par le culte de soi. Les enthousiastes médiévaux les moins équilibrés, soufis aussi bien que chrétiens, ont suivi la seconde voie. Certains adeptes de l'hindouisme également, comme nous l'avons suggéré. Quant au bouddhisme, certains ont pris au sérieux et même tenté d'appliquer à leur personne l'histoire un peu extravagante, mais charmante, selon laquelle le Bouddha, une fois sorti du sein de sa mère, se serait immédiatement mis debout, droit comme un i, pour appeler le ciel et la terre à témoigner que lui seul était Celui que le monde honore ! Et certes, aucun d'entre nous n'est à l'abri du désir de s'emparer de notre Être et Réalité pour coller dessus notre étiquette personnelle. D'aucuns attribueraient cette compulsion au Satan qui est en nous, acharné à se déifier lui-même, de son propre chef et selon ses propres conditions, sans tenir compte du fait qu'être l'UN, c'est disparaître en faveur de l'UN. En vérité, seul RIEN a suffisamment de place pour TOUT. Seul un RIEN qui est conscient de n'être rien est conscient d'être TOUT. Tant qu'il restera une partie de moi qui n'aura pas lâché prise, je ne serai jamais moi-même.

Cet essentiel abandon du « moi qui est lui-même » au « Soi qui est un Autre », c'est l'abandon *maintenant*. Selon J.-P. de Caussade, le grand spécialiste de l'abandon, c'est la clef dorée qui donne accès au trésor du moment présent :

> Vous devez faire confiance au dessein de Dieu, caché dans le nuage de tout ce qui vous arrive dans le moment présent. Vous constaterez qu'il surpasse toujours vos propres désirs. Le moment présent contient des richesses infinies qui dépassent vos rêves les plus fous.

Ce qui rend *maintenant* si précieux, c'est que c'est le moment où l'on disparaît en faveur de l'Autre. Il ne s'agit pas de croire cela aveuglément, mais de le vérifier à chaque instant avec un esprit ouvert. C'est là que la carte n° 1 ne nous aide guère, nous égare même en ce qui concerne cette question cruciale de la réalisation du Soi grâce à l'abandon de soi. Ceci pour trois raisons. D'abord parce qu'elle localise en un point un Dieu qui s'est abandonné à moi plutôt que l'inverse, un Noumène mis en capsule au milieu de plusieurs couches de phénomènes, une Réalité tenue en otage par ses propres apparences, l'Éternité prisonnière du temps. Ensuite, si « s'abandonner à » signifie « s'appuyer sur, faire confiance à, trouver un réconfort dans, se dilater et se détendre dans, avoir pour soutien et seule ressource » (c'est tout cela que ça signifie), alors je défie quiconque de s'appuyer sur un point, et encore plus d'exploser en un point ! Mais un point est tout ce qui m'est offert. C'est la vieille histoire : vous pouvez tout faire avec une baïonnette, sauf vous asseoir dessus. La troisième raison pour laquelle notre carte ne convient pas, c'est que ce n'est pas une carte de la « première personne du singulier *au présent* ». Au contraire, elle est essentiellement plongée dans le temps.

Permettez-moi de commenter cette troisième raison, pour laquelle nous avons besoin d'une nouvelle carte. La vieille carte présente un monde circulaire de trois cent soixante degrés, un monde qu'il faut du temps pour appréhender. Car la scène visible devant moi est, à chaque instant, limitée à un secteur d'environ cent soixante degrés, et bien sûr, lorsque je me retourne pour appréhender le reste, je ne vois plus ce premier secteur. En d'autres termes, cette carte à trois cent soixante degrés est une compilation, un artifice utile qui va toutefois au-delà des faits tels qu'ils nous sont donnés *maintenant*. Une partie est antérieure à une autre partie, comme si, sur la même carte, on montrait l'Europe de l'Est de 1914 et l'Europe de l'Ouest de 1918. Se fonder sur elle, c'est refuser de s'abandonner à l'évidence de l'instant *présent*. En particulier, c'est refuser de s'abandonner au fait qu'à aucun moment cette ressource infinie, derrière moi, ne me fait défaut. Je dois me rendre à l'évidence que je ne suis ni un crabe ni une de ces grenouilles dont les yeux sont fixés sur des pédoncules et qui, vraisemblablement, jouissent (ou peut-être souffrent) d'une vision à trois cent soixante degrés. La carte n° 1 leur conviendrait parfaitement, mais pas à moi, heureusement. À l'inverse des créatures « inférieures », les humains n'ont que trop tendance à renier leur ressource divine et, par conséquent, sont perdus sans la preuve évidente de son existence – preuve qui leur est généreusement accordée comme le montre cette carte révisée :

Carte n° 2. Première personne du singulier, au présent.

Si vous voulez manger la pulpe d'un pamplemousse, il vous faut le couper en deux. De même pour notre carte. Voyez comme cette version révisée corrige parfaitement les défauts de la précédente. Quoique toujours confortablement installé au centre, le MOI explose à l'infini, se révélant ainsi être également le NON-MOI transcendant/immanent, à la fois saisissable et insaisissable. On peut dire que cela revient à avoir à la fois « le beurre et l'argent du beurre », à tirer le meilleur parti des deux mondes. Ou, mieux encore, c'est comme si mon minuscule esquif, à la dérive et à la merci de tous les courants du temps, hissait et déployait soudain une immense voile blanche, éternellement gonflée par le vent de Dieu. Fort de cette puissance, comment ne pas ranger les avirons et me soumettre à ce grand vent ?

Cette nouvelle carte m'est venue sur le tard. Ce n'est pas avant mes soixante-quinze ans, et bien après avoir découvert le trésor infini du moment présent, que j'ai respiré un grand coup et coupé ma précieuse carte en deux. Depuis lors, elle a été un rappel admirable, remarquablement amélioré, et un guide sûr vers les merveilles de l'état de première personne qui contrastent tellement avec les nombreux handicaps dont souffre la troisième personne dans le miroir. Elle a continué à me révéler des distinctions jusqu'à présent obscures et insoupçonnées entre ces deux aspects de moi, et m'a montré comment faire face aux vicissitudes de la vie causées par leurs présences simultanées. Je n'entrerai pas dans les détails ici : ce n'est pas le lieu. Vous les trouverez développés ailleurs [1].

---

1. Par exemple dans *Procès de l'homme qui disait qu'il était Dieu*, Éditions du Relié, 1996.

Bien sûr, la carte n° 2 est provisoire et loin d'être complète. Comme toutes les cartes, elle a besoin d'être revue et mise à jour périodiquement. Pour cette raison, au moins ne risque-t-elle guère de dégénérer en une icône sacrée qui décourage l'aventure au lieu de la stimuler.

Oui, c'est vrai. Il y a deux mois à peine, un problème m'est apparu qui m'a obligé à modifier cette carte de façon radicale. Ici encore, je suis frappé par ma lenteur. J'aurais dû voir ce problème il y a des années. La carte n° 2 elle-même me mettait le nez dessus depuis toujours. Ce qui a déclenché cette révision, c'est qu'il m'est apparu avec une évidence éclatante que si notre monde visible est réduit à un secteur de cent soixante degrés, notre monde auditif n'est pas du tout aussi limité. Si je ferme les yeux et que vous vous déplacez silencieusement autour de moi en faisant tinter une cloche, je peux indiquer assez précisément l'endroit d'où vient le son. La cloche peut se trouver devant moi ou derrière, à l'extrême gauche ou à l'extrême droite, je suis toujours capable de la situer exactement. Il en va de même, bien sûr, pour le toucher. Je peux palper et sentir un mur dans mon dos de la même manière et avec la même certitude que quelque chose devant moi.

Bref, contrairement à la vue, l'ouïe et le toucher sont des sens à trois cent soixante degrés, multidirectionnels. Mais bien sûr, contrairement à la vue, leur portée est très limitée. Le tonnerre et les gargouillis de l'estomac déterminent plus ou moins les limites de mon spectre auditif. Je peux voir les étoiles et les cellules, mais je ne peux les entendre. Quant à mon spectre tangible, son domaine est encore plus réduit : son rayon d'action est limité à ce pauvre petit bras.

J'ai donc un problème. Je vais l'exprimer en termes zen.

Je découvre ici, à la place de mon visage humain, mon visage originel. Le contraste avec ce visage acquis, là, dans mon miroir, est total : j'ai toujours trouvé ce visage originel sans âge, immuable, intemporel, immaculé. Jamais une ride n'a marqué ce teint si pur. Il ne faisait absolument aucun doute pour moi que la caractéristique essentielle de ce visage originel qui est le mien est de ne pas en avoir.

Et voici que tout est bouleversé ! Je découvre que mon « visage originel lumineux et adorable » (les adjectifs font partie de la tradition bouddhiste) n'est pas si clair que cela, qu'une partie est soumise au temps et à tous les hasards, limitations et imperfections dont le reste est exempt. Pour parler crûment, je découvre que ce merveilleux et beau visage a toujours été terni par quelque chose ressemblant à une moustache ! Une moustache hirsute à la Zapata, qui plus est !

Voilà bien un sacré défi !

Il concerne évidemment la carte n° 2 et non la carte n° 1 qui, en dépit de ses graves défauts, inclut l'ouïe et le toucher, ainsi que la vue, l'odorat et le goût dans son étreinte non sélective de trois cent soixante degrés. Ce qui ne veut pas dire, bien sûr, qu'à d'autres égards la carte n° 2 ne soit pas de loin la plus précieuse. Jusqu'à présent, chaque fois qu'un doute sérieux ou une difficulté ont surgi à propos d'une carte, il s'est avéré qu'ils n'étaient, en fait, qu'une source déguisée d'enrichissement et de perfectionnement. Quelle leçon me réserve donc ce dernier problème ?

Serait-ce que l'ouïe et le toucher apportent une contribution particulière à la vie de l'esprit ? Si oui, quelles portes, fermées à la vue, ouvrent-ils sur la Réalité ? Quelles informations vitales sur notre vraie nature, quelle bonne nouvelle inaccessible à la vue vont nous être révélées grâce à l'intrusion de ces deux sens grand angle – apportant avec eux le temps et le changement – dans ce royaume intemporel et immuable situé au cœur de moi-même ?

Commençons par l'ouïe.

Toute ma vie (et je pense qu'il en va de même pour vous) j'ai trouvé que certaines musiques (pas toutes bien sûr) et certaines poésies (le son des mots lorsqu'il arrive que la personne idoine les fasse résonner) me révélaient quelque chose sur la Réalité, sur l'Univers, sur moi-même. Quelque chose à ne pas manquer, quelque chose d'essentiel qui ne peut être dit dans aucune autre langue et d'aucune autre façon. De sorte que je me surprends à me dire : un univers qui produit les rythmes puissants de la musique du film *Mission*, les phrases musicales du plain-chant, certaines des arias de Mozart est cette sorte d'univers-là. Un univers qui chante comme ça est un univers qui *est* comme ça. De même que la rose de juin me raconte le rosier de janvier : ses racines terreuses, sa tige couverte d'épines, ses feuilles sans éclat, de même une chanson grecque comme *Misirlou* me dit quelque chose sur la Réalité qui est à son origine, en dépit de toutes les horreurs. Oui, le mysticisme sans la musique est sourd. Ce n'est pas pour rien que les anges sont représentés en musiciens et en orchestre et non en groupes de prière. La vraie vision béatifique est présentée en musique et ceux qui ont le cœur pur entendront Dieu.

De même pour la poésie. Je ne peux pas décrire ce qui manque dans la Réalité, jusqu'à ce que je le découvre dans le poème de Robert Frost *Stopping by Woods on a Snowy Evening*, par exemple. Mais je sais bien que sans ce je-ne-sais-quoi, l'univers n'est pas lui-même, n'est pas là tout entier. Pour moi, c'est un élément essentiel de l'Ananda ou béatitude, qui est elle-même un élément essentiel du *Sat-Chit-Ananda*, la Réalité selon les védantistes. Voilà pour l'ouïe.

Passons maintenant à l'autre sens à trois cent soixante degrés qu'est le toucher.

Si je suis assis à une table, je peux toucher le dossier de la chaise aussi facilement que le devant de la table, et les deux sensations sont aussi réelles et convaincantes l'une que l'autre. De même (mais c'est beaucoup plus important) je peux palper tout le contour de ma tête : l'avant, l'arrière, les côtés, les surfaces inégales et les surfaces lisses, tout cela m'apparaît avec la même évidence. Il est clair que l'invisibilité n'est pas du tout la même chose que la non-existence, et que cette tête transparente pour moi, mais tangible, est tout aussi solide et réelle que la vitre de cette fenêtre également transparente mais tangible.

C'est vrai ! La première personne du singulier a bel et bien une tête – enfin une sorte de tête. La question qui se pose est la suivante : quelle sorte de tête, et *en quoi diffère-t-elle de toutes les autres ?* Sur l'évidence de l'instant présent, quelle est la topographie de cette protubérance céphalique ? Et de la vôtre aussi, si vous voulez bien me rejoindre dans l'investigation suivante qui comporte cinq étapes. Ne croyez pas un mot de ce que je dis, vérifiez-le par vous-même.

• Lorsque je saisis mes oreilles du bout des doigts, qu'est-ce que je découvre entre les deux si ce n'est un espace sans limites et entièrement vide ? Un espace immédiatement plein de tout ce qui se présente à lui, aussi bien un ciel étoilé qu'un timbre-poste. Quelle que soit l'immensité de mon monde, cet espace que je suis l'accueille, devient ce monde et est plus vaste encore que lui. Et c'est un monde que je peux abolir instantanément et recréer à volonté, alors que les deuxième et troisième personnes se contentent d'abaisser et de relever ces minuscules volets de chair appelés paupières, un point c'est tout. Dans l'évidence éclatante de l'instant présent, je me sens alors parfaitement autorisé à appeler cette surprenante protubérance céphalique ma *tête cosmique* ou ma *tête divine*, ou même ma *tête Dieu*.

• Ensuite, si je palpe ses traits en détail, ce que je découvre ici n'est certainement pas la tête d'un oiseau, ni d'un reptile, ni d'un poisson, ni d'aucune espèce de singe. Sans aucun doute, il s'agit d'une *tête humaine*.

• Poursuivant encore mon exploration, je découvre une tête avec toutes sortes de protubérances, de creux et de rugosités permettant de l'identifier comme étant la tête de Douglas Harding, c'est-à-dire spécifiquement la mienne. Je l'appelle ma *tête personnelle*.

• Laissant enfin tomber sur mes genoux ces mains qui s'activaient à construire une tête, je perds instantanément toute preuve de l'existence de cet objet ou de quoi que ce soit d'autre ici. À sa place, je trouve cette NON-CHOSE consciente qui inclut toutes choses, cette *non-tête* transparente qui disparaît en faveur de toutes les autres têtes. C'est ainsi que je suis construit, mais ce n'est pas encore ainsi que je me sens et me comporte.

• Il ne me reste plus qu'à soulever ces mains, ouvrir grand les bras et constater (à mon grand étonnement) qu'ils *embrassent* le monde en faveur duquel je disparais – il s'agit alors de commencer à vivre en conséquence. Ce n'est pas une tâche facile ! Cela ne signifie rien moins que faire consciemment ce que je fais de toute façon, c'est-à-dire mourir pour mon ami, pour mon ennemi, pour vous. Cette dernière étape de la descente divine est la crucifixion, comme l'indique notre carte n° 3 :

Carte n° 3. Première personne du singulier, au présent, montrant les cinq étapes de la descente divine.

C'est pour indiquer l'immense importance de ces cinq étapes et pour marquer le fait qu'elles sont une descente et se vivent comme telle, que la carte n° 3 inverse la carte n° 2.

Je ne dis pas que cette troisième carte rende enfin justice au terrain de la première personne, loin de là. Je suis presque certain que de bien meilleures cartes verront le jour, qui seront l'œuvre d'autres cartographes. Et je suis tout à fait certain que les meilleures d'entre elles ne seront utiles que dans la mesure où leur utilisateur adoptera et deviendra non seulement la carte mais le terrain lui-même, et commencera ainsi à réaliser toute la splendeur de sa condition de première personne. Car ce n'est pas en entretenant de merveilleuses pensées et de merveilleux sentiments sur sa véritable identité que l'on s'identifie à elle, mais en voyant, en entendant et en touchant – oui, en touchant – cette merveille des merveilles éminemment visible, audible et tangible.

Ce long exercice d'autocartographie – cette série de cartes – a été mon maître au fil des années. Un drôle de gourou, peut-être pas au goût de tout le monde, mais patient, précis et efficace à long terme. Mon seul regret, c'est d'avoir été un disciple si lent, d'avoir mis tant de temps à apprendre.

Voici, à titre de rappel, un résumé des principales leçons du gourou :

La carte n° 1 indique comment ce que l'on perçoit de moi dépend de la distance à laquelle se trouve mon observateur. Elle fait également ressortir le mystère et le caractère unique de CE qui, au centre, donne naissance à toutes ces apparences, et que je suis seul en position de voir. Le défaut de la carte n° 1, c'est qu'elle donne une fausse impression de la Réalité centrale, en la représentant comme uniquement centrale et immanente, mais non transcendante. L'Infini y figure comme un simple point.

La carte n° 2 indique comment, en fait, cette Réalité explose en l'Infini sans jamais quitter le centre, et est, à la fois, immanente et transcendante. Toutefois, cette carte se fonde seulement sur la vision, et ne prend pas en compte les autres sens.

La carte n° 3 indique le rôle privilégié du toucher dans notre merveilleuse découverte du Divin, et sa descente en cinq étapes des plus hauts sommets aux profondeurs les plus basses. Elle attire l'attention sur ce processus de l'incarnation et du don de Soi qui est la dynamique même et le ressort principal de la première personne du singulier.

30

Ateliers de pratique de la vision du Soi :

techniques nouvelles pour réaliser des vérités anciennes

Périodiquement, des groupes de gens se rencontrent, non pour se rassembler autour d'un gourou, écouter une conférence, méditer, discuter d'un sujet particulier, mais pour participer à une activité appelée : « Pratique de la vision du Soi ». Je voudrais préciser ici le but, les principes, la procédure et les résultats de ce genre d'atelier.

Le but

Le but de l'atelier est que chaque participant fasse pivoter son attention de cent quatre-vingts degrés et la porte sur ce qu'il est pour lui-même, selon sa propre expérience de l'instant présent. Autrement dit, qu'il la porte sur ce à partir de quoi il regarde, sur comment c'est là où il est toujours, sur ce que c'est qu'être « première personne du singulier au temps présent ». En langage plus traditionnel, le but est qu'il voie clairement sa nature originelle immuable.

Les principes

Le principe de base de cet atelier, c'est que nous apprenons en faisant, en expérimentant, en découvrant activement, plutôt qu'en lisant ou en écoutant ce qu'on nous dit. Le jeu s'appelle expérimentation. Il est plus facile de découvrir des choses et de les vérifier en groupe que tout seul parce que :

1. Il faut être plusieurs pour la plupart des expériences.
2. Les membres du groupes se stimulent et s'encouragent les uns les autres, découvrent ensemble.
3. Il est plus facile de se concentrer pendant une heure ou deux en groupe que tout seul.
4. C'est plus amusant – ce qui n'est pas le moins important.

Un atelier de ce genre est tout à fait spontané et imprévisible. Tout le monde est encouragé à participer, et tout peut arriver. C'est une expérience vivante où personne ne risque de s'endormir. Et si l'atelier fonctionne bien – ce qui est presque toujours le cas –, personne ne s'en va sans avoir appris à voir sa véritable nature. Peu disposé à le faire, peut-être, mais incapable de le faire : jamais.

Il faut qu'il y ait un meneur de jeu, évidemment. Son travail n'est pas d'imposer quelque chose, mais d'empêcher les gens de trop s'éloigner du but de l'atelier tel que défini plus haut. Cependant, il est important que ce rôle ne soit pas réservé à une seule personne : toute personne qui *voit* est qualifiée pour remplir ce rôle et beaucoup le font merveilleusement.

La procédure

Un répertoire d'expériences a été mis au point au cours des cinquante dernières années. Comme elles ont toutes le même but, nous montrer notre nature originelle, il n'est pas nécessaire de les faire toutes. N'importe laquelle suffit. Mais comme les tempéraments des gens diffèrent beaucoup, chaque atelier, même bref, comporte plusieurs expériences, et c'est à chaque participant de décider laquelle fonctionne le mieux pour lui ou elle. Ainsi satisfait-on des tempéraments différents. De plus, chaque manière d'approcher notre réalité centrale confirme et renforce les autres. Le fait d'aborder cette expérience essentielle sous des angles différents ne lui ajoute rien, mais cela met en évidence son accessibilité : nous n'avons plus aucune excuse, alors, pour esquiver la vérité fondamentale de notre nature.

Voici deux exemples pour illustrer le genre d'expériences conduites dans un atelier :

• *L'Inclassable*

Une pastille de couleur – rouge, verte, jaune ou bleue – est appliquée par le meneur de jeu sur le front de chaque participant à qui il a demandé de fermer les yeux pendant l'opération. Il précise qu'il est interdit de se regarder dans un miroir, de demander à quelqu'un d'autre quelle est sa couleur, ou de dire aux autres quelle est la leur. Il demande alors au groupe de se séparer en quatre sous-groupes : tous les rouges dans un coin de la salle, tous les verts dans un autre, etc. Pour trouver le coin qui est le leur, les participants peuvent faire ce qu'ils veulent, excepté enfreindre les règles ci-dessus.

Ce qui arrive en général, c'est que certains se promènent vainement dans la salle en essayant de deviner leur couleur, tandis que d'autres, complètement désemparés, abandonnent carrément. Jusqu'à ce que quelqu'un ait une idée brillante et la mette à exécution. Alors, les quatre sous-groupes se forment rapidement et chacun se retrouve dûment classé. La triple leçon de cette expérience est que, à l'intérieur de soi-même et pour soi-même on est absolument inclassable ; on contient tous les groupes sans appartenir à aucun ; ce sont *les autres* qui nous classent et nous placent dans un groupe.

Vous pouvez lire et relire les textes sacrés affirmant que vous êtes vide jusqu'à les connaître par cœur, vous pouvez vous asseoir éternellement aux pieds de maîtres qui vous disent que vous n'avez aucune caractéristique, vous pouvez le croire sincèrement et le ressentir parfois dans votre méditation. C'est comme si on chantait, ça n'a aucun effet. Mais maintenant, vous en faites enfin l'expérience, debout, là, au milieu de la salle, complètement vide et désemparé, une non-chose attendant d'être recueillie et transformée en quelque chose dans l'un des quatre groupes. Plus moyen, maintenant, d'échapper à votre véritable identité de « classificateur inclassable », ou, si vous voulez, de Nouvel Adam.

• *Épluchage de l'oignon*

Un participant soulève une objection :

« D'accord, je vois que *pour moi-même* je suis non-chose ou absence de chose. Mais c'est peut-être une illusion subjective. Et ce que je suis *pour les autres* est peut-être tout aussi vrai, plus vrai même. Pourquoi ne me fierais-je pas à l'impression qu'ils ont de moi ?

– Pourquoi pas ? convient le meneur de jeu. Mais *quelles* sont exactement les impressions qu'ils ont de vous ? »

Il place alors la personne à un bout de la salle et se met lui-même à l'autre bout, d'où il va l'observer à travers le viseur d'un appareil photo ou un trou dans une feuille de papier. Il annonce que ce qu'il voit d'elle à cette distance (dix mètres environ), c'est un être humain. Mais il y a d'autres points de vue, et d'autres apparences du même sujet, selon la distance. À deux mètres, par exemple, il ne voit plus que la moitié supérieure d'un être humain, de la taille jusqu'en haut. S'il se rapproche encore, il ne voit plus qu'une tête, puis un sourcil, un nez ou une bouche, puis un carré de peau, puis une simple tache. Et enfin, au point de contact, plus rien du tout. Ce qui s'accorde avec et confirme la vision que cette personne a d'elle-même au centre. Ainsi, au bout du compte, la vision objective et la vision subjective s'accordent. Les deux histoires, celle vue de l'extérieur et celle vue de l'intérieur, concordent parfaitement.

Mais pourquoi, me demandera-t-on, mettre en scène dans un atelier ce qui devrait être déjà évident : le fait que lorsqu'on s'approche de quelque chose on découvre toutes sortes d'autres choses, et à la fin rien du tout ?

Une amie très chère m'a dit un jour : « Pendant trois ans ou plus, cette idée qu'une chose est un nid d'apparences périphériques entourant une réalité centrale qui est le vide m'avait été familière et vraiment évidente. Je pensais l'avoir pleinement saisie, d'autant que mon travail dans un laboratoire de biologie implique l'utilisation quotidienne d'un microscope électronique. Mais c'est seulement lorsque j'ai participé à l'expérience de l'épluchage de l'oignon que sa signification m'a frappée comme une tonne de briques et que je suis *devenue* ce vide. » (Entre parenthèses, cette amie est maintenant devenue elle-même experte dans l'art de conduire un atelier de pratique de la vision du Soi.)

Ces deux exemples choisis au hasard parmi les vingt et quelques expériences mises au point jusqu'ici – et dont certaines font appel à d'autres sens que celui de la vue – suffiront à vous donner une idée de ce qui se passe dans un atelier.

Les résultats

Au cours des quarante dernières années, j'ai donné des ateliers dans dix-neuf pays – des ateliers d'une heure ou d'une semaine, avec un nombre de participants allant de deux ou trois personnes jusqu'à deux mille et plus. L'expérience m'a montré une chose clairement : le participant qui est intéressé réalisera le but de l'atelier et verra sa véritable nature, même si ce n'est que brièvement et provisoirement. Ce qu'il fera ensuite de cette vision intérieure, s'il la pratiquera jusqu'à ce qu'elle devienne stable et naturelle et donc parfaitement efficace, c'est là une autre question. À première vue, il y a des chances qu'il ne le fasse pas. Par ailleurs, il est certain que cette vision éclair de sa véritable nature ne peut être que bénéfique, et même s'il ne lui vient pas à l'idée de la pratiquer, il ne peut ni la défaire, ni s'en débarrasser, car cette vision est essentiellement éternelle. Et tôt ou tard il ressentira peut-être le besoin pressant et essentiel de réactiver sa propre découverte du royaume, de la puissance et de la gloire qui sont en lui.

Épilogue

Vous êtes allé vous-même à la recherche de votre Soi, vous avez regardé et trouvé le trésor. Toutes mes félicitations ! Continuez à savourer cette vision dans la vie de tous les jours (la pratiquer par devoir est tellement moins efficace) jusqu'à ce qu'elle se stabilise, jusqu'à ce qu'elle vous vienne naturellement – et tout le reste vous sera donné par surcroît.

L'une des façons les plus agréables et les plus radicales de cultiver votre propre vision, c'est de la partager avec d'autres. Vous pouvez le faire facilement en effectuant quelques expériences avcc eux. C'est-à-dire en organisant un atelier (encore un mot trompeur, mais trouvez-en un meilleur) avec un ou plusieurs amis. Et si vous croyez que vous n'êtes pas prêt à transmettre la vision parce que vous ne la maîtrisez pas encore vous-même, soyez rassuré par l'histoire vraie de mon ami Pierre.

Pierre, qui avait pratiqué le zazen (méditation assise) pendant des années, participa à un atelier, sans réussir à voir ce dont il était question. Cela peut arriver lorsque, par suite d'engagements passés sérieux dans une pratique particulière, le mental d'un participant est obstrué par des attentes précises au lieu d'être ouvert. Cependant, il fut suffisamment intrigué pour raconter à sa femme ce qui s'était passé dans l'atelier et lui montrer une expérience. Sur quoi elle vit immédiatement ce qu'il n'avait pas vu et *le lui montra* à son tour ! Il vit enfin ce qu'il avait cherché tout au long de ces années de méditation assise, et sa vie en fut radicalement transformée. Depuis, il a partagé sa vision avec de nombreux amis.

L'heureuse vérité, c'est qu'il est impossible de transmettre une partie ou une version inférieure du trésor. C'est une affaire de « tout ou rien ». Si vous le faites, vous le faites forcément parfaitement. Y a-t-il autre chose que vous puissiez faire aussi bien ? Pouvez-vous imaginer cadeau plus merveilleux pour vos amis – pour le monde qui en a si désespérément besoin – que ce cadeau des cadeaux que vous êtes maintenant parfaitement en mesure d'offrir ?

Table

DU MÊME AUTEUR

Vivre sans stress : l'accès direct à votre paix intérieure (L'Originel / Accarias)

Renaître à l'évidence (Courrier du Livre)

La Science de la première personne (Éditions Dervy)

Les Religions du monde (L'Originel / Accarias)

L'Immensité intérieure. Redécouvrir notre nature originelle (Accarias)

Le procès de l'homme qui disait qu'il était Dieu (Éditions du Relié)

« *Espaces libres* »

au format de poche

DERNIERS TITRES PARUS

100. *Le Cercle sacré. Mémoires d'un homme-médecine sioux*, d'A. FIRE LAME DEER.
101. *Être à deux ou les traversées du couple*, collectif dirigé par N. CALMÉ.
102. *La Source du bonheur*, de C. BOIRON.
103. *Une passion*, de C. SINGER.
104. *Cent prières possibles*, d'A. DUMAS. Préface d'O. ABEL.
105. *L'Art de vivre au présent*, collectif dirigé par É. LE NOUVEL.
106. *Manque et plénitude*, de J.-Y. LELOUP.
107. *Le Cercle de vie. Initiation chamanique d'une psychothérapeute*, de M. SÉJOURNANT.
108. *Le Théâtre de la guérison*, d'A. JODOROWSKY.
109. *Histoire d'âme*, de C. SINGER.
110. *L'Âme de la nature*, de R. SHELDRAKE.
111. *Au nom de la vérité, Algérie 1954-1962*, de Mgr L.-É. DUVAL.
112. *L'Art du kôan zen*, de T. JYOJI (inédit).
113. *L'Absurde et la Grâce*, de J.-Y. LELOUP.
114. *Le Palais des arcs-en-ciel*, de T. TCHEUDRAK.
115. *Éloge du bon sens*, de M. DE SMEDT.
116. *En chemin vers le Bouddha*, d'O. GERMAIN-THOMAS.
117. *Pour comprendre l'intégrisme islamiste*, de M. GOZLAN.
118. *Le Rêve de Confucius*, de J. LÉVI.
119. *Un art de l'attention*, de J.-Y. LELOUP.
120. *Religions en dialogue*, de J. MOUTTAPA.
121. *Le Courage de se libérer*, de P. et P. FENNER.
122. *Histoire des dalaï-lamas*, de R. BARRAUX.
123. *Du Sahara aux Cévennes*, de P. RABHI.
124. *Aux sources du zen*, d'A. LOW.
125. *Le Curé de Nazareth*, d'H. PROLONGEAU.
126. *L'Évangile d'un libre penseur*, de G. RINGLET.
127. *Le Courage de vivre pour mourir*, de N. MASSON-SÉKINÉ.
128. *Quand la conscience s'éveille*, d'A. DE MELLO.
129. *Les Fables d'Ésope*, de J. LACARRIÈRE.

130. *L'Esprit des arts martiaux*, d'A. COGNARD.
131. *Sans les animaux le monde ne serait pas humain*, de K. L. MATIGNON.
132. *L'Arc et la Flèche*, d'A. DE SOUZENELLE.
133. *Adieu, Babylone*, de N. KATTAN. Préface de M. TOURNIER.
134. *Le Gardien du feu*, de P. RABHI.
135. *La Prière parallèle*, de C. PAYSAN.
136. *Dieu a changé d'adresse*, d'O. VALLET.
137. *La Danse de la réalité*, d'A. JODOROWSKY.
138. *Le Courage de changer sa vie*, d'A. DUCROCQ.
139. *Le Maître de nô*, d'A. GODEL.
140. *Les Fleurs de soleil*, de S. WIESENTHAL.
141. *Khalil Gibran*, de J.-P. DAHDAH.
142. *Ces ondes qui tuent, ces ondes qui soignent*, de J.-P. LENTIN.
143. *Les Dix Commandements intérieurs*, d'Y. AMAR.
144. *Guérir l'esprit*, avec J.-Y. LELOUP, F. SKALI, Lama D. TEUNDROUP.
145. *La Quête du sens*, ouvrage collectif.
146. *La Foi ou la nostalgie de l'admirable*, de B. VERGELY.
147. *Traversée en solitaire*, de M.-M. DAVY.
148. *Éloge de la fragilité*, de G. RINGLET.
149. *L'Échelle des anges*, d'A. JODOROWSKY.
150. *Petite grammaire de l'érotisme divin*, d'O. VALLET.
151. *La Troisième Voie*, de D. HARDING.
152. *Le Rire du tigre*, de M. de SMEDT.

Composition Nord Compo
Impression : Imprimerie Bussière, janvier 2005
Editions Albin Michel
22, rue Huyghens, 75014 Paris
www.albin-michel.fr

ISBN 2-226-15714-X
ISSN 1147-3762
N° d'édition : 23102. – N° d'impression : 050060/1.
Dépôt légal : février 2005.
Imprimé en France.